FRANCISCO MORAZÁN

# ALTA ES LA NOCHE Y EL GENERAL ESCRIBE

**(Cartas de 1823 a 1842)**

ERANDIQUE
COLECCIÓN

**ALTA ES LA NOCHE Y EL GENERAL ESCRIBE (Cartas de 1823 a 1842).**
FRANCISCO MORAZÁN

©Colección Erandique
Supervisión Editorial: Óscar Flores López
Diseño de portada: Andrea Rodríguez-Mariana Turcios
Administración: Tesla Rodas-Jessica Cordero
Director Ejecutivo: José Azcona Bocock
Primera Edición
Tegucigalpa, Honduras—Marzo 2025

# "HONDUREÑOS… ¡HEME AQUÍ ENTRE USTEDES!

Al general Francisco Morazán lo conocemos a través de sus batallas, pero muy poco por sus cartas. Además de su valor histórico, en sus misivas descubrimos al estadista, al vencedor que perdona a sus enemigos, al vencido que sigue soñando.

En un lapso de dos décadas, el vencedor de La Trinidad, Belén Gualcho, San Pedro Perulapán, Espíritu Santo y Guatemala, entre muchas otras, mandó partes de guerra, cartas de negocios y familiares, saludos a los pueblos centroamericanos, advertencias y perdón a sus enemigos.

Las cartas revelan a un político magnánimo, a un amigo entrañable, a un líder con un profundo amor por su gente.

"Hondureños: Heme aquí entre vosotros. He vuelto después de haber hecho cuanto estaba de mi parte para llenar vuestros deseos y corresponder a la confianza con que me honrasteis. He obrado únicamente por vosotros y en vuestro nombre. Vuestros enemigos, los enemigos de la Patria, fueron vencidos y humillados: han desaparecido, y no queda uno solo que pueda infundir temores", escribe el 4 de diciembre de 1829.

La paz —prosigue la carta—, la reposición de las legítimas autoridades, el restablecimiento del orden constitucional que proclamasteis y jurasteis, han sido el fruto de los heroicos sacrificios de los pueblos. Ellos os han cubierto de gloria; vosotros sois libres, y yo me veo bastante compensado con la aprobación que mi conducta ha merecido de sus habitantes.

Entrañables son las cartas que le envía al general José Trinidad Cabañas, a quien llama "Mi querido Cabañas" y "Tu apasionado amigo".

¿Cuál es el comportamiento del general Morazán con los soldados enemigos vencidos en batalla? Esta carta, con fecha del 6 de abril de 1839, lo dice todo.

"Queridos hijos de la Patria: Se os ha engañado, conduciéndoos a esta lucha fratricida, cuyos estragos deben caer como una maldición sobre vuestros fatales conductores, quienes, empleando medios vedados al honor, os han hecho creer que veníais a luchar por vuestros derechos y por una justa causa; y yo os digo que no ha tenido más móvil que sus propias y desenfrenadas ambiciones".

"Yo me titulo y reconozco vuestro amigo y vuestro hermano, porque no aspiro sino a que vivamos como una gran familia esparcida en todo el istmo centroamericano, cobijados por un mismo pabellón y amparados por las mismas leyes, cuyos fines son precisamente los que hoy me mueven a defender en esta lucha desigual, en la que me veo reducido a las escasas fuerzas de este pequeño Estado, que hoy, identificado como siempre con mis principios, sabrá sostener muy en alto la gloriosa Bandera Nacional", es el mensaje de Morazán.

En su célebre Manifiesto de David, envía este mensaje a los enemigos de la Federación: "¡Hombres que habéis abusado de los derechos más sagrados del pueblo por un sórdido y mezquino interés! Con vosotros hablo, enemigos de la independencia y de la libertad. Si vuestros hechos, para procuraros una patria, pueden sufrir un paralelo con los de aquellos centroamericanos que perseguís o habéis expatriado, yo, a su nombre, os provoco a presentarlos. Ese mismo pueblo que habéis humillado, insultado, envilecido y traicionado tantas veces, que os hace hoy los árbitros de sus destinos y nos proscribe por vuestros consejos, ese pueblo será nuestro juez".

Esta obra nos permitirá acercarnos más al hombre detrás de la leyenda, a descubrirlo a través de sus palabras, a amarlo a través de sus hechos.

Porque alta es la noche… ¡Y Morazán escribe!

# PRIMERA ETAPA: INICIOS DE SU VIDA PÚBLICA

# LA NECESIDAD QUE TIENE TEGUCIGALPA DE UN MAESTRO

(Representación del Síndico al Muy Noble Ayuntamiento de Tegucigalpa, acerca de ciertos perjuicios que sufren los labradores y sobre la necesidad que tiene la ciudad de un Maestro).

Tegucigalpa, 16 de abril de 1823

Muy Noble Ayuntamiento.

Como Síndico de esta corporación, hago a Vuestra Señoría la representación siguiente, que se reduce a dos asuntos que deben llamar toda su atención.

El Cuerpo privilegiado de labradores me ha manifestado los graves perjuicios que se les originan por la diferencia de medidas que hay para comprar y vender sus granos en el Cabildo y algunas tiendas "de regatones". Sírvase Vuestra Señoría poner remedio a tal desorden, pues es una de las primeras atenciones de Vuestra Señoría el proteger una clase tan recomendada por las Leyes y principalmente en un asunto en que se interesa tanto el bien público.

No es la plata ni ninguno de los metales preciosos los que enriquecen un Reino: es la Agricultura. Aquella no es más que el precio de todas las cosas y el móvil de las disensiones, cuando esta es el origen de la abundancia y de todas las virtudes.

La escuela que desgraciadamente no ha podido ponerse en práctica en esta ciudad, es aún más interesante. No hay pueblo, por pequeño y miserable que sea, que no tenga un Maestro para la Educación de la Juventud.

¿Y se podría creer que la rica Tegucigalpa, llena de tantos vecinos patriotas, no la tenga?

No puedo creer más que hay manos ocultas que fomentan la rusticidad de este pueblo. ¿Y no será una vergüenza tan débiles trámites? ¿No se hará cargo Vuestra Señoría de ser indiferente por un pueblo que le ha confiado sus intereses y ha depositado en Vuestra Señoría su autoridad para que defienda sus derechos?

Yo me guardaría de responder a cargos tan incontestables.

La medida más acertada en mi concepto para que tenga la escuela el éxito que se desea, es únicamente la que voy a proponer.

No faltan más que 180 pesos para completar el sueldo de 25 pesos del maestro. Para esto, excítese al patriotismo de tantos sujetos pudientes que pueden contribuir sin perjudicarse, contándose con las generosas ofertas del Señor Alcalde 2° y Don Esteban Guardiola; la primera de 6 pesos y la segunda de 25 pesos, y se asegurará un fondo estable. Se evitarán faltas que hallen los pobres que ofrecen y no pueden cumplir, por no ser sus circunstancias iguales a sus deseos.

Si no adopta esta medida, no le queda otra a ese Ayuntamiento para dotar al Maestro de Escuela. Sin ésta no habrá jamás ilustración; no habrá buenas costumbres; no habrá igualdad ni en las personas, ni en los intereses, ni en los bienes, y estamos expuestos a que caiga sobre nosotros un yugo que no lo podamos sacudir jamás.

Pido toda la atención de Vuestra Señoría en estos asuntos, en que se interesa tanto el bien público.

**FRANCISCO MORAZÁN.**

# COMUNICACIÓN HECHA AL MINISTRO DE ESTADO DE COSTA RICA

(Sobre la instalación en ese Estado del Congreso Legislativo).

Tegucigalpa, 9 de junio de 1825.

Ministerio del Estado de Honduras
Departamento de Relaciones

Al Ciudadano Ministro del Estado de Costa Rica

Dí cuenta al Jefe Supremo de este Estado con su nota del último 18 de abril, que comprende el decreto de la Asamblea ordinaria de ese Estado de 18 del mismo, en que se declara legítimamente instalado el Congreso Legislativo.

Este es el fruto de la constancia y celo con que han trabajado las autoridades en favor del sistema. Mi Gobierno felicita al suyo por estos progresos. Sírvase usted ponerlo en su conocimiento y recibir mi consideración y respeto.

Dios, Unión, Libertad.

**FRANCISCO MORAZÁN.**

# CARTA AL SECRETARIO DE ESTADO Y DEL DESPACHO DE HACIENDA

(Acerca de los alcances del dictamen de la Comisión de Hacienda Federal para que se franqueen los 25 mil pesos solicitados por la Asamblea Constituyente de Honduras para ese Estado).

Comayagua, 24 de diciembre de 1825.

Ministro General del Gobierno Supremo del Estado de Honduras. Al Secretario de Estado y del Despacho de Hacienda.

Con la nota de Ud., fechada a 7 del presente, ha recibido el Jefe Supremo de este Estado 40 ejemplares del dictamen de la Comisión de Hacienda de 7 de noviembre próximo pasado, emitido con motivo de la solicitud de la Asamblea Constituyente de este Estado, para que se le franqueasen por la Federación veinticinco mil pesos. Ha visto también la orden del Congreso Federal de 11 del mismo mes, en que manda se imprima y circule dicho dictamen en el número preciso de ejemplares para su circulación en lo interior de la República.

Mi Gobierno ha decretado su cumplimiento, sin embargo de considerar que, aun cuando sólo se circule el dictamen de la comisión en lo interior de la República, no será fácil que pueda evitarse su extracción a países extranjeros, ya sea por los muchos hijos de otras naciones que hay, o ya por los mismos hijos de ella que, por inadvertencia o malicia, la han desacreditado otras tantas veces, lo cual cederá en grave perjuicio del descrédito nacional.

Cuando la Asamblea de Honduras acordó que, con salidas de reintegro, se tomasen algunos fondos de las rentas federales, dando aviso a las autoridades de la Federación, como se verificó, fue porque este Estado, que ha tenido que vencer mayores dificultades que ningún otro, se hallaba próximo a su disolución por falta de Hacienda, y porque esta disolución hubiera acarreado a toda la República males muy graves, y para su remedio habrían causado erogaciones que también lo fuesen.

Fue porque, finalmente, el Estado es respectivamente el que más ha sufrido en la época anterior en materia de Hacienda y, en medio de sus escaseces, es tal vez el que más ha contribuido a los gastos de la Federación, pues sin contar con diversas cantidades que se han remitido de la Tesorería de Comayagua y de otros puntos, de los puertos de Omoa y Trujillo, sin enumerar las sumas pertenecientes a las rentas del mismo Estado que en dichas plazas se han consumido, y sin hacer cuenta del entretenimiento de la plaza y tropa veterana y de otros varios gastos considerables, sólo lo que se ha extraído de la Tesorería de Tegucigalpa para objeto de la Federación asciende a más de veinticinco mil pesos.

Mi Gobierno desearía que en la resolución que sobre el particular recaiga del Congreso Federal, y en las que el Gobierno Supremo tenga a bien dictar en la materia, se tuvieran presentes los datos que se han expuesto y las circunstancias en que la Asamblea Nacional Constituyente del Estado dictó el acuerdo de que se ha hecho mérito, que propiamente fue arrancado por la necesidad y a pesar del respeto con que siempre ha visto las decisiones de la Federación.

Que cuando ésta tenga presente todos los datos que se le remitirán oportunamente, hará el Estado de Honduras la justicia a que es acreedor, y nadie podrá dudar del honor y delicadeza de sus procedimientos.

Le digo a Ud. todo de orden del Gobierno, para conocimiento del Supremo de la Federación.

Dios, Unión, Libertad.
Comayagua, diciembre 24 de 1825.

**FRANCISCO MORAZÁN.**

# COMUNICACIÓN AL MINISTRO DE GOBIERNO DE COSTA RICA

(Sobre los detalles de un empréstito fallido que promovió el Gobierno de Honduras).

Comayagua, 29 de diciembre de 1825.

Ministerio General del Gobierno del Estado de Honduras

Al Ministro del Gobierno Supremo del Estado de Costa Rica

La Asamblea Constituyente de este Estado decretó un empréstito de un millón y medio de pesos, el que se aprobó con una casa extranjera, hipotecando las rentas del mismo Estado.

Incidentes ocurridos posteriormente han embarazado su realización, según se manifiesta en los impresos que acompaño a usted por orden de mi Gobierno.

A éste le ha parecido conveniente que tenga conocimiento de todo el Jefe de ese Estado. Con este objeto lo manifiesto a usted y le acompaño cuatro ejemplares de los impresos que se indican, ofreciéndole mi consideración y respeto.

Dios, Unión, Libertad.

**FRANCISCO MORAZÁN.**

## NOTA SOBRE SU NOMBRAMIENTO COMO CONSEJERO DE ESTADO

(Así como el del ciudadano don Liberato Moncada como Secretario interino. Destinatario no especificado).

Comayagua, 5 de abril de 1826
Ministerio de Gobierno del Estado de Honduras.

Habiendo sido electo Consejero del Estado, de cuyo destino debo tomar posesión mañana, que tengo el honor de ofrecer a usted ahora, el Gobierno del mismo Estado se ha servido nombrar interinamente Secretario de Estado y de Despacho General al ciudadano Liberato Moncada, que suscribe ésta conmigo para conocimiento de su firma.

De orden del mismo Gobierno lo digo a usted para que se sirva ponerlo en noticia del suyo.

Dios, Unión, Libertad.

**FRANCISCO MORAZÁN.**

# CARTA AL CIUDADANO FRANCISCO MÁRQUEZ

(Sobre la incursión a Honduras de las tropas jefeadas por Milla y del hecho de que deja a su familia en Ojojona sin auxilio alguno).

Texíguat, 17 de mayo de 1827.
Ciudadano Francisco Márquez.

Amigo querido: ahora mismo ha llegado un correo de Choluteca con el que da parte a estos Alcaldes que, por conducto fidedigno, sabe que ha llegado a Langue el derrotero de las tropas de Milla y que infiere que éstas vendrán con el objeto de batir las tropas de Ordóñez, posesionarse de Choluteca y cortar comunicaciones entre Nicaragua y El Salvador. El oficio que refiere esos pormenores es fechado a las 11 del día de ayer.

Está muy en el orden que Milla trate de destruir toda fuerza que pueda oponérsele o aumentarse, y no está fuera de él que se nos busque donde crea podremos estar obrando contra los intereses del Presidente. Esto nos obliga a salir hoy mismo de este pueblo.

Mi familia queda en Ojojona sin auxilio alguno; ha salido de Comayagua con sólo lo encapillado, y no tiene esperanza de hacer uso de los intereses que tiene en Comayagua y el Valle. Esto me obliga a suplicarle a Ud. se sirva entregarle a Benito las monedas de Tegucigalpa y Ojojona (con algunas) que tengan, y me ha ofrecido por cuenta de Gutiérrez en su carta fechada ayer. Esta moneda aún corre en Tegucigalpa y Ojojona con alguna dificultad.

Tenga Ud. la bondad de dispensar esta molestia a que me obligan las circunstancias en que se halla mi familia. Aunque las mías son idénticas, si en ellas puedo servirle, ocupe a su afectísimo amigo.

**FRANCISCO MORAZÁN.**

# PARTE SOBRE LA DERROTA DEL ENEMIGO EN LA HACIENDA DEL GUALCHO.

San Miguel, 8 de julio de 1828.

¡Viva la Patria y el General en Jefe Morazán!
A los Ciudadanos Alcaldes de los pueblos del margen.

Del Ministerio General del Gobierno Supremo del Estado, con fecha 14 del corriente, se me ha dirigido la nota que a la letra es la siguiente:

Ahora que son las dos de la tarde, ha recibido el ciudadano Vicejefe Supremo del Estado nota oficial del ciudadano Francisco Morazán, General en Jefe del Ejército combinado de Honduras, y dada en San Miguel a 8 del presente, que a la letra copio:

El día 6, a las 7 de la mañana, fue derrotado el enemigo completamente en las llanuras de la Hacienda de Gualcho, de donde había marchado nuestro ejército con el objeto de proteger la llegada de los salvadoreños y vicentinos, los que vienen en otro auxilio, y llegaron después de la acción. Esta fue de las más sangrientas que ha habido en nuestra República, por haberse precipitado a una cuadra de distancia y concluido a tiro de pistola sin más parapeto por una y otra parte que los pechos de los soldados. Entre heridos y muertos han quedado de parte de los enemigos cerca de 200 y más de setenta prisioneros; quinientos y tantos fusiles y un cañón y todo el parque que llevaba.

El ejército enemigo se componía de 1,000 hombres y entre ellos seiscientos cincuenta veteranos; la dispersión ha sido grande, en término que a las cinco o seis cuadras de donde se dio la acción no se ha encontrado dos infantes juntos, sino únicamente algunos pequeños trozos de caballería con que huyó escoltado el coronel Domínguez, la que persiguió a distancia de tres leguas sin ningún auxilio por no haber podido dar alcance. Nuestra pérdida consistió en 12 muertos y treinta heridos.

Aún no se puede dar un parte detallado de la acción porque no se ha acabado de reconocer el campo; no se han traído todos los heridos y prisioneros aprehendidos en distintos pueblos; se hará cuando se reúnan todos los datos necesarios. Es muy digno recomendar a usted la valentía con que han peleado los oficiales y soldados del ejército, y particularmente la compañía de granaderos y fusileros de ese Estado.

Esta jornada, a la par que ha dado tantas ventajas al partido de los federalistas, hará conocer su posición al enemigo y entrar en razón. Nuestro ejército se ha aumentado a un número considerable; se compone en el día de mil seiscientos hombres, y hay armas y brazos para hacerlo ascender a dos mil, de los cuales he dispuesto que salgan inmediatamente 300 a destruir la facción que se ha asegurado se fomenta en Gracias y a castigar de muerte a todos aquellos residentes que han abusado del buen trato que se les ha dispensado de parte de las autoridades de ese Estado.

Al hacer a usted esta comunicación, ciudadano Vicejefe, tengo el honor de protestarle mi consideración y aprecio.

De orden del ciudadano Vicejefe Supremo, tengo el honor de comunicarle a usted tan interesante nota para que se sirva transmitirla a los pueblos de su mando para su debida satisfacción.

Reitero a usted, ciudadano Jefe, las expresiones de mi aprecio y estimación.

Liberato Moncada.

Y lo comunico a ustedes para que lo hagan publicar y circular en los pueblos de su distrito, celebrándose con todo júbilo y alegría que tan plausible noticia merece.

Dios, Unión, Libertad.
Tegucigalpa, julio 13 de 1828.

**JOSE MARÍA GUTIÉRREZ.**

## OFICIO QUE DIRIGE AL MINISTRO GENERAL DEL GOBIERNO DEL ESTADO DE EL SALVADOR

Tegucigalpa, 28 de agosto de 1828.
Señor Ministro General del Gobierno del Estado de El Salvador,

Al mismo tiempo que se ha organizado el ejército, se han destruido las facciones que existían en este Estado y ocupaban la atención del Gobierno. La que se hallaba en Comayagua, en número de doscientos y tantos hombres al mando de Rosa Medina, ha sido sorprendida y desarmada por las tropas que mandaba el coronel ciudadano J. Antonio Márquez, quedando muertos sus principales cabecillas. Se les tomaron noventa fusiles y trece barriles de pólvora.

Este suceso ha puesto a los opotecas en el mejor sentido, y se han prestado voluntariamente a tomar las armas en número de cien hombres. Los hijos de esta plaza han seguido su ejemplo y han entregado sesenta y tantas carabinas y un número considerable de municiones.

A la sola noticia de este triunfo, se ha retirado a Los Llanos el llamado Jefe de Honduras, Jerónimo Zelaya, llevando únicamente los pocos soldados derrotados que le presentó el oficial Muñoz. La dirección de Zelaya, según las noticias más ciertas, es a Guatemala; esto da idea de que ha perdido las esperanzas de mandar en Honduras y ha conocido que no se puede ya, como en otro tiempo, hacer obedecer a los pueblos de Gracias por la fuerza.

Tengo la satisfacción de comunicar a Ud. estas ventajas que se han adquirido en favor de nuestra causa, las que estoy seguro que, aunque son pequeñas en sí, son grandes por las consecuencias que han producido.

Sírvase Ud. elevarlo todo al conocimiento de ese digno Jefe y protestarle las consideraciones más sinceras de mi aprecio.

Dios, Unión, Libertad.

**FRANCISCO MORAZÁN**.

# CAPITULACIÓN DEL JEFE DEL EJÉRCITO FEDERAL CIUDADANO ANTONIO DE AYCINENA

(Celebrada en la Hacienda de Gualcho. Hacienda de Gualcho, 9 de octubre de 1828).

Comandancia General del Ejército Defensor de la Ley.

En el pueblo de Chepelteque, día ocho del que corre, tuve noticia de que el enemigo se movía del pueblo de Guarapa al de Lolotique. Al momento mandé una partida de caballería para que ocupara éste, y que pusiese algunos soldados encima de la loma, para que creyese el enemigo que estaba tomada.

En seguida me puse en marcha hacia el mismo pueblo; a la legua del camino se me informó que estaba en Jalapa e iba con dirección a éste de San Antonio; redoblé la marcha con el objeto de ocuparlo primero y dejarlo sin la salida de Sasore, que se intentaba tomar por la vía recta a Gracias.

Lo logré el mismo día a las cinco y media de la tarde, después que mi vanguardia rechazó con rapidez y de nuevo la del contrario, que se empezaba a situar en el portillo y a la altura de sus costados.

El fuego se prolongó por tres cuartos de hora por las guerrillas y cesó al punto que disponía la acción, por haber comenzado la lluvia y entrado la noche.

El sargento mayor Espíndola me manifestó desde el campo que ocupaba el enemigo que su General estaba dispuesto a transigir; luego pasó a donde yo estaba y con él mismo le dirigí un pliego, proponiéndole que, si quería entrar en una capitulación y evitar de ese modo la destrucción de su ejército, que era inevitable, me lo manifestase.

El día siguiente contestó, pidiendo que tuviésemos una conferencia en el intermedio de los dos ejércitos, la que tuvo por resultado la capitulación que tengo el honor de adjuntarle en copias, celebrada en la casa principal de la Hacienda San Antonio, a donde vino el Comandante General Aycinena.

Aún no se han recogido los fusiles de los enfermos que están en Tecapa, Chinameca y Usulután; no tenemos los que se han llevado doscientos soldados de este Departamento que desertaron del campo, y por esto no se puede hacer una relación exacta de todas las armas que rindió el enemigo.

Todo presagia un término feliz; no ha quedado un solo enemigo que vencer en este Estado, y los pueblos de este Departamento están dispuestos a prestar con gusto sus servicios al gobierno de quien dependen.

Sírvase usted felicitar a su gobierno por acontecimientos tan plausibles, entre tanto regreso para hacerlo personalmente.

Dios, Unión, Libertad.

**FRANCISCO MORAZÁN.**

# PROYECTO DE PAZ PERPETUA Y CONCILIACIÓN

(Que los Estados proponen al Vicepresidente de la República y al Jefe del Estado de Guatemala).

San Salvador, 14 de noviembre de 1828.

Proyecto de Paz Perpetua, que los Estados, unidos, proponen al Vicepresidente de la República y al Jefe del Estado de Guatemala.

1. Cesarán las autoridades actuales de Guatemala.
2. El Ejecutivo del Estado de Guatemala será ejercido desde luego por el Consejero más antiguo de los que funcionaban el año de 1826, o por el más inmediato, mientras los pueblos verifican con plena libertad las elecciones de sus Supremas Autoridades.
3. Este individuo no tendrá más facultades que las que señala la Constitución.
4. El Vicepresidente tampoco tendrá otras facultades que las que le prescribe la misma Constitución.
5. Luego que los pueblos de Guatemala se hallen en absoluta libertad para ejercer el soberano poder electivo, procederán a las elecciones de las Supremas Autoridades del Estado, con arreglo a la Constitución.
6. Posesionadas estas autoridades de sus destinos, sin necesidad de otra convocatoria que el Decreto dado por el Vicepresidente en el 7 de septiembre último, se procederá a renovar las Federales en su totalidad, arreglándose absolutamente, en las elecciones, a la Constitución de la República.
7. El Congreso Nacional se instalará en la villa de Ahuachapán y allí determinará el lugar de su residencia.
8. Dentro de once días, contados desde esta fecha en que se hacen las presentes proposiciones al Vicepresidente y Jefe del Estado de Guatemala, los gobiernos aliados deberán recibir de éstos una contestación terminante, ya prestando

su anuencia, ya negándola a dichas proposiciones, sin alterar ni añadir cosa alguna.

9. Durante este período continuarán las operaciones militares, como si no hubiese pendiente ninguna proposición.

10. En el caso que las autoridades de Guatemala protesten su avenimiento a los artículos 1 y 2, y los gobiernos unidos sean informados de que se han puesto en ejecución, cesarán las hostilidades por parte del Ejecutivo Federal y Estados beligerantes; se restablecerán las relaciones políticas entre los gobiernos, y las relaciones mercantiles, como estaban antes de abrirse la campaña.

11. Los Gobiernos coaligados garantizan el respeto y seguridad de las personas y propiedades.

**MARIANO PRADO**            **FRANCISCO MORAZÁN.**

# PROCLAMA A LOS CIUDADANOS DEL DEPARTAMENTO DE OLANCHO,

(Observándoles que los enemigos son los nobles y todos de Guatemala. Cuartel General en Marcha, 22 de noviembre de 1828).

El jefe provisional,
General del Ejército de Honduras

A los habitantes del departamento de Olancho:

¡Conciudadanos! Cuando creía ir a disfrutar de los inmensos bienes que proporciona el reposo, me veo en la precisión de emprender una nueva expedición contra vosotros. Cuando, a la vista solo de los ejércitos de El Salvador y Honduras, todas las fuerzas enemigas han pedido rendidamente la paz, que se les ha concedido con bastante generosidad, vosotros provocáis una nueva guerra. Tristes serán, sin duda, sus resultados y desgraciada la suerte de vuestros directores.

¡Conciudadanos! ¿No conocéis que éstos son vuestros enemigos, que se valen de vuestra bondad para engañaros? ¿Que abusan de vuestra inocencia para obligaros a trabajar contra los derechos más sagrados de los pueblos?

Ellos os dicen que debéis ser neutrales para no dar dinero ni hombres que sostengan la libertad ultrajada por los nobles y godos de Guatemala. Pero ellos, al mismo tiempo, os aconsejan que debéis tomar las armas para sostener esa neutralidad contra el Gobierno legítimo del Estado, que ha defendido siempre vuestros derechos.

Examinad cuáles son los bienes que os brindan esos directores, y encontraréis en lugar de ellos los mayores males.

Quieren que no toméis las armas contra la nobleza de Guatemala, porque ellos pertenecen a aquel partido. Quieren que no déis dinero para sostener la libertad, porque tratan de esclavizaros. Quieren que obréis contra el Jefe legítimo del Estado, sin tener elementos ningunos para vuestra defensa, porque desean veros perecer, ya que no pueden tiranizarnos; porque quieren de este modo embarazar las providencias de un Gobierno que se ha dedicado siempre a sostener las leyes.

¡Conciudadanos! Calculad el cúmulo de males que va a producir vuestra resistencia y desistid de semejantes proyectos. Examinad el delito que comete un pueblo sustrayéndose a la obediencia de la legítima autoridad y volved a poneros bajo su protección.

Yo creo que no remitiréis a vuestras débiles fuerzas lo que se puede terminar por la razón. Me persuado de que ésta hará en vosotros lo que debía hacer el ejército que marcha a mis órdenes. Estoy convencido de que evitaréis con tiempo los males que os anuncio, y que un sincero arrepentimiento, una nueva conducta, me obligará a abrazaros como amigos, en lugar de trataros como rebeldes.

¡Directores, enemigos de los habitantes de Olancho!

Se aproxima vuestro término; vais a pagar muy pronto los males causados a esos inocentes.

El valiente ejército que ha vencido en los campos de Gualcho y triunfado en las llanuras de San Antonio marcha sobre ese Departamento.

Nada tienen que temer sus sencillos habitantes, que, engañados, han obrado contra sus propios intereses.

Vosotros debéis aguardar toda clase de males si no restablecéis la quietud a esos pueblos y abandonáis vuestras miras ambiciosas de dominación.

Cuartel General en Marcha, noviembre 22 de 1828.

**FRANCISCO MORAZÁN.**

# PROCLAMA A LOS HABITANTES DE LA CIUDAD DE GUATEMALA PARA QUE NO TEMAN DE SU TROPA

(Pues va a hacer la guerra a quienes son sus tiranos. Cuartel General en Marcha, 7 de enero de 1829).

A la Capital de Guatemala y a los pueblos en que sea necesario su auxilio:

No lo temáis. Si la tropa que tengo el honor de mandar ha dado pruebas de valor en nuestros triunfos, no interrumpidos por ningún suceso desgraciado, no las ha dado menores de moderación y de generosidad.

Preguntad a vuestros compatriotas cuál ha sido nuestra conducta cuando han quedado en nuestro poder; faltos de todo recurso, los hemos abrazado como hermanos, les hemos dado libertad, los hemos socorrido y protegido en su marcha.

Pueblos de Guatemala, no es a vosotros a quienes se hace la guerra, es a vuestros tiranos; es a los que os oprimen y a los que han atacado vuestra libertad y vuestros derechos. A esos vándalos, que después de arrebataros el fruto de vuestros sudores y el pan de vuestras familias, os conducen atados como bestias, llevándoos a ser sacrificados, para cimentar sobre vuestros cadáveres el dominio que ellos han usurpado.

Repetidas veces les hemos brindado la paz; no hemos querido sacar de ello ninguna ventaja para nosotros. Nuestras pretensiones se han limitado a exigir que los pueblos de Guatemala sean libres para sufragar en las elecciones; pero estos hombres, a quienes importa poco la sangre centroamericana y que miran con fría indiferencia la destrucción de la República, a todo se niegan. Jamás entrarán por tratado alguno que no sea el de perpetuar su dominación tirana, el de apoderarse de todos los destinos, el de disponer a su antojo de la propiedad, de la vida, del honor de sus ciudadanos. ¡Húndase la República, perezca la nación entera! Nada importa a estos bárbaros, con tal de que ellos puedan reinar sobre sus escombros y ruinas.

Habitantes de Guatemala: nos acercamos a vuestros hogares, no como enemigos, sino como amigos que vienen a aliviaros de los males que habéis sufrido por espacio de dos años. Ni la venganza, ni el saqueo, ni el robo nos atraen; no venimos a destruir al Estado, sino a restablecer en él la Constitución, a hacer respetar la ley que hemos jurado obedecer, a dar la paz a la República.

He aquí nuestro único objeto; he aquí todas nuestras miras; he aquí el motivo que nos puso a tomar las armas en la mano. Nada es cierto de lo que se os ha dicho para animaros contra nosotros. Se os engaña para esclavizarnos y para haceros tomar parte en una guerra fratricida.

Eclesiásticos seculares y regulares: el Ejército está compuesto de cristianos católicos, apostólicos y romanos; lo mismo que vosotros, nosotros amamos la Santa Religión que profesamos y veneramos a sus ministros. Ellos viven alimentados, respetados y queridos en nuestros pueblos. Tenemos templos y altares en los que consagramos nuestro culto al verdadero Dios.

¿Por qué nos teméis? ¿En qué se opone la religión de Jesucristo al deseo de restablecer la ley que hemos jurado obedecer? Los verdaderos seguidores de la religión, sus enemigos son los que quebrantan sus juramentos, los que abusan de ella para destruir la libertad de los pueblos, los que obligan a los ministros de la paz y de la concordia a predicar la guerra, el incendio y la muerte, para que de este modo se echen sobre sí la odiosidad de la nación.

Españoles: los centroamericanos no son los enemigos de los que han nacido en la península, sino de los que les hacen la guerra y atacan su libertad. Sea cual fuera su origen, la Ley de Asilo, dada por la Asamblea Nacional Constituyente, protege a todos los que quieran vivir entre nosotros.

El artículo diecisiete de la Constitución concede el derecho de ciudadanía a los españoles que al tiempo de nuestra independencia la hubiesen jurado; el ejército no quebrantará las leyes que defiende. Si algún escritor se ha expresado en contra de los españoles, ha emitido su propia opinión y no la de los gobiernos y habitantes de los Estados.

En El Salvador y en el de Honduras viven pacíficos los que no se han manifestado enemigos de la patria. Si no lo sois y queréis ser tratados como tales, abandonad sus inicuas pretensiones.

Propietarios: la ley protege la propiedad y el Ejército Protector de la Ley no la atacará; estad seguros de mi palabra. La propiedad de los ciudadanos constituye la riqueza de una nación; los que aman ésta, los que desean su prosperidad, los que pelean por su felicidad, no destruirán la fuente de donde nacen estos bienes.

Los ciudadanos industriosos, los honrados padres de familia, los que trabajan por satisfacer sus necesidades, tienen derecho a conservar lo que poseen con tan honroso título. Si la necesidad ha obligado alguna vez a tomar la propiedad de algún individuo, ha sido en justa represalia; la que se ha tomado ha sido solamente la de los que nos hacen la guerra, que han sido después nuestros enemigos.

Nos dieron el ejemplo funesto de su inmoralidad, robando, saqueando, talando, incendiando y cometiendo toda clase de crímenes.

Soldados del Estado de Guatemala: harto tiempo habéis sido instrumentos ciegos de la ambición y de la tiranía de vuestros propios opresores; habéis derramado vuestra sangre para defender intereses mezquinos de un puñado de hombres que os miran con el más alto desprecio, que se enriquecen en la guerra y que os dejan perecer.

Venid a las banderas de la patria. Venid a participar del honor, de la gloria y de los triunfos de vuestros compañeros de armas.

Guatemaltecos: he aquí expresados por mi voz los sentimientos del ejército y de los pueblos de los Estados. Yo os garantizo su cumplimiento. De vosotros depende, y solo de vosotros, evitar los horrores de la guerra.

No dejaremos las armas de la mano hasta no ver restablecido el orden en toda su extensión; los que se opongan a él, los que en lo sucesivo auxilien a nuestros enemigos, los que después de esta solemne manifestación continúen haciendo la guerra a la patria, serán tratados sin excepción como traidores.

Serán ellos los responsables de la sangre que se derrame; caerá sobre ellos la vergüenza que tan justamente han merecido.

**FRANCISCO MORAZÁN.**

# PARTE OFICIAL SOBRE LA VICTORIA ALCANZADA POR EL COMANDANTE JONAMA

(Y la consiguiente derrota sufrida por Irisarri en el pueblo de San Andrés Metabac. San Salvador, 3 y 12 de marzo de 1829).

Al Ministro de Guerra y Hacienda de El Salvador.

En este momento acabo de recibir parte del comandante Jonama, fechado en el pueblo de San Andrés Metabac, en donde se hallaba la vanguardia de Irisarri, que derrotó completamente, tomándole cincuenta fusiles y dos cajones de parque.

En esta acción han caído muchos prisioneros, y entre ellos los jefes políticos Dr. Solís y Ballesteros, con el fraile hermano de éste.

Jonama me dice en su parte que todos los pueblos del tránsito lo han recibido con demostraciones de júbilo y entusiasmo, y que siete pueblos de los más lejanos le han mandado a ofrecer sus auxilios para concluir con la facción de Irisarri y ocupar Quezaltenango.

Sírvase usted, ciudadano Ministro, ponerlo en conocimiento del Jefe Supremo, aceptando las consideraciones de mi alto aprecio.

Dios, Unión, Libertad.
**FRANCISCO MORAZÁN.**

Y en una carta particular escrita al que suscribe por el mismo General, está un párrafo que dice así:

"Si la opinión ha decidido siempre de la suerte de los pueblos, ésta se halla en nuestro favor, y se aumenta cada día más, porque en los lugares en donde he estado se ha observado la mejor moderación y buen trato, y en el momento que me he separado de ellos, el enemigo los ha tratado con la mayor dureza.

Los departamentos de Chimaltenango, Sololá, Totonicapán y la mayor parte de Quezaltenango se han pronunciado abiertamente contra la capital, en términos que han derrotado dos partidas que mandó Irisarri a exigirles contribuciones.

Éste ha aumentado su disgusto incendiando varias poblaciones, en donde han perecido familias enteras que no han podido salir con prontitud."

MOLINA

# SEGUNDA ETAPA: JEFE DE ESTADO DE HONDURAS

# PARTE SOBRE LA VICTORIA DE LOS EJÉRCITOS ALIADOS, ALCANZADA EN EL LLANO DE SAN MIGUELITO

San Salvador, 7 de marzo de 1829

Comandancia General de los Ejércitos Aliados Protectores de la Ley.

Al Ciudadano Ministro de Guerra del Supremo Gobierno de El Salvador.

La victoria preside hoy las armas de los Estados aliados; y el terror, el espanto, la angustia y el desconsuelo son los genios que vagan alrededor de los cortos restos de las armas enemigas.

Antes de ayer salió de la capital casi toda la fuerza disponible que en ella existía, consistente en unos 1,200 hombres al mando del coronel Pacheco, y se aproximaron a esta ciudad con el fin de llamar la atención por un punto y pasar por otro a Quezaltenango para proteger a Irisarri y batir la fuerza del comandante Jonama, que iba sobre él.

Para examinar el movimiento enemigo destaqué el Batallón de Honduras N.º 2 y al escuadrón que comandaba el intrépido teniente coronel Enrique Terrelonge.

Esta sola fuerza atacó al enemigo en el llano de San Miguelito, y lo hizo pedazos. El escuadrón, despreciando sus fuegos, arrojóse sobre él con un denuedo sin ejemplo y decidió la victoria después de un reñido combate en que se ocupó casi todo el día.

Las resultas son que los enemigos que no han quedado muertos en el campo de batalla, son prisioneros o existen en fuga y dispersos por las montañas, sin que puedan ya entrar en la capital con ninguno de estos soldados.

Es imposible calcular las infinitas ventajas que esta victoria ofrece a la República. Considero en este momento a los enemigos en la mayor angustia y desesperación porque todos sus recursos están agotados, y las fortificaciones en que hoy se esconden son ya muy débiles, porque no tienen la fuerza suficiente para defenderlas y porque el valor y entusiasmo del ejército aliado ha llegado al último grado de exaltación con la victoria que acaba de conseguir.

El ejército ocupa Mixco, y hoy mismo marcha la artillería al mismo punto, al cual me dirijo yo también, para adoptar las medidas más adecuadas a la situación en que existimos.

Cuando se acabe de explorar el campo y se reúnan los despojos de guerra que el enemigo ha dejado abandonados, daré un parte más circunstanciado de la acción.

El comandante Jonama, que marchó sobre Quezaltenango, ha batido también la fuerza del coronel Irisarri, que se le oponía, y a esta fecha lo considero ocupando la ciudad.

Tengo la honra, ciudadano Secretario, de participar a usted estos prósperos sucesos para que se sirva elevarlos a noticia de su Gobierno, con las protestas de mi más alto respeto y consideración.

Dios, Unión, Libertad.

**FRANCISCO MORAZÁN.**

# TRANSCRIPCIÓN QUE HACE EL MINISTRO DE GUERRA DON MANUEL JULIÁN IBARRA

(De una carta relativa al tratado que se negocia).

Aceituno, 29 de marzo de 1829.

Ministerio de Guerra
Señor Ciudadano Ministro de Hacienda:

El General en Jefe, con fecha de ayer, dirige al Ministerio de mi cargo la nota siguiente:

"Esta tarde se concluyen las sesiones de los comisionados del Vicepresidente y Jefe del Estado de Guatemala, sin lograrse en mi concepto el objeto por el que se promovieron. Se niegan absolutamente a admitir las principales bases del tratado que puede afirmar la paz de un modo estable, y quieren que se celebre ésta de una manera que respete sus intereses, sin acordarse de que nuestras armas terminarán en breve la cuestión, de modo que haga desaparecer esos mismos intereses, que ya no pueden sostener con las bayonetas.

Por esto creo necesario obrar lo más pronto posible sobre la plaza. Para lograrlo, he dado orden a ese comandante para que, quedándose con cien hombres para guardar a los prisioneros y hacer respetar las providencias del Gobierno, ponga la fuerza restante, artillería y parque, a disposición del comandante Villacorta.

Deseo que ese Gobierno apruebe esta providencia y se sirva cooperar a que venga el mayor número de hombres, pues ha llegado ya el momento de obrar decididamente sobre la capital.

Sírvase usted, ciudadano Ministro, ponerlo todo en conocimiento de su Gobierno, y aceptar de nuevo las expresiones más sinceras de mi consideración y aprecio.

Dios, Unión, Libertad.
FRANCISCO MORAZÁN.

De orden del Gobierno, lo transcribo a usted para los efectos con que debe obrar en el Ministerio a su cargo.

Dios, Unión, Libertad.

Antigua Libre, marzo 30 de 1829.

MANUEL JULIÁN IBARRA.

# CARTA AL MINISTRO DE GUERRA DE GUATEMALA SOBRE EL CANJE DE PRISIONEROS PATRIOTAS

El Aceituno, 6 de abril de 1829.

Comandancia General de los Ejércitos Aliados Protectores de la Ley
Al Ministro de Relaciones del Gobierno legítimo de este Estado.

Es en mi poder la lista de los prisioneros patriotas que existen presos en la Capital. Dictaré mis providencias para un nuevo canje, pues si hasta ahora no lo he hecho ha sido porque creía que los prisioneros de Estado no podrían canjearse por los de guerra.

De los primeros hay muchos en esa ciudad reducidos a prisión por la policía, y sería conveniente que se canjeasen por los que ellos nos han tomado. Pero esto creo que sería difícil, pues se han negado terminantemente a canjear al Ministro Eduardo, reclamado por mí.

Esto no obstante, si el Gobierno aprueba esta medida, puede usted avisármelo para proponer lo de la Capital y dar mis órdenes para que regresen los prisioneros de esta clase que han sido remitidos a El Salvador.

Sírvase usted, ciudadano Ministro, ponerlo en conocimiento de su Gobierno y aceptar las repetidas insinuaciones de mi amistad y aprecio.

Dios, Unión, Libertad.

**FRANCISCO MORAZÁN.**

# CARTA QUE DIRIGE A DON MARIANO DE AYCINENA

(En respuesta a otra de éste, en la que propone una conferencia para la entrega de la plaza de la ciudad de Guatemala).

Cerca de Guatemala, 11 de abril de 1829.

Al Ciudadano Mariano de Aycinena.

Cuando usted se sirva decirme que conviene en lo que le he propuesto en mi nota de hoy, estaré pronto a admitir los comisionados que deben arreglar la capitulación y entonces se suspenderán las hostilidades por el tiempo que sea necesario.

Señor General: los males de la guerra que afligen a Centroamérica, pesarán sobre los autores de ellos y nunca sobre aquellos que lo han hecho por defenderse y por sostener los derechos del pueblo.

Tengo el honor de protestar a usted mis respetos y alta consideración.

Dios, Unión, Libertad.

**FRANCISCO MORAZÁN.**

Esta carta es en respuesta a la nota siguiente de Aycinena:
Señor General:

Al excitar a usted para una conferencia en la que pudiesen fijarse las bases bajo las cuales pudiera ser ocupada esta plaza, no he tenido otro objeto que evitar la efusión de sangre y ahorrar víctimas a nuestra patria.

Veo con sentimiento que se desecha este medio tan necesario para arreglar puntos demasiado interesantes a ambas partes y que me da la satisfacción de haber agotado mis recursos a fin de impedir la prolongación de los males consiguientes a la guerra.

Aún es tiempo, ciudadano General, de poner término a estos desastres, cuya responsabilidad no puede ya pesar sobre el Gobierno que es a mi cargo.

La conferencia sería indispensable, aun cuando la plaza se hallase en el caso de una rendición, y no veo los inconvenientes que puedan impedirla, así como tampoco alcanzo que ésta llegue a verificarse sin una suspensión momentánea de hostilidades por ambas partes.

Tengo el honor de repetir a usted las seguridades de mi aprecio.

Dios, Unión, Libertad.

MARIANO DE AYCINENA.

# CAPITULACIÓN EN LA CIUDAD DE GUATEMALA

(Celebrada con el General Manuel Arzú y el General Manuel Francisco Pavón).

Guatemala, 12 de abril de 1829.

Artículo 1.º Desde esta hora habrá una suspensión de armas, y tanto el ejército del General Morazán como el que se halla en la plaza recogerán sus partidas a los puntos que ocupan, evitando todo acto de hostilidad.

Artículo 2.º Mañana, a las diez del día, entrará el ejército sitiador a la plaza principal de esta ciudad.

Artículo 3.º Las tropas sitiadas se replegarán antes de este acto a sus cuarteles, y se depositarán en la sala de armas todas las existencias en la plaza mayor.

Artículo 4.º El General Morazán, si lo tuviere por conveniente, incorporará a su ejército los individuos de las fuerzas capituladas que no quisieren ser licenciados, ya sean de las milicias del Estado o de la fuerza federal que exista unida a ellas.

Artículo 5.º Cuatro comisionados del ejército sitiador pasarán mañana a las ocho del día a la plaza para asegurarse del cumplimiento del artículo 3.º, y luego que se hayan recibido formalmente de todos los elementos de guerra y armas que existan en la plaza, darán aviso de ello para la ocupación de la misma.

Artículo 6.º El General Morazán garantiza las vidas y propiedades de todos los individuos que existan en la plaza.

Artículo 7.º Les dará pasaporte, si lo tuviere por conveniente, para que salgan a cualquier punto de la República o fuera de ella.

Artículo 8.º El General Morazán y los comisionados, a nombre del Jefe que representan, ofrecen, bajo su palabra de honor, cumplir esta capitulación en la parte que les toca.

En Guatemala, a 12 de abril de 1829.

**FRANCISCO MORAZÁN**
Manuel Arzú
Manuel Francisco Pavón

# PROCLAMA A LOS HABITANTES DE CENTROAMÉRICA

(Sobre la ocupación ayer de la capital por sus tropas y que con ello la paz ha hecho su arribo a Guatemala).

Nueva Guatemala, 14 de abril de 1829.

EL GENERAL EN JEFE DEL EJÉRCITO ALIADO DEFENSOR DE LA LEY, A LOS HABITANTES DE CENTROAMÉRICA:

¡Conciudadanos!

El Estado de Guatemala, que ha sido por tanto tiempo la propiedad de los tiranos, ya pertenece a los libres, y su administración a las autoridades legítimas.

Ayer ha ocupado la capital de la República el Ejército que tengo el honor de mandar, allanando antes con sus armas las fortificaciones que los enemigos creyeron inexpugnables, y hoy se ve humillada y abatida, a solo el peso de sus propios crímenes, esa cerviz altanera de la aristocracia que insultaba al hombre libre y le presagiaba los males de su futura suerte.

El deseado día de la paz ha llegado; el sagrado código de nuestras instituciones, que ha conservado el patriota a costa de su sangre, lo presenta como un don precioso para los pueblos, y a su vista desaparece el tiempo de las desgracias.

A este tiempo de ruinas y de horrores, de devastaciones y de crímenes, se sucederá el del orden, y en él tendrá su trono la justicia y la ley, que osaron destruir los tiranos de Centroamérica.

Los poderes de la Federación del Estado de Guatemala, que he convocado, volverán en breve a ocupar los asientos de que fueron arrancados por la violencia del Primer Mandatario de la República, y con esta triste lección desaparecerán las esperanzas de sus cómplices y las miras ambiciosas del usurpador.

Cuando el orden constitucional esté restablecido, cuando el que deba servir el Poder Ejecutivo de la Nación sea electo por el Congreso Federal según las leyes, restituirá el Ejército Protector a sus respectivos Estados; y yo iré a dar cuenta de todo a sus Gobiernos, llevando la gran satisfacción de haber llenado sus deseos y cumplido con mis obligaciones.

**FRANCISCO MORAZÁN**

# COMUNICACIÓN QUE DIRIGE AL MINISTRO DE GUERRA DE GUATEMALA

(Sobre las necesidades de recursos para pagar a sus soldados).

Guatemala, 17 de abril de 1829.

Comandancia General de los Ejércitos Aliados Protectores de la Ley
Al Ministro de Guerra del Gobierno de este Estado.

A pesar de los triunfos conseguidos en San Miguelito y Las Charcas, experimenté una deserción escandalosa en Aceituno, y después de agotar sin fruto varios recursos para evitarla, ofrecí a los sargentos, cabos y soldados del Ejército un mes de sueldo luego que fuere ocupada esta ciudad.

Ha llegado este caso; los soldados reclaman, y sus relevantes servicios a la causa de Centroamérica los hacen acreedores a esta pequeña gratificación.

Yo me hallo comprometido a darla, y no hay dinero en la Tesorería.

Si se retarda algunos días esta gratificación, muchos soldados entrarán en desconfianza, y la deserción será el resultado de ello, en circunstancias en que necesitamos el Ejército para acabar de afianzar los intereses de la República.

Sírvase usted manifestarlo a su Gobierno para que mande poner a disposición del Tesoro la cantidad de dinero necesaria con este objeto, y aceptar usted las consideraciones de mi aprecio.

Dios, Unión, Libertad.

**FRANCISCO MORAZÁN.**

# DECLARATORIA DE NULIDAD DE LA CAPITULACIÓN DE 12 DE ABRIL

Guatemala, 20 de abril de 1829.

Comandancia General de los Ejércitos Aliados Protectores de la Ley, en la ciudad de Guatemala, a 20 de abril de 1829.

Vista la información sumaria mandada instruir con el objeto de averiguar la conducta que observó el jefe de las fuerzas enemigas que se hallaban en la plaza mayor de esta capital el día 12 del corriente, después que ésta se rindió a los ejércitos aliados por la capitulación celebrada en el mismo día; deduciéndose por el mérito de lo actuado, que varios jefes y oficiales influyeron activamente, a vista de su general, para que los soldados se retirasen con sus armas a los pueblos de Los Altos; considerando que las deposiciones de los testigos intachables que han declarado son confirmadas con el hecho de no haberse entregado más que 431 fusiles de los 1,500 que existían entonces en manos de los que se hallaban en la plaza, como lo acreditan los estados del día 8 de este mes;

Advirtiendo también que esto lo hace más indudable las actuales vejaciones que experimentan los que transitan los caminos de estas inmediaciones, en donde varias partidas de infantería y caballería se hallan asesinando y robando; estando al mismo tiempo demostrada la ocultación de armas, por haberse entregado al jefe del Estado Mayor un número considerable de ellas después de reducidos a prisión los jefes que existían en esta plaza, sin haberse podido lograr antes, a pesar del bando publicado el 13 del corriente; y observando, por último, que fueron inútiles las diferentes reconvenciones que con este objeto se hicieron a varios sujetos que tenían un interés en que se cumpliese la capitulación, He tenido a bien declarar, y declaro:

1.º La capitulación celebrada con los comisionados del jefe Aycinena, en concepto de comandante de armas de esta plaza, es en todas sus partes nula y de ningún valor y efecto.

2.º Que, en consecuencia, se haga publicar y circular esta declaratoria para los efectos convenientes.

**FRANCISCO MORAZÁN.**

# COMANDANCIA GENERAL DE LOS EJÉRCITOS UNIDOS PROTECTORES DE LA LEY

Al Ministro de Hacienda del Gobierno del Estado.

En este momento me da parte el Comisario de Guerra, que por falta de dinero no ha sido socorrido el Ejército durante dos días y que, a pesar de las manifestaciones que he hecho a usted, no se han ofrecido más que seiscientos pesos, cantidad con que no se puede cubrir el sueldo íntegro de un día.

Este incidente es más desagradable para mí, porque gradúo las consecuencias funestas que debe producir, al mismo tiempo que me es sensible no poder compensar los servicios de unos soldados cuyas virtudes admiran hasta los enemigos, siquiera con que no falte su sueldo diario. Si los enemigos meditaran un modo de disolver el Ejército, no encontrarían uno más a propósito que retardarles el prest, y yo estoy en el caso de agotar cuantos recursos sean a mi alcance para no darles ese placer.

El Gobierno tiene multitud de caudales cuyos dueños no merecen ninguna consideración, y existe un Ejército dispuesto a hacer respetar sus providencias. No dudo que usted las dictará en el momento, y si cree que no podrán tener efecto, espero se sirva manifestármelo para obrar directamente según lo exigen las circunstancias.

Me es sensible, Ciudadano Ministro, que haya llegado el caso de hacer a usted esta insinuación, pero el Ejército no puede subsistir sin sueldo, y la República necesita de soldados que hagan respetar las providencias de sus funcionarios.

Sírvase aceptar las protestas de mi consideración y aprecio.

Dios, Unión, Libertad

Guatemala, a las dos de la tarde.

**FRANCISCO MORAZÁN.**

## COMANDANCIA GENERAL DE LOS EJÉRCITOS ALIADOS PROTECTORES DE LA LEY

Al Ministro de Guerra de este Estado.

Por la apreciable nota de usted de 19 del corriente, quedo impuesto de que el Jefe Supremo interino ha nombrado al Ciudadano Antonio Corzo, Jefe Político y Militar del Departamento de Quezaltenango, para contener la anarquía en que se hallan aquellos pueblos.

Las virtudes que adornan a Corzo me hacen esperar que, inmediatamente que se posesione de aquel destino, cesará el desorden y serán sofocadas las sediciones que intentan los enemigos de la tranquilidad pública.

Reitero a usted las protestas de mi singular aprecio.

Dios, Unión, Libertad.

Guatemala, 25 de abril de 1829.

**FRANCISCO MORAZÁN.**

## CIUDADANO PEDRO MOLINA (EN SAN SALVADOR) GUATEMALA, ABRIL 26 DE 1829

Mi verdadero amigo:

Todo lo que me dice en su última apreciable, lo creo conveniente para que la República no vuelva a tener un nuevo trastorno. He dado un paso ya con ese objeto, para facilitar el que debe darse después. Privadamente he convenido con el Arzobispo, para que en término de veinte días vengan a estos conventos todos los frailes que sirven curatos, en cumplimiento de las reales cédulas que lo mandan. He convenido igualmente en que se remuevan de sus curatos a todos los clérigos enemigos del sistema y afectos a las autoridades intrusas. Ayer he mandado una lista como de sesenta clérigos y frailes, buenos y regulares, para que sean colocados en lugar de los malos. Principio por Alcayaga para Vicario General. ¿Logrado este paso, no cree usted que se facilita el otro?

De oficio, digo que pueden ponerse en libertad los oficiales y soldados insignificantes, reservándome únicamente los de la lista que le incluyo, los que pueden ir a hacer daño a otra parte. Creo que ese Gobierno debe dar igual paso con los que tiene a su disposición. Montúfares y españoles deben salir de la República. Si usted cree que ese Jefe no dará ese paso, influya para que se ponga a mi disposición.

Los deseos de nuestros soldados en volver a sus casas después del triunfo forman una baja diaria de mucha consideración. Del día que entré a esta ciudad a la fecha, se han desertado trescientos y tantos. Si se me pudieran mandar de ese Estado cuatrocientos hombres, aunque no tuvieran las cualidades que dije a usted anteriormente, con el objeto de hacer la guarnición de esta ciudad por cuatro o seis meses, sería utilísimo. Como ya no tienen que pelear, me persuado que habrá muchos que vengan voluntariamente si se les ofrece que no les faltará el prest, que se les vestirá, y no saldrán de la ciudad. Espero que esos pliegos que van para Honduras, se sirva dirigirlos inmediatamente.

De oficio, pido al Gobierno varios oficiales y principalmente al Teniente Coronel Ordóñez. Sírvase no omitir medio alguno para que vengan sin demora con la mayor seguridad.

**FRANCISCO MORAZÁN.**

47

# CARTA AL MINISTRO GENERAL DEL GOBIERNO DEL ESTADO DE GUATEMALA

(Sobre el reconocimiento a los méritos del Consejero Mariano Centeno).

Guatemala, 1 de mayo de 1829.

Comandancia General de los Ejércitos Aliados Protectores de la Ley.

Al Ministro General del Gobierno de este Estado,

Quedo enterado de su estimable nota de ayer, en la que se sirve manifestarme que se ha separado de su destino el ciudadano Consejero Mariano Centeno, por haberlo ocupado el ciudadano Juan Barrundia.

La pureza con que se ha comportado el ciudadano Mariano Centeno en el tiempo que ha servido la jefatura, y los relevantes servicios que ha prestado a la causa pública, su entereza y valor en las desgracias, lo hacen acreedor a que los hijos de este Estado recuerden con placer el tiempo de su administración, y a que yo le dé las más expresivas gracias a nombre de los gobiernos de El Salvador y Honduras por los particulares servicios que ha dispensado al ejército que pusieron aquellos a mis órdenes.

Sírvase usted manifestarlo así al ciudadano Centeno, protestándole las consideraciones de mi distinguido aprecio.

Dios, Unión, Libertad.

**FRANCISCO MORAZÁN.**

# CARTA AL MINISTRO GENERAL DEL GOBIERNO DE GUATEMALA

(Sobre el feliz término de los males que afligían al Estado. Guatemala, 1 de mayo de 1829).

Comandancia General de los Ejércitos Aliados Protectores de la Ley.

Al ciudadano Ministro General del Gobierno de este Estado,

He leído con el mayor placer su estimable nota de ayer, en la que me manifiesta que el ciudadano Juan Barrundia ha tomado asiento de orden del Cuerpo Legislativo, porque en ella veo logrados los deseos de los amigos de la Constitución y terminados felizmente los males que afligían este Estado.

Sírvase usted felicitar a su gobierno por este suceso y manifestarle que por mi parte encontrará toda la deferencia necesaria, y que las medidas que pusieron aquellos a mis órdenes y que dicté en favor de la felicidad de este Estado tengan el éxito que se proponga.

Al contestar a usted su nota ya citada, me cabe la satisfacción de renovarle las consideraciones de mi aprecio.

Dios, Unión, Libertad.

**FRANCISCO MORAZÁN.**

# CARTA DE RESPUESTA A LA DEL MINISTRO GENERAL DEL GOBIERNO SUPREMO DEL ESTADO DE GUATEMALA

(Relativa a la conducta adoptada por el Cura de Totonicapán. Guatemala, 4 de mayo de 1829).

República Federal de Centro América.
Comandancia General del Ejército Aliado Protector de la Ley.

Al Ministro General del Gobierno Supremo del Estado de Guatemala,

En vista de la estimable nota de usted, fechada el día de ayer, en que me acompaña copia de la comunicación del Jefe Departamental de Totonicapán, relativa a los procedimientos de aquel padre Cura, ahora mismo invito al que se ha designado para dicho pueblo, con el fin de que verifique su marcha inmediatamente, y con el propósito de evitar de ese modo los males que está causando el que existe actualmente allí.

Pero si esa providencia no fuere bastante, ese Gobierno puede dictar la que crea conveniente, pues en nada se opone a las reformas que, de acuerdo con el Padre Arzobispo, se estén haciendo. Sírvase, ciudadano Ministro, manifestarlo así a su digno Jefe, y aceptar de nuevo las insinuaciones de mi distinguido aprecio.

Dios, Unión, Libertad.

**FRANCISCO MORAZÁN.**

# CARTA AL MINISTRO GENERAL DEL GOBIERNO DEL ESTADO DE GUATEMALA

(Sobre la falta de armas y de disciplina en las tropas del Estado. Guatemala, 10 de mayo de 1829).

República Federal de Centro América.
Comandancia General de los Ejércitos Aliados Protectores de la Ley.

Al Ministro General del Gobierno Supremo de este Estado,

He recibido la estimable nota de usted, fechada el 16 del presente, en la que, al manifestarme que por falta de armas no se levantan ni disciplinan algunos cuerpos de tropa en el Estado, me dice que su Gobierno desea, en vista de esta necesidad, que yo ponga a su disposición un número de fusiles capaz de cubrirla, y que si no los hay en estado de servicio, sería un arbitrio oportuno disponer la reposición de los que admitan fácil reparación, indicándome al mismo tiempo que el Gobierno desearía contar con un número competente de lanzas, al menos para un escuadrón.

En consecuencia, sírvase manifestar a ese Jefe Supremo que he pedido el estado general de las armas desocupadas para ver el número que puedo poner a su disposición; que, por lo respectivo a las lanzas, están prontas las necesarias para armar un escuadrón; que debe estar entendido que en Chiquimula existe una cantidad considerable de fusiles, y que en poder de los Jefes Departamentales de Totonicapán y Quezaltenango hay también más de 300 disponibles.

Al contestar a usted, ciudadano Ministro, le reitero los sentimientos del aprecio y estimación que me merece.

Dios, Unión, Libertad.

**FRANCISCO MORAZÁN.**

# CARTA AL MINISTRO GENERAL DEL GOBIERNO SUPREMO DEL ESTADO DE GUATEMALA

(Relativa a la sustitución de un importante número de curas por otros liberales).

Guatemala, 11 de mayo de 1829.

República Federal de Centro América.
Comandancia General del Ejército Aliado Protector de la Ley.

Ciudadano Ministro General del Gobierno Supremo de este Estado,

Desde que ocupé esta ciudad, me dediqué a buscar el modo de evitar la influencia que han tenido varios curas en los negocios públicos, seduciendo a los incautos y obligándolos a prestar servicios en favor de las autoridades intrusas del Estado.

Con este objeto, hablé con el Padre Arzobispo y le manifesté la necesidad de remover estos curas y poner en su lugar a los que comprende la lista que tengo el honor de acompañar a usted.

El Arzobispo se ha prestado a todo y, al efecto, ha librado sus órdenes. Para que éstas tengan efecto y para que los curas removidos no entorpezcan la posesión de los nombrados, espero que, si su Gobierno lo tiene a bien, dé órdenes a los Jefes Políticos para que allanen cualquier obstáculo que adviertan, tanto con respecto al Arzobispo como a los curas cesantes.

Como éstos deben pasar a la Antigua Guatemala con el objeto de existir allí todo el tiempo que lo exijan las circunstancias y habitar en casas particulares, en un convento o en un lugar que ese Gobierno les designe en dicha ciudad, y como los que, a juicio del mismo Gobierno, no tengan cómo subsistir, debe señalárseles una pensión mensual de los fondos del Estado, me ha parecido conveniente ponerlo también en su conocimiento por el órgano de usted.

Me valgo de esta ocasión para renovar a usted los testimonios de mi aprecio.

Dios, Unión, Libertad.

**FRANCISCO MORAZÁN.**

52

# CARTA DIRIGIDA AL MINISTRO GENERAL DEL GOBIERNO SUPREMO DEL ESTADO DE GUATEMALA

(Relativa a las observaciones hechas por ese Gobierno, acerca de las últimas promociones y remociones de curas. Guatemala, 1 de junio de 1829).

República Federal de Centro América.
Comandancia General del Ejército Aliado Protector de la Ley.

Al Ministro General del Gobierno Supremo del Estado,

He visto la amable comunicación de usted, fechada el 24 del último mayo, relativa a manifestarme las observaciones que su Gobierno ha tenido a bien hacer con respecto a las provisiones de curatos y remociones acordadas por la autoridad eclesiástica a excitación mía.

Yo aprecio como debo la franqueza de ese digno Jefe en indicarme sus sentimientos en esa parte, y siendo conforme con mis deseos por el mejor servicio de la causa pública, sírvase usted manifestarle que voy a poner en práctica, de acuerdo con el Prelado Metropolitano, las observaciones que se sirve indicarme.

Aprovecho, ciudadano Ministro, esta ocasión para renovarle las consideraciones de mi aprecio.

Dios, Unión, Libertad.

**FRANCISCO MORAZÁN.**

# PETICIÓN PARA CONSEGUIR EL PAGO A LOS SOLDADOS EN SERVICIO

(Carta dirigida al Ministro General del Gobierno Supremo del Estado de Guatemala).

25 de junio de 1829.

Ciudadano Ministro General del Gobierno Supremo del Estado,

Hace dos días que no tiene sueldo el ejército; muchos cuerpos se han quejado de un modo alarmante y esto puede traer malas consecuencias.

Como los soldados son de un país extraño, no tienen relaciones, y el día que les falta el prest, dejan de comer, pues, como usted sabe, los soldados no guardan lo que les dan para el día siguiente.

Deseo que este hecho lo ponga en conocimiento de su Gobierno para su pronto remedio, sirviéndose usted aceptar las consideraciones de mi aprecio.

Dios, Unión, Libertad.

A las siete de la noche.

Dios, Unión, Libertad.

**FRANCISCO MORAZÁN.**

# CARTA DIRIGIDA AL CIUDADANO SECRETARIO DE GOBIERNO DEL ESTADO DE COSTA RICA

(Sobre el feliz suceso de haberse constituido e instalado el Congreso Federal).

Guatemala, 23 de junio de 1829.

Al ciudadano Secretario del Gobierno del Estado de Costa Rica,

Los ciudadanos diputados, Secretarios del Congreso Federal, me comunican en nota de ayer la fausta noticia de haberse declarado legítimamente constituido e instalado el mismo Congreso con todas las formalidades prescritas por la Constitución y por el acuerdo de la última Junta Preparatoria; que los representantes nuevamente electos han prestado el juramento de ley al incorporarse con los que quedan del año de 1826 y que, en conformidad con lo prevenido en el Reglamento, se ha hecho ya el anuncio del día señalado para la apertura de las sesiones, habiendo acordado el mismo Consejo Legítimo que la noticia de tan feliz suceso se comunique sin demora a los Gobiernos de los Estados de la Unión.

Tengo la satisfacción de participarlo a usted para que se sirva elevarlo a noticia de su Gobierno, renovándose las consideraciones y aprecio que me merece.

Dios, Unión, Libertad.

**FRANCISCO MORAZÁN.**

# SOBRE LA EXPULSIÓN DEL ARZOBISPO Y DE OTROS RELIGIOSOS DE GUATEMALA.

(Carta al Ministro General del Estado de Costa Rica).

Guatemala, 13 de julio de 1829
Al Ministro General del Gobierno del Estado de Costa Rica,

No se oculta a ese Supremo Gobierno la parte que tomó el Padre Arzobispo y todos los religiosos en la guerra que terminó felizmente con la ocupación de esta plaza. Nada habrían podido hacer los funcionarios enemigos si no hubieran sido sostenidos por ellos, ni la guerra se habría ensangrentado tanto si ellos mismos no le dieran un carácter religioso.

No les fue bastante influir con su prestigio, ni reducir a los incautos; no les fue suficiente diseminarse en las poblaciones y predicar contra las instituciones del pueblo, excitándolo para que fuese a ser víctima en el campo de batalla; también tomaron las armas e hicieron funciones de soldado.

Una conducta semejante les persuadió de que la ocupación de Guatemala sería el momento en que se ejecutase su castigo; ellos lo merecían y debían aguardarlo. Mi obligación era hacer desaparecer hasta los más pequeños vestigios de la revolución, compensando de este modo la sangre vertida en tantos combates y los sacrificios hechos por los verdaderos centroamericanos. Sin embargo, quise agotar todos los medios de moderación y de política; y los principales autores de la guerra, los conciliadores del pueblo inocente, los autores del asesinato del Vicejefe Flores y de otros muchos, no sólo fueron tolerados por mí, sino que les dispensé toda clase de protección, creyendo que esto bastaría para que entrasen en su deber y que, por lo menos, ocultarían sus ideas criminales en lo sucesivo.

Luego me desengañé de que eran unos enemigos irreconciliables. Invité al Arzobispo para que nombrase un provisor, concentrase los fusiles y pusiese en los curatos sacerdotes adictos a nuestras instituciones; y si la necesidad le obligó a convenir en esta medida, sus disposiciones al ejecutarlas nada dejaron que dudar con respecto a sus miras, pues supuso que esta providencia se le exigía por la fuerza y la violencia, para alarmar al pueblo.

Le manifesté igualmente la necesidad de arreglar la Iglesia de El Salvador y los males que causaría si continuaba en la situación que hasta aquí tenía, y siempre se resistió a dar una providencia que no fuese la de elegir un gobernador que dependiese de él, excusándose con que carecía de facultades para lo demás. Al mismo tiempo que se negaba a todo aquello que podía disminuirle su autoridad y hacerle perder el prestigio que deseaba conservar para usar de él cuando llegase el momento de obrar contra la libertad del pueblo, difundía por medio de sus agentes especies que alarmaban continuamente a los incautos. Tal era la de que lo querían expulsar, cuando no se había aún pensado en ello, y esto obligó a que el pueblo concurriera todos los domingos a confirmar, en tanto número, que era necesario que se celebrase este acto en la Catedral.

Los frailes de los conventos no dejaban un momento de trabajar en el pueblo por cuantos medios les sugería su perversidad, hasta tener la audacia de expresarse en el púlpito de un modo que desacreditaba al partido vencedor. Sus conversaciones privadas y sus más pequeños pasos solo se dirigían a disponer los ánimos, preparando así la opinión para que al fin estallase una revolución.

Nada me quedaba que aguardar de unos hombres a quienes la indulgencia les obligaba a cometer nuevos crímenes y que cada día aumentaban el descontento y se disponían para dar un golpe mortal a las instituciones del pueblo.

Este peligro se aumentó a un grado eminente cuando lograron extraviar la opinión de algunos jefes y oficiales del ejército, induciéndolos a que formasen una revolución con el fin de asesinar a los españoles y nobles, y tomarse las propiedades.

Aunque la mayor parte de estos entraron en semejante plan sin prever sus consecuencias y muchos de ellos por creer que hacían un bien a la República, un jefe de los ingeridos por él tenía seguramente ideas muy diversas, y si se examinan sus íntimas relaciones con los enemigos del sistema y la odiosidad que había contraído con los que lo separaron del ejército por su mala conducta, principalmente en el manejo de la hacienda pública, persuade que éste obraba de acuerdo con aquellos.

El que la revolución se hiciese contra los españoles y nobles, y que esos tuviesen una parte en el plan, parece inconcebible. Pero si se examina que el único medio que podían encontrar para seducir al ejército era persuadirlo de que se trataba de dejar impunes los delitos de los enemigos y que era preciso que el mismo ejército los castigase por su mano, se conoce la necesidad de esta medida, que ellos habrían eludido si en realidad estaban mezclados en la revolución, haciendo que se ocultasen aquellos contra los que se debía obrar, ocultando igualmente sus intereses, y de este modo lograban que el ejército desobedeciese las autoridades y se comprometiese de un modo que tenía necesariamente que seguir la suerte de los conspiradores, sin que los enemigos sufriesen ni en sus personas ni en sus intereses.

En circunstancias tan apuradas, era necesario dictar una providencia enérgica que hiciese desaparecer para siempre a todos los autores de los males que llora la República, puesto que no había valido con ellos el buen trato y las consideraciones que se les dispensó. Y esto mismo me obligó a hacer salir por el sur a los prisioneros que existían en esta ciudad desde que la ocupé, y por el norte a los religiosos de San Francisco, Santo Domingo y La Recolección, e igualmente al Arzobispo, con el objeto de remitirlos a La Habana.

Esta providencia ha sido aprobada por las autoridades que existen en esta capital.

El pueblo no ha hecho la menor demostración que pueda alterar el orden público, y el ejército se ha manifestado en esta vez con la mayor energía, ejecutando con placer una providencia cuyos buenos resultados están al alcance del último soldado.

Sírvase usted, ciudadano Ministro, ponerlo todo en conocimiento de su Gobierno y aceptar las insinuaciones de mi aprecio y deferencia.

Dios, Unión, Libertad.

**FRANCISCO MORAZÁN.**

# CARTA ANTE AMENAZA DE UNA INVASIÓN ESPAÑOLA

(Dirigida al Ciudadano Ministro del Estado de Guatemala, en la que le comunica estar facultado por el Ejecutivo para la defensa de la República).

Guatemala, 24 de julio de 1829
Al ciudadano Ministro del Estado de Guatemala,

Al facultarme el Supremo Poder Ejecutivo para tomar todas las providencias que exige la seguridad de la República y poder repeler en caso necesario la invasión de españoles que se anuncia, se me ha manifestado que ha hecho las excitaciones convenientes a su Gobierno, para que por su parte se sirva facilitar los recursos necesarios con este objeto.

Siendo, a mi juicio, una de las medidas principales que deben tomarse el arreglo de los cuerpos de milicias en las poblaciones próximas a los puertos que pueden ser atacados, y particularmente en Chiquimula, donde hay soldados y la mayor facilidad para su organización, si ese Gobierno lo cree conveniente, mandaré que hoy en aquel Departamento levanten uno o dos batallones, y si tuviere a bien que vayan a otros puntos, con su aviso marcharán al momento.

Sírvase, ciudadano Ministro, ponerlo así en su conocimiento y aceptar de nuevo mis consideraciones.

Dios, Unión, Libertad.

**FRANCISCO MORAZÁN.**

# INVITACIÓN A LOS HONDUREÑOS A LA PAZ Y A SUPERAR LAS DISCORDIAS

(Manifiesto a la vuelta a su tierra).

Tegucigalpa, 4 de diciembre de 1829.

Hondureños:

Heme aquí entre vosotros. He vuelto después de haber hecho cuanto estaba de mi parte para llenar vuestros deseos y corresponder a la confianza con que me honrasteis. He obrado únicamente por vosotros y en vuestro nombre. Vuestros enemigos, los enemigos de la Patria, fueron vencidos y humillados: han desaparecido, y no queda uno solo que pueda infundir temores. La paz, la reposición de las legítimas autoridades, el restablecimiento del orden constitucional que proclamasteis y jurasteis, han sido el fruto de los heroicos sacrificios de los pueblos. Ellos os han cubierto de gloria; vosotros sois libres, y yo me veo bastante compensado con la aprobación que mi conducta ha merecido de sus habitantes.

Cuando me disponía a venir a dar cuenta de ella a los Estados que me confiaron su suerte, el Supremo Gobierno Federal me comisionaba para pacificar los pueblos disidentes de este y coadyuvar a la pacificación de los de Nicaragua, desgraciadamente alterados unos y otros por equivocaciones, por errores y por seducción de los eternos enemigos del nombre americano y de sus instituciones.

Con tan importantes objetos he tomado las riendas del Gobierno Supremo de este Estado: he dictado activas providencias para aumentar el ejército, para arreglar la hacienda pública y darle la mayor publicidad a su inversión. Estoy dispuesto a obrar en consonancia con las órdenes del Gobierno General, con mis deberes sagrados y con el voto de todos los buenos que aman la paz y que han hecho tantos sacrificios por conseguirla.

Pero he creído que antes de dar el primer paso en la grande obra que voy a emprender, debo manifestar a todos, franca y sencillamente, los sentimientos de que estoy penetrado y los principios que deben servirme de guía en mis operaciones.

HONDUREÑOS: No vengo a hacer la guerra a los pueblos. Conozco muy bien los motivos que los extravían y las causas que impulsan a los unos a obrar en sentido contrario a los otros. He defendido sus derechos, he obrado por su voluntad, y no querría manchar mi conducta con acciones que desmintiesen los principios que hasta ahora la han dirigido.

Siento vivamente cuanto ha sucedido entre vosotros; no está en mi mano evitarlo, pero sí está en la vuestra el proponeros medios honrosos antes de llegar a los extremos, el adoptarlos y hacer que cesen escenas tan horribles, en que, sea cual fuere el partido triunfante, pierden siempre los americanos, y sólo pueden ganar los españoles, causa primera de nuestras discordias.

COMPATRIOTAS: Yo os invito a la paz, yo os la ofrezco por mi parte; yo os ofrezco bajo mi palabra la garantía más firme de vuestras vidas, de vuestras propiedades, de vuestra seguridad individual. Nadie será perseguido ni por sus opiniones ni por su conducta política anterior, con tal que de buena fe se sometan a la ley y que en lo sucesivo no den lugar a que, por su causa, vuelva a encenderse la guerra civil.

Jamás he faltado a mis promesas; las he cumplido religiosamente aun cuando he sido provocado por la falta de fe de los enemigos; no tienen de mí un motivo justo de queja. Los que depusieron las armas, los que no intentaron una nueva reacción, no han tenido de qué arrepentirse. En nada han sido molestados y gozan en el seno de sus familias de la paz y de la seguridad más inviolable.

CONCIUDADANOS: Las ideas de persecución, de intolerancia, de fanatismo político, de sangre y de destrucción están lejos de mí. Jamás han sido abrigadas ni alimentadas en mi pecho, que solo ama la concordia, la unión y la paz, y que por conseguirlas he expuesto tantas veces mi vida y, lo que es aun más caro, mi honor.

Penetrado de estos sentimientos, el primer uso que he hecho de las facultades que se me han concedido por el Supremo Gobierno Federal y por la Asamblea Legislativa del Estado, es conceder amnistía o indulgencia general a todos los que quieran deponer las armas y someterse al imperio de la ley; he decretado suspender los efectos de la de diez de julio, y ofrezco a todos protección y seguridad.

CONCIUDADANOS: Yo me presento a vosotros, sin excepción ninguna, con el olivo, símbolo de la paz y de mis sentimientos, en una mano, y con la espada vengadora de la justicia y de la patria en la otra. Elegid: vosotros sois árbitros de vuestra suerte.

O dad a la Nación un día de gloria haciendo cesar los males que la afligen y asegurando al mismo tiempo vuestras vidas, las de vuestras esposas, el respeto a las propiedades y derechos, pues todo lo conserva la paz; o continuad una guerra fratricida que, dando muerte a la patria, destruye cuanto nos es amable y precioso, y devora todos los bienes de que el hombre puede gozar bajo la influencia de una sociedad ordenada y de la más benéfica legislación.

Las discordias civiles de Honduras están llamando la atención de los Estados, no menos que la de las autoridades federales. Todos, a porfía, sin excepción ninguna de opiniones ni de partidos, ofrecen a este Gobierno recursos para terminar una guerra devorante y destructora, que no tiene objeto de utilidad conocido para nadie y que sólo sirve para disponernos a todos a las cadenas que nos prepara el más cruel de los tiranos, Fernando VII.

Yo haré uso de los recursos que se me ofrecen, si después de esta franca manifestación hay quien, valiéndose de la seducción, del engaño o de la fuerza, quiera continuar asesinando a la patria. Cuando vea yo los horrores que los pertinaces han atraído sobre sí y sobre sus hermanos, tendré el consuelo de decir: he hecho cuanto estaba de mi parte para evitarlo.

Valientes vencedores de la Trinidad, de Gualcho, de San Miguelito, de Las Charcas y de Guatemala:

La patria os llama por mi boca. Venid a defender sus banderas; venid a concluir la obra grande que comenzó vuestro valor y que os ha colmado de laureles; venid a dar la paz a vuestros hermanos de Honduras.

Yo estaré con vosotros y marcharé a vuestro frente; dividiremos los riesgos y los sacrificios, y el lauro será todo vuestro.

**FRANCISCO MORAZÁN.**

# CARTA AL CIUDADANO MINISTRO DE GUERRA Y MARINA DE LA FEDERACIÓN

(Acerca de las necesidades de defensa de la República).

Morocelí, 28 de diciembre de 1829.

Al Ciudadano Ministro de Guerra y Marina de la Federación,
Con fecha 23 del presente, me dice el ciudadano Coronel José Antonio Márquez lo que copio:

Después de haberle contestado su apreciable de 14, y es lo que en ella le tengo comunicado, tuve parte el 21, y se me ha repetido hasta ahora por distintos conductos, que el enemigo está reunido y dispuesto a atacarme por diversos puntos; que no se aguarda para esta operación, que debe ser el lunes próximo, más que la llegada del Coronel Domínguez a este departamento, quien se halla en el de Yoro y está en estrecha correspondencia con los insurgentes de Agalta y Zapote, y aun se asegura que trae pertrechos y armamento. También se dice que Domínguez ha estado mucho tiempo dentro del departamento de San Miguel y en relaciones con los enemigos que existen en el Estado de El Salvador.

Qué sé yo si se quiera exagerar, pero también se me dice que trae alguna tropa armada del citado departamento de Yoro, que se ha pronunciado en su favor, inclusive algunos morenos de Trujillo. Yo no creo esta especie, aunque se me ha asegurado igualmente que las relaciones de comercio entre esta facción y el vecindario de Trujillo siguen como siempre, pues que actualmente se arrean para aquella ciudad dos partidas de novillos de alguna consideración, y han venido de ella al pueblo de Zapote un vecino del citado pueblo, Clímaco Martínez, y otro comerciante con varios efectos de ropa, aguardiente, etc.

Los catacamas han estado en la hacienda de la Herradura antes de ayer, y ahora, cuando el mayordomo de dicha hacienda venía para acá, dejaba incendiadas por los citados las barracas y atrincheramientos que en dicha hacienda formó la división del Coronel Herrera.

Por otros varios antecedentes, que los forman una porción de pequeñeces, soy en creer que la fuerza enemiga ha querido aparentar que está en el valle de arriba, se ha fingido el disgusto y deserción de los catacamas, y todo es con la mira de cogerme descuidado para atacarme o interponer las fuerzas para cortarme toda comunicación y auxilios con el Supremo Gobierno.

La presencia de Domínguez ha animado necesariamente la facción y será organizada en poco tiempo; todo se puede creer de la actividad y política de éste. Un incidente semejante va a dificultar la pacificación del departamento de Olancho, porque los rebeldes cuentan con la protección de un hombre que, a su juicio, puede dirigirlos con buen éxito; porque éste sabrá seducir a los pueblos sencillos que no sabrían formar un plan, y que habían dirigido todos sus esfuerzos a eludir el castigo de los que se sustrajeron a la obediencia del Gobierno, y marcharán hoy por el que les trace Domínguez; y éste seguramente será el de formar una reacción general en la República para que la aristocracia vuelva a poner en práctica sus miras de opresión.

De todo se deduce que la suerte de la República se empeora cada día más, que la reacción se aumenta en este Estado y que de un momento a otro se experimentará en los otros el contagio de este funesto mal. Nicaragua tiene pueblos desafectos, y sus directores han sido unidos a la aristocracia en todo el período de la revolución, sea cual fuere la conducta que observan en el día. En el Estado de El Salvador hay departamentos que, siempre unidos a los enemigos, han hecho la guerra a su capital. El de Guatemala está plagado de este vicio, y seguramente será el primero que se pronuncie a favor de los disidentes.

Pero aún se puede evitar el trastorno general que nos amenaza si se me auxilia por el Supremo Gobierno o se interpone su influjo para que lo haga el Estado de Guatemala, que es tan interesado como los demás en conservar el orden.

Sírvase, ciudadano Ministro, ponerlo todo en conocimiento del Senador Presidente y aceptar las consideraciones del alto aprecio que me merece.

Cuartel General en marcha, a las 4 de la mañana.

**FRANCISCO MORAZÁN.**

# ACERCA DE LA PRETENSIÓN DE ESPAÑA DE INVADIR A CENTROAMÉRICA

(Respuesta dada al Jefe del Estado de Guatemala,
sin fecha, pero de 1829).

"He recibido la copia que usted se ha servido acompañar a su estimable nota del 12 del presente. Ella comprende la noticia que se ha dado al Vicejefe del Estado de Nicaragua por la autoridad militar del distrito de Magdalena, en la República de Colombia, sobre la intención de invadir la de Centroamérica por el puerto de Omoa. Comprende igualmente la nota de la Asamblea, en que manifiesta su buena disposición para preparar todos los auxilios necesarios.

El mismo Vicejefe de Nicaragua me remitió hace días igual copia, y desde entonces dicté las providencias que me parecieron convenientes para asegurar los puertos del Norte y poner en estado de defensa sus plazas, dando orden al mismo tiempo para que se arreglen las milicias de Gracias, Santa Bárbara, Sula, Yoro, Olancho y Sulaco, y que auxilien a los Comandantes de Omoa y Trujillo. En virtud de estas providencias, han salido ya para Omoa 100 hombres de Gracias y 100 de Sula.

Tenga usted la bondad de ponerlo así en conocimiento de ese digno Jefe y manifestar al Cuerpo Legislativo que aprecio, en el grado que debo, su buena disposición para proporcionar los recursos del Estado de Guatemala contra la invasión a la patria, y lo satisfactorios que me son sus sentimientos en un negocio de tanta importancia."

**FRANCISCO MORAZÁN**

# TERCERA ETAPA: PRESIDENTE DE LA REPÚBLICA FEDERAL

# CAPITULACIÓN LLAMADA DE LAS "VUELTAS DE OCOTE

(Concertada con los habitantes del Departamento de Olancho para lograr su pacificación).

Vueltas de Ocote, 21 de enero de 1830.

## CAPITULACIÓN

Los pueblos de Silca, Jano, Laguata, Manto, Zapota, Gualaco, Yocón, Catacamas, El Real, Juticalpa y reducciones de Guayape y Palo Atravesado obedecen al Gobierno Supremo del Estado bajo las bases siguientes:

1ª.- Los habitantes del Departamento de Olancho y los de fuera de él que se hayan mezclado en la guerra del mismo departamento, volverán a ocupar sus casas y a hacer uso de sus propiedades.

2ª.- Se garantizan las personas de los estantes y habitantes del Departamento de Olancho y de fuera de él, que hayan tomado parte en la guerra que se ha hecho en el mismo departamento, sea cual fuese la conducta que han observado en ella, y estas garantías serán ratificadas por la Asamblea del Estado dentro de ocho días contados desde la presente fecha.

3ª.- Para reponer las pérdidas que han sufrido los expresados pueblos, se les señala por cuatro años las rentas de alcabalas, aguardiente, tabacos y diezmos.

4ª.- Por el término de tres años quedan inhibidos absolutamente de todo servicio público, pecuniario y personal, y sólo prestarán este último en caso de que sea atacada la independencia nacional por una potencia extranjera.

5ª.- Para que sea gobernado este Departamento, el General Morazán nombra por Jefe Político de él al ciudadano Gregorio Canelas, y por Comandante de Armas del mismo, al ciudadano Concepción Cardona.

6ª.- Estas autoridades deberán existir en el pueblo de Manto.

7ª.- La autoridad militar del Departamento nombrará los Comandantes locales de cada pueblo, los que le estarán subordinados.

8ª.- Los pueblos de Silca, Jano, Laguata, El Real, Juticalpa, Manto, Zapota, Gualaco, Catacamas, Yocón y reducciones de Guayape y Palo Atravesado pondrán todas las armas que tengan a disposición del Comandante General del Departamento, y éste las depositará en una pieza del pueblo a que pertenezcan, quedando inmediatamente a las órdenes del Comandante local del mismo pueblo.

9ª.- Las armas que existen en Los Dos Ríos, El Rucio, Lepaguare y Guayape, quedarán en Palo Atravesado, siendo facultad del Comandante General del Departamento el nombramiento del Comandante local que se haga cargo de ellas para que las deposite.

10ª.- Los pueblos de Silca, Jano, Laguata, Manto, Zapota, Gualaco, Catacamas, Yocón, El Real, Juticalpa y reducciones de Guayape y Palo Atravesado prestarán su obediencia al Gobierno Supremo del Estado de Honduras, tan luego como sea ratificada por la Asamblea esta capitulación, y en dicho tiempo repetirán este acto de obediencia las Municipalidades de estos, por medio de actas.

11ª.- El individuo que, reconvenido por su respectivo Comandante, no quiera entregar las armas de fuego que porte, quedará excluido de esta capitulación.

12ª.- No tendrá lugar en el Departamento de Olancho, ni en aquellos pueblos de fuera de él que se hayan mezclado en la guerra que se ha hecho en el mismo departamento, el Decreto de la Asamblea del Estado de 10 de junio último, y el General Morazán pedirá a la misma Asamblea su revocación en esta parte.

13ª.- El General dejará libre el Departamento de tropas, tan luego como encuentre bagajes.

14ª.- El individuo que insulte de palabra a otro por resentimiento que haya hecho nacer la guerra, será castigado con un año de presidio en el Castillo de San Felipe.

15ª.- El que lo agraviare de obra, hiriéndole o maltratándole, quedará sujeto a las penas señaladas por las leyes.

16ª.- Este convenio será ratificado por la Asamblea en el término de ocho días, contados desde esta fecha, y en el de seis por los respectivos pueblos del Departamento.

17ª.- La infracción de cualquiera de los artículos de este convenio por las partes contratantes lo hará nulo y de ningún valor.

VUELTAS DEL OCOTE.
Firmado:

**FRANCISCO MORAZÁN.**

Concepción Cardona, comisionado por Gualaco.
Vicente Martínez.
Juan Cardona, comisionado por Manto.
Desiderio Escobar, comisionado por Catacamas.
Francisco Meza, comisionado por Zapota.
Pablo Urmeneta, comisionado por Silca.
Santiago Zelaya, comisionado por Guayape y Palo Atravesado.
Por el comisionado Gregorio Matute, de Jano, Vicente Martínez.
Conforme fecha ut retro.

**FRANCISCO MORAZÁN.**

# MANIFIESTO A LOS HABITANTES DE OLANCHO, LLAMÁNDOLOS A LA RECONCILIACIÓN.

Tegucigalpa, 6 de febrero de 1830.

FRANCISCO MORAZÁN:
A los habitantes del Departamento de Olancho

CIUDADANOS: Al asegurar la paz de esos pueblos he cumplido con mi deber y he llenado vuestros deseos. No he querido valerme de vuestra desventajosa situación para sellarla con el peso de condiciones gravosas, que al paso que se admiten por necesidad y se rompen a la primera ocasión, no hacen más que fomentar las llamas del resentimiento que ocultan bajo las apariencias de un corazón tranquilo y convencido, y más bien habré traspasado los justos límites de la generosidad con mis ofertas que los altos poderes del Estado se han dignado ratificar con gusto.

He hecho más: os he permitido aún aquello que no os atrevíais a pedir por la dificultad de que se os concediera; todo con el objeto de haceros sentir los bienes que puede proporcionar un Gobierno benemérito y paternal, y dar a éste nuevos títulos de justicia para que descargue todo el peso de su poder sobre aquellos que abusen en lo sucesivo de su generosidad.

CONCIUDADANOS: De los hechos se forma la ciencia donde aprenden los pueblos a conocer lo que les aprovecha; y los del Departamento de Olancho han recibido en la revolución una de las más fuertes lecciones que da la experiencia a los que, ciegos, desprecian la opinión general. Si en las guerras civiles se tiene por enemigos a los neutrales, en las que se da la Nación, se sobreponen a las leyes y se quieren erigir en los tiranos del pueblo, deben tenerse por delincuentes.

COMPATRIOTAS: Vuestra ruina hubiera sido completa si aún continuarais obstinados en no obedecer al Gobierno. Ved los inmensos perjuicios que os ha causado esta conducta, y no olvidéis quiénes son sus autores.

Si aún no se han extinguido entre vosotros los enemigos del orden y los seductores de la inocencia, no deis oídos a sus perversas proposiciones; contestad a los que os las hagan:

"Acabamos de ocupar nuestras casas que hemos levantado a costa de grandes sacrificios y trabajos, y aún existe el fuego en los fragmentos de las que se dieron a las llamas, que nos habían costado no menos sacrificios; ¿y ya queréis nuevamente el incendio sobre nuestras recientes habitaciones y obligarnos a ir a habitar otra vez con las fieras?

Aún no se han enjugado nuestras lágrimas, ni se ha enfriado la sangre de nuestros hijos sacrificados por vuestra causa; ¿y ya queréis que se sacrifiquen nuevamente los únicos que nos han quedado, al monstruo horrendo de la guerra, obligándola a levantar sus armas contra el autor de la felicidad que disfrutamos?

Aún se quejan nuestras familias de las enfermedades que contrajeron en la intemperie de las estaciones; ¿y ya queréis que adquieran otras nuevas en los desiertos? Aún no alcanzan los pocos bienes que poseemos para alimentarlas, ¿y ya queréis que los abandonemos y nos sujetemos a la mendicidad?

Aún suena todavía en nuestros oídos el solemne juramento de obediencia que dimos a un Gobierno, que, olvidándose de los extravíos a que nos condujeron vuestros consejos, nos concedió más de lo que deseamos, ¿y queréis ya que con nuestro perjurio hagamos levantar sobre nuestras cabezas la espada vengadora de la justicia de que está armado el brazo del que vamos a insultar con nuestros crímenes? ¡No! Monstruos, enemigos del hombre en sociedad; no seduciréis otra vez nuestra inocencia; no alteraréis más nuestra quietud; no atraeréis ya sobre nosotros los males de la guerra; nosotros denunciaremos vuestros delitos y el Gobierno sabrá castigarlos."

PUEBLOS: He aquí la conducta que podéis observar si deseáis una paz sólida y duradera; tal es el lenguaje que debéis usar con los enemigos de vuestra quietud; este es el verdadero modo de castigar a los trastornadores del orden público, y el que asegurará vuestra felicidad, afirmará la paz que os ha costado tantos sacrificios y os hará acreedores a la consideración del Gobierno.

**FRANCISCO MORAZÁN.**

# OFICIO DIRIGIDO SOBRE EL CASTIGO EMPLEADO A LOS OPOTECAS

(Y la necesidad de refrenar a los que irrespetan las leyes).

Comayagua, 20 de marzo de 1830.

Comandancia General del Ejército Pacificador.

Ciudadano Ministro General del Supremo Gobierno de Honduras,

Los opotecas fueron los primeros que en el año de 1826 dieron el grito de rebelión y negaron la obediencia a las autoridades legítimas del Estado, uniéndose al Comandante Milla, agente de la aristocracia de Guatemala, para cometer, bajo los auspicios de la fuerza de su mando, el incendio y saqueo de esta ciudad.

La mala conducta de Milla le quitó el prestigio que había adquirido entre sus partidarios, y los esfuerzos de los amigos del pueblo, que supieron inflamar el espíritu de los descontentos y excitar el patriotismo de los oprimidos, les proporcionaron una fuerza con que pudieron otra vez levantar el estandarte de la libertad. Y los opotecas, que se hallaban con las armas en las manos, corrieron la suerte de su caudillo y habrían sufrido el castigo que merecían, de no haber encontrado la impunidad de sus crímenes en la benignidad de los nuevos gobernantes, quienes les garantizaron sus personas e intereses y les dispensaron las consideraciones que no merecían.

Pero esta conducta, que en otros habría excitado la gratitud y el reconocimiento y les habría recordado continuamente su deber y su juramento, produjo en ellos lo que en los delincuentes la impunidad: la repetición de sus antiguos crímenes y la perpetración de otros nuevos; o lo que la indulgencia influye en las almas mezquinas, que no conocen la gratitud y ven siempre el buen trato que se les dispensa como el resultado del miedo o de la debilidad.

Los opotecas, olvidándose de sus compromisos, levantaron por segunda vez las armas contra el Gobierno, cuando éste hacía cobrar las suyas en puntos más interesantes. El buen éxito le desembarazó de enemigos más temibles y pudo dirigirse a castigarlos. Pero después de vencidos hicieron olvidar a las autoridades, con especiosas protestas de sumisión, el deber que les imponían las leyes, por atender a los impulsos de su generoso corazón. Los opotecas fueron indultados, y su fingido arrepentimiento duró el tiempo que se hallaron en la impotencia de obrar. Sus insultos y amenazas descorrieron otra vez el velo que ocultaba su perfidia, y el Gobierno, por un exceso de generosidad, dejó sus delitos impunes con la repetición del indulto.

Semejante conducta persuadía que muy pronto darían otra prueba de su ingratitud, y los hechos confirmaron esta verdad. Los opotecas, por la cuarta vez, desconocieron a la primera autoridad del Estado, sin esperanza de que sus excesos fuesen olvidados con el triunfo del partido al que pertenecían, porque ya había desaparecido. No se contentaron con esto, ni con repetir sus maldades; cometieron otras nuevas, que dieron a conocer el verdadero motivo de su reincidencia; y a la nota de rebeldes que justamente merecían, añadieron la de ladrones, a la que se hicieron acreedores por su comportamiento.

Ellos robaron varios cargamentos de comerciantes de este Estado y del de El Salvador, a pretexto de interceptar la pólvora que conducían; ellos saquearon a los indefensos vecinos de esta ciudad más de cuarenta mil pesos, y no se escaparon a su codicia ni los miserables pueblos del Valle, que habían manifestado su adhesión al Gobierno en otro tiempo: ellos asesinaron a varios de sus hijos y amenazaron con el incendio y la muerte a los de otros pueblos que no quisieron cooperar a sus siniestras miras; ellos, en fin, cometieron otros excesos, que daban a conocer que una mano amaestrada en el delito y familiarizada con el crimen dirigía sus pasos e influía en sus acciones. Esta era la del padre Rivas, cómplice en el asesinato intentado contra el ex Jefe ciudadano Dionisio de Herrera y su inocente familia, según varios datos que no dejan nada que dudar, e inventor de otros vicios nada comunes, que se han ejecutado bajo sus órdenes.

¿Quién habría vacilado un momento en obrar hostilmente contra los opotecas después de haber observado una conducta semejante? Solo el Gobierno de Honduras. Este quiso, por última vez, agotar todos los medios que le sugirió la prudencia y hacer uso de su generosidad, convidándolos con la paz y ofreciéndoles garantías de seguridad. Sin embargo, los opotecas a todo se negaron y quisieron remitirse a la decisión de las armas, por ver si el triunfo les ponía a cubierto sus maldades y les proporcionaba la ocasión de cometer otras nuevas. Pero la suerte, cansada de protegerlos, fue esta vez enteramente contraria a sus deseos, y sufrieron una derrota completa y el exterminio de todos los graneros que tenían para alimentarse, pues trataban de defenderse confiados en lo inaccesible de su posición y en la indulgencia del Gobierno.

Este, que había aprendido por una corta experiencia a conocerlos, quiso que no quedasen impunes sus delitos, para satisfacer a los justamente agraviados y para dar una idea de la suerte que correrían los pueblos que en lo sucesivo quisieran trastornar el orden público, y particularmente los que se atrevieran a reincidir.

Cuarenta y un hijos de Opoteca y de otros pueblos de la circunferencia, de los más delincuentes, han sido sentenciados a prestar sus servicios militares por cinco años en el Castillo de San Felipe, y el padre Rivas ha sido destinado al mismo punto por igual tiempo en calidad de reo. Todos han marchado ya a su destino y en breves días se hallarán sufriendo su castigo, en que tiene menos parte la justicia que la humanidad.

Yo deseo que los pueblos del Estado, no olvidándose de la suerte que ha tocado a los opotecas por sus delitos, se precien de merecerla, poniéndose en derredor de un Gobierno que ha sabido distinguirse por su prudencia, moderación y justicia, y que en lo sucesivo hará sentir todo el peso del poder que le dan las leyes a los que abusan de su generosidad.

Al dar a usted este parte del modo como he cumplido con mi deber y con los deseos del Supremo Gobierno y del uso que he hecho de las facultades extraordinarias que se me han concedido para pacificar el Estado, que se servirá elevar al conocimiento del ciudadano Consejero encargado del Ejecutivo, le suplico se digne admitir las consideraciones de mi afecto y deferencia.

Dios, Unión, Libertad.

**FRANCISCO MORAZÁN.**

# LEY SOBRE LA PROTECCIÓN DE LOS ESTABLECIMIENTOS DE ENSEÑANZA PÚBLICA

Tegucigalpa, 9 de junio de 1830

EL JEFE SUPREMO EN QUIEN RESIDE EL PODER EJECUTIVO DEL ESTADO DE HONDURAS, UNO DE LOS FEDERADOS DE LA REPÚBLICA DE CENTRO AMÉRICA.

CONSIDERANDO:

Primero: Que la propagación de las letras es uno de los principales y más interesantes objetos que llaman su atención y cuidado, protegiendo los establecimientos de enseñanza pública por cuantos medios estén a su alcance y las circunstancias permitan, hasta ponerlos en un estado capaz de producir los hombres ilustrados que deben dictar leyes al pueblo centroamericano, dirigir los destinos de la patria, resolver las diferencias domésticas de sus hijos y comandar sus tropas, destinadas a defender la independencia, la integridad de la nación y las libertades públicas;

Segundo: Que para conseguirlo es necesario comenzar por arreglar las escuelas de primeras letras, sistemando su enseñanza de una manera que pueda producir los efectos benéficos con que se establecieron;

Tercero: Que esto sólo puede lograrse por medio de un plan general que, al mismo tiempo que destruya los funestos abusos que ha introducido la ignorancia, señale los libros en que debe adquirir la juventud sus primeras ideas; y

Cuarto: Que éstas deben comunicarse por hombres aptos, de buenas costumbres y adictos al sistema;

DECRETA:

1°.- Pídase, por medio de los Jefes Intendentes, una relación exacta del número de escuelas de primeras letras que existan en cada departamento, de los pueblos que no las tienen y sus causas; del método con que se enseña en donde las hay; de los fondos con que se cuenta para los gastos y pago de los maestros, y de las cantidades señaladas a cada una de ellas.

2°.- Póngase todo en conocimiento de la Legislatura, haciendo las observaciones convenientes en virtud de los datos que reúnan los Jefes Políticos.

3°.- Entre tanto se reúne el Cuerpo Legislativo y se ocupa de acordar el mejor arreglo de las escuelas de primeras letras, el Gobierno dictará, con este interesante fin, todas las providencias que estén en sus facultades y convengan a su perfección.

Lo tendrá entendido el señor Ministro General para su puntual cumplimiento y hará que se publique y circule.

Dado en Tegucigalpa, a 9 de junio de 1830.

**FRANCISCO MORAZÁN.**

Al ciudadano Liberato Moncada.

# CONTESTACIÓN AL PRESIDENTE DEL CONGRESO FEDERAL

(En el acto de tomar posesión del Poder Ejecutivo).

Guatemala, 16 de septiembre de 1830.

Los centroamericanos han practicado uno de los actos más dignos de su soberanía, nombrando al que debe colocarse en el Poder Ejecutivo Federal, y yo tengo el honor de haber sido el depositario de su confianza. Confianza tanto más respetable y sagrada para mí, cuanto es de grande y temible a los celosos ojos de la Nación, después de los inmensos peligros a que se vio expuesta en las manos del primer elegido del pueblo.

No era posible prometerme, en las varias posiciones en que me colocaron los diversos acontecimientos de la revolución que terminó en 1829, que mis pequeños servicios llegasen a merecer la confianza con que me han honrado los Estados, prefiriéndome a sus hijos más beneméritos.

Cuando abracé la causa común, no existía un solo principio de esperanza, si no era para aquellos que deseaban morir en defensa de la ley. La República se hallaba envuelta en una guerra insensata y fratricida, desacreditando el nombre centroamericano, sin mancilla hasta entonces, pronunciado después con desprecio por los enemigos de su engrandecimiento, y próximo a sepultarse en las ruinas de la patria ese puñado de valientes defensores de la libertad, que, arrastrando toda clase de peligros para salvarla, supo arrancar con la palma de la victoria a los enemigos y reivindicar el honor nacional.

Estos hijos predilectos existen entre nosotros, en unión de otros muchos, cuyo mérito conocido e ilustración acreditada en diversos tiempos ha justificado que son más dignos que yo de merecer la confianza que se me dispensa y capaces de gobernar, principalmente en tiempos peligrosos.

Esta satisfacción, la mayor a que puede aspirar el ciudadano que se interesa en la felicidad de su patria, será siempre muy lejana para el que se halle colocado en mis circunstancias. Aun aquellos que poseen los profundos conocimientos que constituyen la difícil ciencia del gobierno han desacreditado muchas veces esos descubrimientos que pasan ya como verdades, cuando no han consultado con la experiencia para su aplicación.

El pueblo soberano, sin embargo, me manda colocarme en el más peligroso de sus destinos, y debo obedecer sus respetables preceptos y cumplir el solemne juramento que acabo de prestar en vuestras manos. En su observancia ofrezco sostener a todo trance la Constitución Federal, que he defendido como soldado y como ciudadano. Ella establece como una de sus bases la Santa Religión de Jesucristo.

Esta ha triunfado del fanatismo que la desacreditaba, y muchos de sus ministros, que excitaban en su nombre a la matanza y a la destrucción, han justificado con su conducta la providencia que los separó de la República y han descubierto, desde el lugar de su destierro, las miras criminales del tirano español a quien servían.

La religión se presenta hoy entre nosotros con toda su pureza, y sus verdaderos enemigos, que la tomaban en sus labios para desacreditarla, no la harán aparecer ya como instrumento de venganzas. Yo procuraré que se conserve intacta y que proporcione a los centroamericanos los inmensos bienes que brinda a los que la profesan.

Las comunicaciones que van a establecerse con la Silla Apostólica aquietarán las conciencias de los verdaderos creyentes y harán cesar la orfandad en que se halla nuestra Iglesia.

Las relaciones exteriores se conservarán y aumentarán en razón de su utilidad, procurando siempre que el orden interior y los progresos del sistema hacia su perfecta consolidación faciliten las que deben tener por resultado el reconocimiento de la independencia, el aumento del comercio, de la riqueza y de la población. Con este interesante fin, nuestras leyes llaman al hombre ilustrado e industrioso, sin examinar su origen ni su religión: el centroamericano lo recibe con los brazos abiertos, y el Gobierno lo protege.

La alianza de los pueblos americanos, aunque se ha frustrado hasta ahora, no está lejos el momento de ser puesta en práctica esta combinación admirable. Ella hará aparecer el Nuevo Mundo con todo el poder de que es susceptible por su ventajosa posición geográfica e inmensas riquezas, por la justicia de los gobiernos y por la identidad de sus sistemas; por su crecido número de habitantes y, sobre todo, por el común interés que los une.

El ejército, que debe conservar el orden interior y defender la integridad de la República, procuraré que sea capaz de llenar estos dos grandes objetivos. Se perfeccionarán las fortalezas de los puertos y se pondrán éstas en el mejor estado de defensa.

La hacienda pública ha podido cubrir hasta ahora la pequeña suma a que ha sido reducida la lista civil y militar en el tiempo que ha gobernado mi digno antecesor, el Senador ciudadano José Barrundia. Todo es debido al sacrificio voluntario que, a su generoso ejemplo, han hecho de una parte de sus sueldos el ejército.

La instrucción pública, que proporciona las luces, destruye los errores y prepara el triunfo de la razón y de la libertad, nada omitiré para que se propague bajo los principios que la ley establezca.

Los diversos obstáculos que se han opuesto hasta ahora a las miras benéficas de los que han intentado dar a la industria la protección que merece, es tiempo ya de removerlos; nada omitiré, que se halle en mis facultades, para mejorar este ramo interesante y para darle impulso, al mismo tiempo, a todo lo que sea de utilidad general.

Tal es la apertura del canal en el Istmo de Nicaragua. Esta obra grandiosa por su objeto y por sus resultados tendrá el lugar que merece en mi consideración, y si yo logro destruir siquiera los obstáculos que se opongan a su práctica, satisfaceré en parte los deseos de servir a mi patria.

Cuando una nación llega a sufrir grandes revoluciones y trastornos en su orden interior, sus más celosos hijos se dedican a examinar la causa que los produjo; y los centroamericanos, animados de tan sublimes sentimientos, se ocupan hoy en investigar el origen de los males que han afligido a la República.

A los legisladores toca removerlos y destruir los obstáculos que se oponen a la consolidación del sistema. Desde Costa Rica hasta Guatemala, una sola es la opinión, unos los sentimientos y deseos que animan a los centroamericanos. Todos tienen fijas sus esperanzas en el primer poder de la Nación.

Los Representantes de la Asamblea Nacional Constituyente, al determinar el carácter y fisonomía política del Gobierno que nos rige, trazaron una senda segura a sus sucesores y proporcionaron al

Congreso de 1830 la gloria inmarcesible y pura de dar la última mano a la grande obra de nuestra legislación.

La independencia, que se halla amenazada por el enemigo común, recibirá nuevas garantías y seguridades.

Si los centroamericanos logran satisfacer sus vehementes deseos, gozarán sin duda del precioso fruto que les ha proporcionado sus desvelos.

Y si yo soy el elegido por la Divina Providencia para ejecutar los decretos que aseguren la libertad y sus derechos de un modo estable, serán cumplidos mis ardientes votos.

Una ciega obediencia a las leyes que he jurado, rectas intenciones para buscar el bien general y el sacrificio de mi vida para conservarlo, es lo único que puedo ofrecer en obsequio de tan deseado fin.

**FRANCISCO MORAZÁN.**

# CARTA A SU AMIGO EL CIUDADANO PRESBÍTERO FRANCISCO MÁRQUEZ

(Sobre asuntos de curas y sucesos de Europa y México).

Guatemala, 20 de noviembre de 1830.

Según usted me dice, la Asamblea hará las elecciones de Jefe. Ustedes, pues, deben interesarse en que ésta sea buena.

Me alegro que haga progresos la ley de casamientos de clérigos. Aquí el Senado propuso al Congreso que la acordase, pero en este poder no ha merecido ningún lugar en la escala de los asuntos que deben tratarse.

Sale por Trujillo el clérigo Alber. Es joven, de buenas maneras; lleva el carácter de capellán; usted le dará el de cura.

Europa se ha conmovido con el suceso de París. Los soberanos del mundo antiguo se hallan en la dura alternativa de imitar a Francia haciéndose constitucionales o de declararse la guerra. La situación de éstos y el espíritu del siglo creo que los obligarán a adoptar, a su pesar, lo primero.

México sigue en partidos. El del Gobierno sufrió un gran revés últimamente, en el que murió el General Armijo. Colombia, la capital, está sitiada y vuelve Bolívar a triunfar de sus enemigos.

**FRANCISCO MORAZÁN.**

# CARTA A SU AMIGO EL CIUDADANO PRESBÍTERO FRANCISCO MÁRQUEZ

(Sobre temas políticos hondureños, rentas y conducta inculta de Mejía).

Guatemala, 7 de diciembre de 1830.
Mi querido amigo,

Contesto su grata de 24.

Es sensible que no se haya reunido la Asamblea. Si los pliegos de elecciones de Jefe se abren por la ordinaria y a ella concurren los Diputados que usted me anuncia han salido electos, tal vez no representan a la mayoría de los votos que tenga Rivera, ni otro que se le parezca. Este es un mal que es preciso evitar, si aún se puede reunir la Asamblea. Lindo es, me parece, comprendido en el decreto de expatriación, por lo que no puede ser diputado.

Por todas partes veo elementos que se oponen a la consolidación del sistema. Todos hablan de ellos, y ninguno da un paso para removerlos. Nos hallamos sobre un volcán cuya superficie pintoresca nos hace olvidar la reunión de materias combustibles que se acumulan en sus entrañas, próximas a agitarse y a ser envueltos en su explosión.

Millón y medio de pesetas necesitan los Estados y la Federación para existir económicamente. Las rentas de unos y otros no llegan a la mitad, y es necesario, o que reduzcamos nuestros gastos a nivel de las rentas que existen, lo que es imposible con el número de empleados que son necesarios en este sistema, o que aumentemos las rentas hasta cubrir el déficit que se advierte, lo que también es difícil, por la miseria en que se hallan nuestros pueblos y por las resistencias que oponen los aspirantes. Es necesario o salir de esta posición o perecer.

He visto la inculta nota que le pone a usted Mejía a nombre del Arzobispo. Yo suplico a usted que, lejos de quedarse callado, la conteste en los términos que merece, o por lo menos que la ponga en conocimiento del Gobierno para que él acuerde lo conveniente. Usted sabe que desde que salió el Arzobispo de la República, expiraron sus facultades, y que a la fecha en que recibió usted dicha comunicación, ya se había declarado vacante la mitra arzobispal. En las circunstancias en que se halla Honduras, si Yrias volviera a gobernar, causaría indudablemente un trastorno, y nosotros seríamos los responsables.

Continúan muy buenas las noticias extranjeras. España, el Piamonte y Holanda han seguido el ejemplo de París, aunque sus reyes no han venido abajo. En La Habana han causado una gran sensación.

La comunicación que se le remitió a usted por el Arzobispo está fechada en el mismo tiempo que la de Alcayaga. Esta carta, si hubiera venido a un servil, la habría remitido a usted en el momento, por el placer que tenía de verlo depuesto. Yo creo que este documento ha estado en manos de un liberal, y que su fanatismo le ha obligado a remitirlo ahora, después de las ocurrencias de los matrimonios de los clérigos.

La María Josefa saluda a usted, y yo me repito su verdadero amigo que besa su mano.

FRANCISCO MORAZÁN.

# MENSAJE PRESENTANDO AL CONGRESO FEDERAL, AL ABRIR LAS SESIONES ORDINARIAS.

Guatemala, 12 de marzo de 1831.

CIUDADANOS REPRESENTANTES:

Este es un día de gloria para la patria y de luto para los enemigos de su engrandecimiento. En él abre sus sesiones la Representación Nacional y comienza a perfeccionar la obra de sus dignos antecesores. Y este nuevo acto de vida para los pueblos llena de las más lisonjeras esperanzas a los que aguardan de su sabiduría la consolidación de un sistema que va a poner el sello a la felicidad de dos millones de habitantes.

Yo os felicito, ciudadanos Diputados, porque la confianza que habéis merecido de vuestros comitentes os abre un vasto campo a la gloria; felicito a la patria con la expresión más pura de placer; y me felicito a mí mismo como el ejecutor de vuestras acertadas disposiciones.

Las épocas legislativas que han precedido a la guerra civil son fecundas en hechos, y abundan en sucesos que debieran borrarse de la historia de nuestra gloriosa revolución. Pero ella las presentará a la posteridad con sus caracteres distintivos, y denunciará los nombres de los que, aparentando en sus labios defender la libertad, han encendido hogueras en sus corazones para aniquilarla.

El tiempo que os ha tocado a vosotros, ciudadanos representantes, es el más feliz que han disfrutado los pueblos desde su independencia: examinadlo.

La Asamblea Nacional Constituyente, para allanar el difícil camino de la libertad a un pueblo que lo apreciaba ya como por instinto y que acababa de sacudir las cadenas del despotismo y de la tiranía; para levantar los primeros fundamentos del edificio social y abrir la senda de la inmortalidad a los representantes dichosos que perfeccionasen la obra de nuestra regeneración política, encontraron obstáculos difíciles de vencer, opiniones envejecidas que combatir y una vigorosa resistencia en esos mismos elementos del sistema absoluto.

El mérito que contrajeron los primeros legisladores del pueblo, constituyendo esta patria vacilante e incierta y dándonos el actual sistema de Gobierno, es acreedor a nuestra gratitud. Y es justo que alguna vez, en el santuario augusto de las leyes donde se discutió y sancionó ese código sagrado, bajo cuyos auspicios se reúne hoy la representación nacional, se honre la memoria de sus dignos autores.

No es la exageración la que aviva los colores que empleo en honor de sus virtudes y en obsequio de su mérito. No es la adulación la que me obliga a consagrar estas páginas en su grata memoria. No es la voz de la lisonja, ni la degradante apología de un esclavo arrancada por la tiranía de su señor en elogio de las mismas cadenas que lo oprimen y martirizan.

Es la sincera expresión de la gratitud que no olvida los beneficios que recibe; es la voz de la justicia que sabe apreciar y conocer el verdadero mérito; es el grito de la libertad reconocida, que no es indiferente a los sacrificios de los que se han dedicado a su servicio.

Los que prestaron estos padres de la patria, presentando el pacto solemne que organiza nuestra existencia social a la sanción del Congreso de 1825, estarán siempre grabados en los corazones de los centroamericanos.

Los Diputados del primer Congreso Federal, menos afortunados que sus antecesores, vieron desaparecer el precioso tiempo de sus sesiones, sin que el partido de oposición que se creó en su mismo seno les permitiese llenar en el todo sus primeros deberes. Y el triunfo que consiguieron algunos de sus representantes sancionando la Carta Constitucional, fue el presagio triste de una guerra que ha producido frutos de muerte a sus autores y ha anegado en sangre a la República.

Los representantes de 1826 vieron analizados y detallados los males que amenazaban a la Nación. Pero lejos de intimidar corazones republicanos, despertaron, al contrario, la indignación, el entusiasmo y la virtud de los que quisieron mejor dejar de existir que humillar su frente ante sus orgullosos adversarios y sacrificar los intereses de la patria.

Y este Salón, que ha sido el templo de la justicia y de la libertad, en donde se han discutido y sancionado los derechos más caros del pueblo, se convirtió en una fuente fecunda de males para la República.

Agitadas las pasiones que se habían formado en los debates de 1825, no tardaron en producir la sangrienta catástrofe que causó males incalculables a la Nación y ocasionó la desgracia de sus autores.

Este mismo Congreso, restaurado por los heroicos esfuerzos del pueblo, dio ejemplos de justicia, de virtud y de moderación. Él, perdonando las vidas de los que habían sacrificado a los más acreditados patriotas, aplacó sus males con este acto de generosidad que ellos habían repetido tantas veces en el campo de batalla.

Sin embargo, no han faltado plumas enemigas del orden y de la felicidad general que han querido desacreditar sus servicios. Pero no por esto son menos positivos sus actos generosos, de los que son una prueba sus mismos detractores y los grandes bienes que ha hecho a la Nación, haciéndola marchar tranquila a despecho de las pasiones y de las resistencias políticas intestinas.

Si se comparan las épocas que acabo de referir con el actual estado de la República, se advertirán grandes progresos en su marcha política; pero aún son mayores los que presenta si nos referimos a sus últimas convulsiones intestinas.

Centroamérica, que desde 1827 hasta 1829 fue el teatro de la guerra civil y ofreció en varios puntos de su territorio un apoyo a los autores de sus desgracias, hoy es la mansión del orden y la patria de los amigos de la libertad.

Centroamérica, que en el mismo tiempo apareció como sorda a los gritos de la razón, olvidada de sus deberes y ocupada en sacrificios vergonzosos, hoy se dedica a restablecer la confianza pública y el honor nacional.

Centroamérica, que extraviada del sendero de las leyes e insensible a sus propias desgracias, parecía destinada a ser el teatro de la venganza de los enemigos de sus instituciones y el oprobio de sus defensores, hoy se ocupa en conservar los principios republicanos y hará esfuerzos para consolidar su Gobierno.

Si los autores de tantos males no hubiesen cedido al triunfo de la opinión armada, la República habría perecido. Pero ella ha establecido al fin su noble solio sobre las ruinas del despotismo y de la tiranía, haciendo desaparecer los obstáculos y resistencias que originaron sus desgracias.

Mensaje presentando al Congreso Federal, al abrir las sesiones ordinarias (continuación).

Guatemala, 12 de marzo de 1831.

A vosotros, representantes dichosos, estaba reservada la gloria de coger los hermosos frutos con que os brinda la experiencia de ocho años de infortunios y vicisitudes. Examinad los males que han precedido a tan preciosa adquisición, procurando obviarlos en lo sucesivo; y será tan útil para la República, como honroso a vosotros mismos, haberos sabido aprovechar de las lecciones de la revolución.

A ese pueblo que todo lo ha sacrificado por conservar la Constitución Federal, que presento en este mismo santuario en señal de su triunfo, es a quien vais a dar leyes. Él solo exige de vosotros que perfeccionéis la que se dio en su Gran Convención Nacional, de un modo análogo a sus necesidades.

Su voz no es engañosa; sus deseos me son bien conocidos: sus sacrificios, su constancia, sus triunfos y el objeto de ellos, ¿dejaría alguna cosa que dudar?

El cuadro de mi administración en el tiempo que sirvo el Ejecutivo, os dará idea del estado de la República. Vosotros sabréis conciliar la situación del pueblo a quien vais a dar leyes con sus más caros intereses, puesto que es vuestra la obligación de conciliar su existencia política.

La Gran Dieta Americana es el objeto exterior que merece un lugar distinguido por todos los que conocen el valor de esta concepción sublime del genio colombiano; y ella será la que pongo con preferencia en vuestra consideración.

El despotismo, para evitar su reunión y oponerse a los progresos de la libertad, se ha disfrazado en el sacerdote de esta Diosa. Profanando su culto y destruyendo sus altares, se le ha visto muchas veces dirigir a un fin funesto los destinos de las nuevas Repúblicas.

Promoviendo las discordias domésticas entre los ciudadanos, excitando la ambición en unos y el interés en otros, ha prostituido su inocencia y ha extraviado sus buenos sentimientos; ha querido convertir en un crimen los nobles esfuerzos del pueblo por la libertad, y ha llevado la anarquía y la desolación a las Repúblicas que han procurado darse buenas leyes.

Pero, ¿qué distinta hubiera sido la marcha de los Estados Americanos si la Gran Confederación hubiese continuado en Tacubaya sus sesiones interrumpidas en Panamá?

Entonces sus dignos representantes, desde el elevado asiento en que los colocaron sus destinos, habrían sostenido los sagrados derechos de las nuevas sociedades, presentando una muralla inexpugnable a los enemigos de su independencia. Habrían acudido a sus necesidades, reuniendo en un punto común los intereses nacionales. Y, constituyéndose jueces mediadores en sus desavenencias externas y amigables pacificadores en sus convulsiones y guerras intestinas, habrían destruido con sabiduría y prudencia los obstáculos que se han opuesto a su marcha política, y hoy admiraría el mundo los grandes resultados de esta feliz combinación.

Si estos son de tanto interés para los americanos, no deben arredrarnos los obstáculos que nos han privado hasta ahora de sus goces. Y sería de desearse que, así como Centro América fue la primera que secundó las miras del Gobierno Colombiano en la reunión de esta célebre Asamblea, fuese también la que excitase a todas las nuevas Repúblicas para que cooperasen a su restauración.

Nuestras relaciones con el Rey de los Países Bajos son de mucho interés para la República. El enviado por aquel Monarca cerca de este Gobierno ha manifestado los buenos sentimientos de su Soberano en favor de la prosperidad de la Nación y sus vehementes deseos de proteger la apertura de un canal en el Istmo de Nicaragua.

Al efecto, se han establecido ya bases para celebrar el contrato, y el agente que se va a nombrar con este objeto marchará muy pronto a llenar su misión.

La imaginación más fecunda, el genio acostumbrado a calcular con exactitud grandes resultados, no podrá fijar los que va a producir la unión de los dos océanos.

El Monarca que desea proteger esta admirable empresa de interés general dará una idea al mundo de los sentimientos filantrópicos que lo distinguen de los que solo aspiran a reinar para oprimir y esclavizar a los pueblos.

Con el mismo enviado por el Rey de los Países Bajos, se van a extender las bases de un tratado de amistad, comercio y navegación sobre principios de reciprocidad.

Existe en la República un Cónsul General nombrado por el Rey de Inglaterra. Y, sin embargo de que hasta ahora no se han celebrado ningunos tratados con aquella Nación, nuestra política, que no nos inspira miras como enemigos de los gobiernos que aún no se prestan a concedernos los fueros de una Nación, admitirá sin repugnancia en su seno los Cónsules que quieran enviarnos, puesto que nuestros puertos están abiertos a todo el que quiera frecuentarlos y especular sobre las ricas producciones en que abunda nuestro suelo.

Así, de hecho, tendremos relaciones de un interés recíproco con la grande e ilustrada Nación Inglesa y demás del antiguo continente, y se estrecharán los vínculos de amistad que el comercio tiene el don de establecer entre pueblos diversos.

El cambio que ha tenido la política en Europa, y la situación actual de España, aleja los temores de una invasión de nuestros antiguos dominadores en nuestro territorio.

Y si aprovechamos estas felices circunstancias, ocupándonos en conservar la paz y en consolidar un Gobierno que dé garantías y seguridades al sabio y al comerciante, sin humillaciones, el reconocimiento de nuestra independencia será una realidad.

Hace pocos meses que el heroico pueblo francés reconquistó sus derechos usurpados por el poder y rompió los lazos que oprimían a varios pueblos de Europa. Desde entonces concibió esperanzas el Ejecutivo de que esta gran Nación protegiese la independencia de los nuevos Estados Americanos, y lo manifestó el Congreso en 1830.

Los resultados correspondieron a su confianza. Cuando se disponía la pronta salida del Enviado que debe pasar a Francia, el Rey de los franceses ha hecho, por medio de un comisionado que ha tocado en el puerto de Trujillo, la generosa declaratoria de reconocer nuestra independencia y de estar dispuesto a celebrar un tratado de amistad, comercio y navegación con esta República.

La pronta salida del que se nombre con este objeto proporcionará a aquel Gobierno el hacer efectivos sus ofrecimientos generosos, y a Centro América las ventajas de estrechar sus relaciones con una nación que ha conmovido a Europa con sus triunfos, y ha comunicado el sagrado fuego de libertad a sus habitantes.

El Ejecutivo se promete los mejores resultados de las relaciones que se van a establecer con la Silla Romana. Ellas tienen por objeto ajustar un tratado que asegure los derechos de nuestra Iglesia y tienda a conservar en toda su pureza la Religión Santa de Jesucristo, que tanto influye en la buena moral, sostén de los Gobiernos republicanos.

Las relaciones de amistad y comercio con la República de los Estados Unidos del Norte no han padecido ninguna alteración. Y es de esperarse que se aumenten cada día más, por la identidad del sistema de Gobierno que han adoptado ambos pueblos, y las estreche el interés de sostener una causa común.

El Gobierno de aquella República mandó un Cónsul General, que ha dejado encargados en varios puntos de ella. El Ejecutivo ha nombrado un Cónsul General que debe pasar a los Estados Unidos de América.

Aún no se ha terminado la cuestión pendiente sobre límites con la República Mexicana. Pero de los buenos sentimientos que animan a su Gobierno, debemos prometernos una transacción amigable y justa.

La elección que este mismo Gobierno ha ofrecido hacer de un Ministro Diplomático cerca del de Centro América, es la indicación más satisfactoria que puede darnos de sus miras leales y amistosas.

Con el Gobierno de Colombia también tenemos pendiente el señalamiento de los límites que dividen a ambas Repúblicas. Y por el Tratado de Amistad, Alianza y Comercio celebrado con aquella Nación, que ha sido observado con religiosidad, debe terminarse amigablemente.

Circunstancias imprevistas lo han evitado hasta ahora; pero ellas van desapareciendo, y el Ejecutivo, que conoce la importancia de este negocio, nada omitirá por su parte para conseguirlo.

En las demás Repúblicas de América no se han establecido hasta ahora convenios de ninguna especie. Pero las relaciones que se han tenido con unas y la paz que se ha conservado con todas, da una verdadera idea de los buenos sentimientos de que se hallan animados sus respectivos Gobiernos.

Volved ahora, legisladores, vuestras miradas a la situación interior de la República.

Si esta no tuviese enemigos que la desacreditasen en lo exterior, yo excusaría el hablaros de la paz, cuando vosotros mismos sois testigos de que la disfrutan los centroamericanos.

Pero es necesario satisfacer a las naciones, presentándoles este acto augusto de vuestra instalación, como el feliz resultado de una paz perfecta e invariable, que desmiente a nuestros detractores y descubre sus siniestras intenciones.

No quisiera hablar de la educación de la juventud, si no es para presentárosla en toda la perfección de que es susceptible.

Pero uno de los mayores males que ha ocasionado la guerra ha sido el olvidarse de la más preciosa parte de la República. Esta porción escogida para regir en algún tiempo los primeros destinos de la Nación, se le ha visto muchas veces abandonada a su propia suerte.

Lejos de adquirir virtudes republicanas, ha tenido ejemplos funestos en esos monstruos de desorden, que nacen y mueren con las revoluciones.

Pero luego que desapareció la que ha afligido a Centro América, se ocuparon sus autoridades de este interesante objeto.

En San Salvador, Honduras y Nicaragua se han abierto diversas clases de enseñanza, y en Guatemala y Costa Rica continúan las antiguas.

En todas partes se establecen escuelas de primeras letras, y en esta ciudad ha hecho grandes progresos la que se ha creado bajo las reglas del admirable sistema de enseñanza mutua.

Una ley que arreglase la educación bajo unos mismos principios influiría en sus progresos y destruiría los obstáculos que se oponen a su perfección.

La falta de códigos que señalen a los jueces un modo sencillo y pronto de juzgar a los delincuentes, y que establezcan al mismo tiempo penas proporcionadas a los delitos, será siempre un gran obstáculo para administrar la justicia.

Algunas de las leyes de circunstancias que se han dictado en varios Estados, unidas a muchas de las españolas que aún rigen por nuestro mal, solo han servido para oponer mayores obstáculos al justo magistrado.

Haciendo más difícil y complicada nuestra legislación, han cooperado a la impunidad de los crímenes y han prestado nuevos ensanches a la venalidad del mal funcionario.

Pero a pesar de esto, el orden y moralidad que se advierte en todos los pueblos da una verdadera idea de las virtudes de sus habitantes, y acredita la probidad, prudencia y tino de los encargados de distribuir la justicia.

El Ejecutivo ha cooperado a la traducción del Código Livingston, que se está imprimiendo actualmente. Los Estados encontrarán en él un modelo digno de imitarse en lo que no se oponga a nuestra ley fundamental, y se acomode a las costumbres, hábitos y educación de nuestros pueblos.

Pero el establecer las bases de estos códigos solo debió reservarse a los legisladores de la Nación. Dejar a los Estados la facultad de formarlos sin fijar los principios generales de los que deben partir, es exponerlos a caer en contradicciones que producirán vicios tal vez más perjudiciales que los que se quieren evitar.

El decreto que dio la Legislatura del año de 1829, sobre la expatriación de los que fueron parte activa en la pasada revolución, ha hallado en la tolerancia del Gobierno un óbice a su perfecto cumplimiento, y ya no es tiempo de que lo tenga.

No fue el bárbaro placer de la venganza el que lo dictó; fue la prudencia y moderación de un Congreso generoso, tal vez ofendido, separándose de la ley que señala el castigo que merecen los trastornadores del orden público; fue la imperiosa necesidad de alejar por algún tiempo a los enemigos de la República, para que no pudiesen repetir en ella sus sangrientas escenas.

Y si algunos de los comprendidos en este decreto, que existen entre nosotros, han inspirado confianza al Gobierno con su buen comportamiento, deben continuar en el seno de sus familias, gozando de todas las garantías que conceden las leyes a los centroamericanos, y abolirse en esta parte la que los condenaba a expatriación.

Ha desaparecido ya el tiempo en que la necesidad de salvar a la patria hizo verter tantas lágrimas; ha llegado la hora de enjugarlas a unos y se aproxima la de otros.

Haced que llegue pronto para todos, Ciudadanos Representantes, consolidando antes la República de manera que los más acérrimos enemigos de sus instituciones, perdiendo las esperanzas de trastornarla, se decidan de buena fe a tributar su respeto a las leyes y a hacer sacrificios en su defensa.

La existencia de las autoridades federales en el mismo lugar en que residen las del Estado, ha sido tal vez una de las causas que influyó en la guerra civil, y será siempre un motivo fecundo en discordias.

No basta la prudencia para evitar el mal cuando tiene su origen en las leyes, ni alcanza a prevenir sus funestos resultados una degradante condescendencia; son necesarias medidas de otra especie, que remuevan las causas que lo producen.

Al mismo tiempo que las leyes dan al Gobierno del Estado una absoluta independencia en su régimen interior, encomiendan al Jefe de la Nación la conservación del orden público en el lugar de su residencia.

Estas autoridades independientes entre sí e investidas de una misma facultad, no están de acuerdo por lo regular en el modo de ejercerla; su oposición produce contestaciones alarmantes y resistencias de toda especie, y casi siempre se concluye por trastornar ese mismo orden que se quiere conservar.

No son menores los males que causan a cada paso las fuerzas independientes de la Federación y del Estado.

Heridas y muertes son comúnmente los resultados de sus continuos choques; y si la prudencia de los Jefes militares no hubiese mediado alguna vez en las riñas de los soldados, un rompimiento general entre ambos cuerpos habría ya demostrado, de un modo sensible, la necesidad de colocarlos en poblaciones diversas.

No son ideales los males que manifiesto; una triste experiencia ha justificado su realidad.

Solo el señalamiento de un distrito, en el que ejerzan exclusivamente su autoridad los poderes de la Federación, podrá evitar estos males en lo sucesivo.

Los experimentados hasta ahora han generalizado la opinión en favor del distrito, y algunos de los Gobiernos de los Estados han manifestado ya sus deseos de que se adopte.

Pero sería de desearse que la adopción de esta medida de interés común fuese obra del convencimiento general.

El ejército se halla reducido en el día a un pequeño número, porque la fuerza, que es el sostén de otros gobiernos, se hace insignificante y aun perjudicial en una República, que se conserva por la opinión general de sus habitantes.

Las guarniciones de los puertos y fronteras también se han disminuido, porque la situación hostil en que se halla España la hace olvidarse de su soñada reconquista y da nuevas garantías a nuestra independencia.

Se ha creído conveniente poner una pequeña escolta en la isla de Roatán para inspirar confianza a los pobladores.

El número de estos se aumenta considerablemente, y la mano del labrador ha cogido por primera vez los abundantes frutos que le brinda este suelo privilegiado por la naturaleza.

En la boca del Río Ulúa existe también una guardia con el objeto de celar el contrabando, y el comandante de ella, que hace algún tiempo conserva relaciones con los indígenas de la costa, ha logrado que más de cincuenta familias vayan a poblar las márgenes del mismo río.

Estos indígenas, tan recomendables por su amor a la independencia, que se han burlado de todo el poder de los españoles, prefiriendo la miseria a la esclavitud, hoy se presentan voluntariamente a formar una sola familia con los centroamericanos, para poder disfrutar de los bienes de la libertad, porque ellos han hecho ya tantos sacrificios.

Cuando estaba amenazada la independencia por la desgraciada expedición española, que apareció en las costas del norte de México, el Ejecutivo dio patentes de corso a dos buques extranjeros.

Los beneficios que reportaba entonces la República con esta medida son bien conocidos.

Era necesario hostilizar a los invasores, y tener noticia de sus movimientos y operaciones: y este fue el objeto.

Pero derrotada la expedición y pareciendo ya perjudicial la continuación de los dos corsarios, tanto porque inspiraban desconfianza al comercio, como por otros motivos no de menos consideración, el Ejecutivo tuvo a bien recogerles las patentes.

Ciudadanos Legisladores: os he dado ya cuenta del tiempo de mi administración; los Secretarios del Despacho os la darán detallada de todo el que ha corrido desde la instalación del Congreso de 1830.

No encontraréis en ella proyectos grandiosos que solo servirían para deslumbrar a aquellos que los examinasen a largas distancias, porque, además de que necesitan un genio privilegiado, ni serían practicables en las actuales circunstancias de la República, ni existen facultades en el Ejecutivo para decretarlos.

El primer deber de un Gobierno que acaba de renacer de entre los escombros y ruinas de la anarquía, debe ser el de conservar la paz, para que esta fuente fecunda en bienes sociales fertilice los campos devastados por la guerra civil; y el de Centro América tiene la dulce satisfacción de haberlo conseguido.

Vosotros, Legisladores Supremos, proporcionaréis a los pueblos el goce de sus preciosos frutos.

He cumplido con las obligaciones que me impone la ley como funcionario público.

Permitidme ahora descender de este lugar respetable, y recobrar por un momento los sagrados derechos de hombre libre.

Concededme unir mis votos a los de ese numeroso pueblo que manifiesta en su semblante el placer que disfruta en acto tan solemne, y lo que aguarda de vosotros.

"No queremos presentaros el cuadro triste de los males que ha sufrido la patria, ni pedimos venganza contra sus enemigos.

No deseamos que devolváis por ahora sus tesoros al despojado propietario, ni aun su pequeña fortuna al desgraciado padre de familia que gime en la miseria.

No exigimos que restituyáis el esposo a la desconsolada viuda, ni el tierno hijo a los brazos de su afligida madre.

Solo os pedimos, con plegarias infinitas, leyes inexorables que aseguren el cumplimiento de la Constitución; que repriman los abusos del poder, y los excesos de la anarquía, y que hagan efectiva la libertad del pueblo."

Nada quedará entonces que desear a los centroamericanos; ellos serán felices y dichosos vosotros en haberlo conseguido.

**FRANCISCO MORAZÁN.**

# PROCLAMA A LOS HABITANTES DE LA REPÚBLICA

(Sobre el acuerdo del Congreso dándole al Gobierno Federal el Patronato Eclesiástico).

Guatemala, 22 de agosto de 1831.
CONCIUDADANOS:

El Congreso ha declarado al Gobierno Federal, en el decreto adjunto, el Patronato Eclesiástico, cuyo ejercicio le ha sido y es inherente en todos los países católicos.

El Presidente de la República va a hacer de este Poder el uso que exige imperiosamente el estado de las cosas.

Para ello oirá el voto de personas virtuosas, y versadas en la ciencia canónica; protesta respetar los límites de la potestad de la Iglesia, y darle la protección que debe como gobernante cristiano.

El deber de conservar el orden lo guía; cuenta con la opinión de los pueblos, a quienes promete desvelos, prudencia y firmeza para evitar toda escisión en la disciplina externa de la Iglesia.

Palacio Nacional; en Guatemala, a 22 de agosto de 1831.

**FRANCISCO MORAZÁN**

# CARTA A SU EXCELENCIA EL VICEPRESIDENTE DE LOS ESTADOS UNIDOS MEXICANOS

(Don Anastasio Bustamante, sobre haber acreditado ante ese Gobierno como Encargado de Negocios de la República Federal de Centro América al ciudadano José del Barrio y Larrazábal).

Palacio de Gobierno Federal en Guatemala, a 17 de noviembre de 1831.

Grande y Buen Amigo:

Tengo el placer de informaros que, coincidiendo en los mismos deseos que os animaron y os servisteis manifestarnos cuando os dignasteis mandar cerca de Nos un Enviado Extraordinario y Ministro Plenipotenciario, hemos resuelto, para facilitar el logro de los importantes y útiles objetos que os propusisteis por la prosperidad y engrandecimiento de ambas naciones, nombrar Encargado de Negocios al ciudadano José del Barrio y Larrazábal, para que resida cerca de Vos.

El nombrado conoce plenamente nuestros sentimientos, es digno de nuestra confianza por su fidelidad acreditada, y no dudo que será de vuestro aprecio por sus demás buenas cualidades; y de ahí es que no tengo dificultades en rogaros, como os ruego, que déis entera fe y crédito a cuanto os diga en nuestro nombre, especialmente cuando os asegure nuestra amistad y ardientes votos por vuestra felicidad, y por la prosperidad y gloria de la nación que dignamente gobernáis.

Que la Divina Providencia os conserve en su santa y digna guarda.

Grande y Buen Amigo, Vuestro muy obediente servidor.

**FRANCISCO MORAZÁN**

Ministro de Relaciones Exteriores
Pedro Molina

# PROCLAMA A LOS HABITANTES DE LA REPÚBLICA, SOBRE LA FACCIÓN DE ARCE Y DE DOMÍNGUEZ

(Guatemala, 20 de diciembre de 1831).

A sus habitantes:

Centroamericanos: los autores de vuestras desgracias pasadas no han podido ver con indiferencia la marcha tranquila de la República y pretenden de nuevo trastornarla.

Arce y Domínguez, que solo pueden vivir en el desorden, han formado el proyecto quimérico de revolucionar a los pueblos y destruir el sistema federal.

Aún no se han marchitado los laureles que cogisteis en el campo de batalla, y ya los vencidos, cuyas vidas perdonasteis por una pura generosidad, atentan de nuevo contra las vuestras, y quieren poner otra vez en práctica sus planes fratricidas.

Pero apenas se han pronunciado sus nombres criminales, cuando los Gobiernos de los Estados han ofrecido y prestado sus recursos al Gobierno Federal; los ciudadanos vuelan de todas partes a colocarse en rededor de sus autoridades, y la opinión pública, que se ha declarado del modo más solemne, prepara ya a los valientes la palma de la victoria, si fuese necesario hacer uso de las armas contra los rebeldes.

Centroamericanos: publicando vuestros sentimientos en favor de las leyes, y vuestra decisión a sostenerlas con esa republicana fiereza que ha aterrado siempre a los tiranos, habéis dado una triste lección a nuestros enemigos, y un nuevo paso hacia la consolidación de un sistema que os cuesta ya tantos sacrificios.

Si los trastornadores del orden público, olvidándose de vuestros triunfos y de su oprobio, encendiesen de nuevo la guerra en la nación, yo estaré como siempre al lado de vosotros para admirar vuestro valor y ceñiros el laurel de la victoria.

**FRANCISCO MORAZÁN**

# NOTA DEL DOCTOR PEDRO VALENZUELA AL GENERAL VICENTE VILLASEÑOR

(Por haberse éste opuesto al traslado de las autoridades federales a El Salvador).

Santa Ana, 5 de enero de 1832.

Ciudadano Vicente Villaseñor:

Es recibida en este momento la comunicación que Ud. dirige al señor Presidente de la República, intimándole las órdenes que trae de su Gobierno, que ninguna de las autoridades federales entre en el territorio del Estado, oponiéndole la fuerza en caso necesario.

El Ciudadano Presidente me ha ordenado, para que usted lo comunique a su Gobierno, que accede a la fuerza que se le opone, porque ha venido en paz y con el único objeto de promover el bien de la República, y en consecuencia, no debiéndose frustrar sus miras benéficas por la oposición gratuita de las autoridades de este Estado, ha acordado trasladarse al de Nicaragua, dando cuenta en sus próximas sesiones ordinarias.

Dios, Unión, Libertad

VALENZUELA.

# PROCLAMA A LOS HABITANTES DEL ESTADO DE NICARAGUA

(Acerca de las facciones de Arce y de Domínguez e indicándoles que se ha separado del mando, para salvar la República, por lo que les pide apoyo para librarla de la tiranía).

Cuartel general en marcha, febrero de 1832.

**CONCIUDADANOS:**

El suelo de la libertad, regado tantas veces con vuestra sangre, ha sido profanado por los enemigos del sistema, que pretenden hacer la última prueba de vuestro valor y sufrimiento.

En varios puntos del territorio de la República han sido alterados el orden y la paz de que gozábamos, y la mano de la tiranía se empeña en todas partes para destruir el edificio de la libertad, comenzando por desconocer a los Supremos Poderes que lo sostenían.

Los Estados de Honduras y Guatemala se ocupan ya en sofocar las facciones que Arce y Domínguez han promovido en sus respectivos territorios, y yo me prometo que vosotros no seréis unos espectadores indiferentes de los males que amenazan a esta Patria, que os cuesta tantos sacrificios.

NICARAGÜENSES: Con el único objeto de salvar a la República, me he separado del Gobierno Federal y he venido a colocarme en medio de vosotros.

Marchad a uniros con el ejército que el Gobierno del Estado de Guatemala ha puesto ya a mis órdenes y con las tropas que se han reunido en Honduras.

Corred a prestar a la República los servicios que reclama de vosotros.

Volad a libertarla de las manos de la tiranía.

La fortuna aún no se ha cansado de proteger la causa de los libres, ni ha abandonado jamás a los valientes; vamos, pues, a merecer de nuevo los laureles que nos esperan en el campo de batalla y el aprecio de vuestros conciudadanos.

**FRANCISCO MORAZÁN.**

# OTRA PROCLAMA DEL PRESIDENTE DE LA REPÚBLICA A SUS HABITANTES

(Sobre las facciones de Arce y de Domínguez y los problemas para el traslado a El Salvador del Gobierno Federal).

Cuartel general en marcha, 28 de febrero de 1832.

Proclama: El Presidente de la República, a sus habitantes.

Desde el momento en que la República se vio amenazada en el exterior por el expulso Manuel José Arce y sus agentes, y expuesta en el interior por las continuas resistencias del Estado de El Salvador a obedecer las leyes federales, bajo el pretexto de que eran dictadas por el influjo del partido que desde Guatemala dirigía los destinos de la Nación, solo pensé en buscar remedio a los males que amenazan a ésta.

Creía haberlo encontrado en la facultad que se dio al Ejecutivo para poder trasladar el Gobierno al punto que lo creyese conveniente y traté de hacer uso de ella, trasladándolo a la ciudad de San Salvador.

Me persuadí que iba a proporcionar al Ejecutivo Nacional los recursos necesarios para obrar contra Arce y Domínguez, luego que estuviera colocado en medio de un pueblo que se ha distinguido siempre en defensa de las libertades públicas, y que al mismo tiempo destruiría los temores que manifestaban en aquel Estado con la existencia del Gobierno Federal en Guatemala, si estos eran de buena fe, o descubriría sus miras, si solo se tomaban como un pretexto para poder transformar el sistema.

Sin embargo, de los bienes que en mi concepto iban a reportarse con la traslación del Gobierno Federal a San Salvador, quise consultarla antes con las autoridades de aquel Estado, para quitar todo motivo que pudiese entorpecer una medida que creí tan benéfica como ventajosa a la causa pública, lo que puse en conocimiento del Jefe José María Cornejo.

Este, después de aprobarla en los términos más expresivos, asegura que es la medida salvadora de la República y pide que no se ejecute con fuerza armada para no inspirar desconfianza a los descontentos.

Una contestación semejante satisfizo completamente mis deseos, y me aseguró de los bienes que iba a reportarse con la traslación.

No tuve ya ningún obstáculo en llevarla a efecto y solo pensé en mi marcha con la prontitud que exigían las circunstancias.

En las inmediaciones de Jalpatagua recibí el Decreto de la Asamblea de San Salvador, en el que se resistía la entrada de las autoridades federales a aquel Estado, y se mandaba repeler con fuerza armada, si llegaban a pisar el territorio.

Si fue escandaloso este atentado cometido por una Asamblea desautorizada, en circunstancias que agravaban el mal público, fue mucho más escandalosa todavía la conducta que observó el Jefe de aquel Estado.

Aprobar la traslación de las autoridades federales a San Salvador, para tener después el placer de ejecutar el Decreto que la resistía; aconsejar que no fuese con fuerza armada el Ejecutivo Nacional, para oponerse en seguida a su entrada en el Estado, haciendo uso de las bayonetas, es un hecho que pone al descubierto las miras de aquel funcionario y da una idea exacta de su carácter.

Resistida en Santa Ana con fuerza armada la traslación del Gobierno Federal a la ciudad de San Salvador, en los términos que lo he dicho al público en mi primero y segundo Manifiesto, la decreté al Estado de Nicaragua.

Pero como el verdadero motivo de esta oposición era el de disolver los Poderes Federales, poniendo al Ejecutivo en impotencia de obrar contra los trastornadores del orden público, también se opusieron a que continuase mi marcha para Nicaragua, obligándome a regresar al Estado de Guatemala.

Estos hechos escandalosos no podían sostenerse si no es con otros más escandalosos todavía.

El plan de las autoridades de El Salvador ya estaba descubierto y revelado el misterio con que habían ocultado por tanto tiempo sus verdaderas miras a los pueblos.

Era necesario, pues, dar el último paso que tenían meditado de antemano en favor de los enemigos del sistema y acordaron:

Que no se diese ningún auxilio al Gobierno Federal ni a los Jefes de los Estados para obrar contra Arce y Domínguez.

Que se desconociese al mismo tiempo a los Supremos Poderes Nacionales.

Que se evitara todo lo que pudiese influir en la destrucción de los enemigos del sistema.

Disolver el pacto federativo, rompiendo el lazo que une a los Estados con la Federación.

Sumir a la República en el desorden y la anarquía, para poder levantar sobre las ruinas de la Patria ese sistema opresor de que han hecho ya un funesto ensayo en los pueblos que tienen la desgracia de obedecerles.

Sus hechos lo acreditan, y sus papeles lo manifiestan de la manera más consciente.

Las opiniones que han expresado siempre muchos de los que están colocados en los primeros destinos de aquel Estado, y la conducta que han observado en todo tiempo los que rodean a estos, han descubierto sus miras de un modo inequívoco.

La abierta oposición del benemérito pueblo salvadoreño contra unos funcionarios que no respetan las leyes que juraron obedecer, no deja nada que dudar de su constancia y decisión en defender la Carta Fundamental.

Tales son los hechos que han trastornado el orden en algunos puntos de la República y que amenazan en el día su existencia política.

La opinión general se ha declarado ya de un modo decidido contra sus autores, y el deber que me imponen las leyes como Primer Magistrado de la Nación me ha obligado a colocarme a la cabeza del Ejército que han puesto a mis órdenes los gobiernos de los Estados de Nicaragua, Honduras y Guatemala, con el único fin de conservar la paz y sostener el Sistema Federal.

He aquí el objeto más sagrado, el interés más grande que puede presentarse en la República y el único que ha llamado la atención de todos los habitantes; y yo protesto a la faz de los pueblos, cuya causa sostengo, que el Ejército que tengo el honor de mandar, sabrá defender la ley fundamental a costa de su sangre y sostener los sagrados derechos consignados en ella.

Gozarán de libertad los centroamericanos; será efectiva la igualdad de los ciudadanos; tendrán seguridad los habitantes de la República, y sus propiedades serán respetadas religiosamente.

**FRANCISCO MORAZÁN.**

# CARTA SOBRE LAS ACCIONES MILITARES LIBRADAS EN DEFENSA DE LA FEDERACIÓN

(Acciones ocurridas cerca de San Salvador. Dirigidas a la Comandancia General del Ejército Federal al Secretario General del Gobierno Supremo del Estado de Costa Rica).

San Salvador, 31 de marzo de 1832.
Al Ciudadano Secretario de Estado y del Despacho de Guerra del Gobierno Supremo Nacional:

Con esta fecha digo lo siguiente:

El 28 del presente di a Usted parte de la ocupación de esta plaza, y hoy tengo el honor de poner en su conocimiento los pormenores de una acción que ha salvado a la República y ha puesto en completa nulidad a sus enemigos.

A las once de la mañana del día 27 ocupé el pueblo de Soyapango con la División de Nicaragua y Honduras. El enemigo se hallaba colocado en las trincheras de su primera línea y trabajaba a mi presencia por mejorarlas. Para evitárselo, dispuse atacarlo al amanecer del 28 y di orden al Comandante de la División del Estado de Guatemala para que obrase en combinación conmigo desde Apopa, en donde lo creía situado, según se lo había prevenido desde Cojutepeque.

Pero este aún no había tenido lugar de cumplirla, y fue necesario diferir el ataque para el 29. Como éste debía darse por Soyapango, San Esteban y Milingo, era necesario llamar la atención del enemigo a otros puntos. Con este objeto salí el 28 a las nueve y media de la mañana del Cuartel General con la primera Brigada de Infantería perteneciente a la División de Nicaragua, al mando de mi Ayudante de Campo, Teniente Coronel ciudadano N. Benítez, y con la segunda de la misma armada correspondiente a la División de Honduras, a las órdenes del de igual clase, ciudadano C. F. Domínguez, compuestas ambas de cerca de cuatrocientos hombres, y me dirigí sobre ellas, sobre las fortificaciones de la Chácara.

Llegué sin obstáculo a menos de tiro de fusil y pude examinar muy bien la posición del enemigo por aquella parte. Cuatro trincheras mal colocadas, sin fosos, guardadas por sesenta hombres y dos cañones que sólo podían dañar al aire con sus tiros, componían la primera línea de defensa en aquel punto. Unas fortificaciones tan débiles y mal defendidas no podían menos que excitar los deseos de tomarlas.

Al mismo tiempo que pensaba en hacerlo, recordaba cuál era la verdadera posición del enemigo y deducía de ella que, desde antes de batirlo, se hallaba en una completa derrota. Una pequeña fuerza de ochocientos hombres, diseminada en una línea de cuatro leguas, no podía replegarse a la segunda línea antes que yo la atacase, como sucedió en efecto.

Estas consideraciones, y el no perder la ocasión favorable que se me presentaba para tomar las trincheras que estaban a mi vista, me decidieron a obrar. Con este fin, mandé al Teniente Coronel ciudadano F. Domínguez que llamara la atención del enemigo por la izquierda hacia el frente de una trinchera en que estaba colocado un cañón de a cuatro, y previne al de igual clase, ciudadano Narciso Benítez, que avanzase por la derecha sobre otra que se hallaba situada en una pequeña altura.

Este cumplió exactamente con mis órdenes y lo siguió el Ayudante de la primera Brigada de la División de Nicaragua, ciudadano Perfecto Valenzuela, con sesenta soldados pertenecientes a la misma Brigada.

Al mismo tiempo, mandé al Teniente Coronel F. Domínguez que atacase por la izquierda, lo que ejecutó con prontitud, y las posiciones que ocupaba el enemigo fueron tomadas simultáneamente.

Como el Teniente Benítez, luego que ocupó una de las trincheras de la Chácara, se dirigió sobre la línea de la derecha, tuve que suspender mi movimiento hacia la ciudad, porque no sabía cuál era el lugar que ocupaba.

Los fuegos de la tropa que estaba a sus órdenes me sacaron de esta incertidumbre y me dieron a conocer que se había aproximado a la plaza y que se hallaba comprometido. Entonces marché a protegerlo y di orden para que el resto del Ejército viniese a ocupar la Garita de San Sebastián, lo que ya había verificado el Coronel Comandante de la División de Nicaragua, ciudadano Román Valladares, batiendo las partidas que se opusieron a su paso desde que observó nuestro movimiento.

Este se continuó sobre la plaza de la Parroquia de esta Ciudad con bastante oposición, porque los enemigos hacían una vigorosa resistencia en las calles y casas que ocupaban. Pero todo cedió a la intrepidez de nuestros soldados, y los sitiados fueron reducidos a sus últimos atrincheramientos, en donde siguieron defendiéndose.

Se continuó el ataque sobre éstos por dos puntos, que fueron sostenidos con valor por más de una hora, a causa de no haber llegado los instrumentos necesarios para romper la casa que enfrenta con la trinchera que está al lado de la Iglesia de San Francisco.

Pero habiéndolo logrado el Coronel ciudadano Román Valladares, hizo subir sobre su techo algunos tiradores que la dominaban.

Al mismo tiempo que estos rompieron el fuego, marchó de frente la mayor parte de una compañía de la cuarta Brigada de la División de Nicaragua y algunos soldados de la primera y tercera Brigada, que lograron forzar la trinchera después de una fuerte resistencia.

Este movimiento fue secundado por el Comandante de la cuarta Brigada, Capitán ciudadano N. Lacayo, que ocupó inmediatamente la trinchera que se halla a la izquierda de la Iglesia Parroquial.

Los enemigos, que no creyeron a nuestras tropas capaces de un arrojo semejante, huyeron despavoridos por diversas direcciones y dejaron la plaza en nuestras manos después de tres horas de fuego.

Yo los perseguí por el camino del Puerto de la Libertad con un piquete de Caballería de la División de Honduras, y otro que había pertenecido al enemigo y se me había presentado al mando del oficial F. Malespín cuando tomé la primera línea, pero las noticias que recibía continuamente me dieron a conocer que se habían dispersado, y no vi esto, regresé dando órdenes a mi Ayudante de Campo Mayor de la Federación, ciudadano Miguel Cubas, para que continuase hasta el Puerto.

Pero cuando este llegó a él, ya se habían embarcado algunos, de cuyo nombre son Gerónimo Páiz, V. Villaseñor y Carmen Salazar.

La sorpresa que recibieron los enemigos por habérseles atacado cuando menos lo esperaban ha economizado la sangre americana.

De la División de Nicaragua hubo dos soldados muertos y diez heridos, contándose en este número al valiente Subteniente Manuel Orozco.

De la División de Honduras murió un Sargento 2° y un soldado, y fueron heridos dos de esta clase.

También han sido heridos el Teniente Coronel ciudadano Narciso Benítez y, mortalmente, el Subteniente de la Federación, ciudadano Francisco Ríos, que hacía tres días se me había presentado con pliegos del Gobierno.

Tales son los pormenores, ciudadano Ministro, que ofrecí poner en su conocimiento con el fin de que los elevase a la alta consideración del Supremo Poder Ejecutivo Nacional.

Sírvase Usted igualmente asegurarle que la opinión de estos pueblos, declarada del modo más decisivo contra sus opresores, nos ha abierto las puertas de esta Ciudad".

Y lo transcribo a Usted para que se sirva ponerlo en conocimiento de su Supremo Gobierno, ofreciendo a Usted entre tanto mi consideración y aprecio.

Dios, Unión, Libertad.

**FRANCISCO MORAZÁN.**

# INFORME A LOS SECRETARIOS DEL ESTADO DE COSTA RICA Y AL DE GUERRA DE LA FEDERACIÓN

(Sobre varias acciones militares en las vecindades de San Salvador. San Salvador, 9 de abril de 1832).

Comandancia General del Ejército Federal de Operaciones.

Al Ciudadano Secretario del Gobierno Supremo del Estado de Costa Rica.

Al Ciudadano Secretario de Estado y del Despacho de Guerra del Gobierno Supremo Nacional.

Con esta fecha digo lo siguiente:

El 29 del presente di a usted parte de la ocupación de esta plaza, y hoy tengo el honor de poner en su conocimiento los pormenores de una acción que ha salvado a la República y ha puesto en completa nulidad a sus enemigos.

A las once de la mañana del día 27 ocupé el pueblo de Soyapango con la División de Nicaragua y Honduras. El enemigo se hallaba colocado en las trincheras de su primera línea y trabajaba a mi presencia por mejorarlas. Para evitarlo, dispuse atacar al amanecer del 28 y di orden al Comandante de la División del Estado de Guatemala para que obrase conmigo desde Apopa, en donde lo creía situado, según se lo había prevenido desde Cojutepeque.

Pero este aún no había tenido lugar de cumplirla, y fue necesario diferir el ataque para el 29. Como éste debía darse por Soyapango, San Esteban y Milingo, era necesario llamar la atención del enemigo a otros puntos.

Con este objeto, salí el 28 a las nueve y media de la mañana del Cuartel General con la primera Brigada de Infantería, perteneciente a la División de Nicaragua, al mando de mi Ayudante de Campo, Teniente Coronel ciudadano Narciso Benítez, y con la segunda de la misma arma, correspondiente a la División de Honduras, a las órdenes del de igual clase, ciudadano F. Domínguez, compuestas ambas de cerca de cuatrocientos hombres, y me dirigí con ellas sobre las fortificaciones de "La Chácara".

Llegué sin obstáculos a menos de tiro de fusil y pude examinar muy bien la posición del enemigo por aquella parte. Cuatro trincheras mal colocadas, sin fosos, guardadas por sesenta hombres y dos cañones que sólo podían dañar al aire con sus tiros, componían la primera defensa en aquel punto. Unas fortificaciones tan débiles y mal defendidas no podían menos que excitar los deseos de tomarlas.

Al mismo tiempo que pensaba en hacerlo, recordaba cuál era la verdadera posición del enemigo y deducía de ella que, desde antes de batirlo, se hallaba en una completa derrota. Una pequeña fuerza de ochocientos hombres, diseminada en una línea de cuatro leguas, no podía replegarse a la segunda línea antes de que yo la atacase, como sucedió en efecto.

Estas consideraciones, y el no perder la ocasión favorable que se me presentaba para tomar las trincheras que estaban a mi vista, me decidieron a obrar. Con este fin, mandé al Teniente Coronel ciudadano F. Domínguez que llamara la atención del enemigo por la izquierda, hacia el frente de una trinchera en que estaba colocado un cañón de a cuatro, y previne al de igual clase, ciudadano N. Benítez, que avanzase por la derecha, sobre otra que se hallaba situada en una pequeña altura.

Este cumplió exactamente con mis órdenes, y lo siguió el Ayudante de la Primera Brigada de la División de Nicaragua, ciudadano Perfecto Valenzuela, con sesenta soldados pertenecientes a la misma Brigada.

Al mismo tiempo, mandé al Teniente Coronel ciudadano F. Domínguez que atacase por la izquierda, lo cual ejecutó con prontitud, y las posiciones que ocupaba el enemigo fueron tomadas simultáneamente.

Como el Teniente Coronel Benítez, luego que ocupó una de las trincheras de "La Chácara", se dirigió sobre la línea de la derecha, tuve que suspender mi movimiento hacia la ciudad porque no sabía cuál era el lugar que ocupaba.

Los fuegos de la tropa que estaba a sus órdenes me sacaron de esta incertidumbre y me dieron a conocer que se había aproximado a la plaza y que se hallaba comprometido. Entonces marché a protegerlo y di órdenes para que el resto del Ejército viniese a ocupar la Garita de San Sebastián, lo que ya había verificado el Coronel Comandante de la División de Nicaragua, ciudadano Román Valladares, batiendo las partidas que se opusieron a su paso desde que observó nuestro movimiento.

Este se continuó sobre la plaza de la Parroquia de esta ciudad con bastante oposición, porque los enemigos hacían una vigorosa resistencia en las calles y casas que ocupaban.

Pero todo cedió a la intrepidez de nuestros soldados, y los sitiados fueron reducidos a su último atrincheramiento, en donde siguieron defendiéndose.

Se continuó el ataque sobre estos por dos puntos, que fueron sostenidos con valor por más de una hora, a causa de no haber llegado los instrumentos necesarios para romper la casa que enfrenta con la trinchera que está al lado de la Iglesia de San Francisco.

Pero habiéndolo logrado el Coronel ciudadano Román Valladares, hizo subir sobre su techo a algunos tiradores que la dominaban.

Al mismo tiempo que estos rompieron el fuego, marchó de frente la mayor parte de una Compañía de la Cuarta Brigada de la División de Nicaragua y algunos soldados de la Primera y Tercera Brigada, que lograron forzar la trinchera después de una seria resistencia.

Este movimiento fue secundado por el Comandante de la Cuarta Brigada, Capitán ciudadano N. Lacayo, que ocupó inmediatamente la trinchera que se hallaba a la izquierda de la Iglesia Parroquial.

Los enemigos, que no creyeron a nuestras tropas capaces de un arrojo semejante, huyeron despavoridos por diversas direcciones y dejaron la plaza en nuestras manos después de tres horas de fuego.

Yo los perseguí por el camino del puerto de La Libertad, con un piquete de Caballería de la División de Honduras y otro que había pertenecido al enemigo y se me había presentado, al mando del oficial F. Malespín, cuando tomé la primera línea.

Pero las noticias que recibía continuamente me dieron a conocer que se habían dispersado.

Y por esto me regresé, dando orden a mi Ayudante de Campo, Mayor de la Federación, ciudadano Miguel Cubas, para que continuase hasta el puerto. Pero cuando éste llegó a él, ya se habían embarcado algunos, de cuyo número son: Gerónimo Páiz, Vicente Villaseñor y Carmen Salazar.

La sorpresa que recibieron los enemigos por habérseles atacado cuando menos lo esperaban ha economizado la sangre americana.

De la División de Nicaragua, hubo dos soldados muertos y diez heridos, contándose en este número al valiente Subteniente Manuel Orozco. De la División de Honduras murió un Sargento Segundo y un soldado, y fueron heridos dos de esta clase.

También han sido heridos el Teniente Coronel, ciudadano N. Benítez, y mortalmente el Subteniente de la Federación, ciudadano Francisco Ríos, que hacía tres días se me había presentado con pliegos del Gobierno.

El Comandante de la Primera Brigada, Teniente Coronel Benítez, y el de la Segunda de igual clase, ciudadano F. Domínguez, que obraron por "La Chácara", así como los oficiales y soldados de una y otra, pelearon con mucho valor.

El Comandante de la Cuarta Brigada, Capitán ciudadano N. Lacayo, sus oficiales y tropas que entraron en acción, han peleado con el mismo valor.

No ha sido menos el valor que han manifestado los demás oficiales y soldados pertenecientes a las Divisiones de Nicaragua y Honduras, y no es posible recomendar particularmente a ninguno, porque todos se han distinguido y son acreedores a la consideración del Supremo Gobierno.

También son dignos de recomendación los Jefes, Oficiales y tropas de la Fuerza Federal y División de Guatemala, que, aunque no pelearon por la distancia en que se hallaban, ardían en deseos de partir con los leoneses y hondureños los riesgos y la gloria del triunfo, con cuyo objeto, luego que recibieron mis órdenes, hicieron una marcha de cinco leguas en tres horas por un camino malísimo.

Tales son los pormenores, ciudadano Ministro, que ofrecí poner en conocimiento de usted, con el fin de que los elevase a la alta consideración del Supremo Poder Ejecutivo Nacional, sirviéndose usted igualmente asegurarle que la opinión de estos pueblos, declarada del modo más decisivo contra sus opresores, nos ha abierto las puertas de esta ciudad.

Y lo transcribo a usted para que se sirva ponerlo en conocimiento de ese Supremo Gobierno, sirviéndose usted, entre tanto, admitir mi aprecio y consideración.

Dios, Unión, Libertad

**FRANCISCO MORAZÁN**

# CARTA AL JEFE DE ESTADO DE GUATEMALA

(Por virtud de la cual el Ministro Pedro J. Valenzuela transcribe otra de Morazán, relativa a su marcha por Honduras y sobre la necesidad de su equipamiento).

Guatemala, 16 de Abril de 1832.

Al Ciudadano Jefe de este Estado.
Palacio del Gobierno Federal, Guatemala, 16 de Abril de 1832.

El Presidente y General en Jefe del Ejército Federal en operaciones, con fecha 7 del corriente, me dice lo que sigue:

"Hoy ha marchado para Honduras, por el camino de Gracias, el Ejército compuesto en parte de la División de Guatemala, de la de Nicaragua y la de Honduras. La segunda tiene un vestuario que ha usado desde León, y la última ninguno. Estos soldados van a hacer una campaña cruda, y es preciso vestirlos y equiparlos bien. En este Estado no se encuentran géneros para lo primero, y las fornituras son sobrecaras, en el supuesto de que puedan conseguirse.

Por estas razones, me he decidido dirigirme al Gobierno Supremo de la Federación, con el fin de que tenga a bien disponer que se construyan y se me remitan 600 vestuarios completos de camisa, pantalón y chaqueta, 50 monturas con porta-carabina y sin estribos, y 4 muleros."

Por acuerdo del Vicepresidente de la República, tengo el honor de circularla a usted, para que, persuadiéndose de la necesidad que hay de completar el número necesario de vestuarios, sobre los 400 pesos que se ha dignado usted remitir, se sirva hacerlo por cuenta de la Federación, si pudieran, para proporcionarlo.

Dios, Unión, Libertad.

Valenzuela

# CARTA AL JEFE DE ESTADO DE GUATEMALA

(En la que el Ministro Valenzuela transcribe otra de Morazán, relativa al incremento de hombres en la tropa que se mandó a Honduras y en particular a Omoa).

Palacio del Gobierno Federal, 25 de Abril de 1832.
Al Jefe de este Estado.

El Presidente y General en Jefe del Ejército, con fecha 16 del corriente, me dice entre otras cosas lo que sigue:

"Los esfuerzos que se han hecho para aumentar la tropa que marchó a Honduras al mando del Coronel Terrelonge, y el habérseme tomado la que guarnecía esta ciudad con este objeto, sin quedar en ella más que el escuadrón permanente, han puesto a la División en un pie respetable, pues se compone en el día de 1044 hombres.

Como este número es suficiente para obrar contra las fuerzas de Domínguez, he dado orden a Terrelonge para que, a jornadas, marche a colocarse entre el enemigo y Omoa, con el fin de cortarlo. Pero como su buena situación no nos permite aventurar ninguna acción de guerra, creo todavía conveniente que la compañía federal y las tropas que están reunidas en Chiquimula, a cuyo Jefe Político se han pedido directamente en número de 200 o más hombres, marchen a la retaguardia de Terrelonge, con el fin de unirse a él y ponerse a sus órdenes.

A pesar de que el Vicepresidente está enterado de que con anticipación se han dado las órdenes necesarias para que tenga efecto lo que ahora manifiesta el General Presidente con respecto a la Compañía Federal y la fuerza de Chiquimula, me previene lo manifieste a usted, para que se sirva reiterarlas.

Así tengo el honor de verificarlo, protestándole mi respeto y estimación."

Dios, Unión, Libertad.

Valenzuela

# CERTIFICACIÓN SOBRE EL TRASLADO DE LA CAPITAL FEDERAL A SAN SALVADOR

Guatemala, 10 de Junio de 1832.

Francisco Morazán, Presidente de la República de Centro América. Certifico que el ex-Jefe Ciudadano José María Cornejo aprobó la traslación de las autoridades federales a la ciudad de San Salvador cuando yo se la consulté privadamente, manifestando que debía hacerse ésta sin ningún aparato militar para evitar temores, y que era la medida que podría salvar a la República.

Que en Jalpatagua recibió las dos cartas que van rubricadas por mí bajo el número 1° y 2°, y que a la primera le contesté que debía sostenerse; y que de la fuerza que me repelió en Santa Ana no recibí otro insulto.

Y a pedimento del interesado, doy el presente en Guatemala a 10 de Junio de 1832.

**FRANCISCO MORAZÁN**

# PROCLAMA DEL PRESIDENTE DE LA REPÚBLICA A LOS HABITANTES DEL ESTADO DE EL SALVADOR

(Por la que les ofrece cooperar en el goce de la paz en dicho Estado).

Guatemala, 7 de marzo de 1833.

Salvadoreños:

Os anuncié el nombramiento de comisionados, y en efecto, éstos fueron a explorar los motivos de vuestras inquietudes para transmitirme vuestros votos; mas antes de hallarse en aptitud de cumplir su misión, que encontró obstáculos, he sabido por medio del Vicejefe de ese Estado, que es hoy, a mi juicio, conducto legal y seguro de vuestras opiniones y deseos, que éstos son de que haya una renovación total de las autoridades.

Las que existen son legítimas, y está vigente la ley que las constituyó; no era posible obsequiar aquella solicitud sin someterlas antes a su responsabilidad, y sin que fuesen, los que han fungido judicialmente, declarados reos para ser depuestos.

Mas esta grande dificultad ha desaparecido en parte por el generoso desprendimiento del Ciudadano Mariano Prado, en renunciar a su destino; y desaparecerá del todo, porque igual disposición me prometo encontrar en los Consejeros y Diputados, contando con el ofrecimiento que me han hecho ya algunos de éstos.

Veis pues, secundadas por todas partes vuestras pretensiones. No resta más que la ejecución, en la que deben observarse las fórmulas establecidas, para que el desenlace sea legal y de resultados felices.

Si yo puedo cooperar al logro de este objeto, no debo ni quiero permanecer pasivo, guardando una reprensible indiferencia, muy ajena de los sentimientos que me animan hacia el pueblo salvadoreño. Si él se agita y sufre, yo no descansaré hasta restablecerle sus goces. Voy, pues, a tomar una inmediata intervención en sus negocios, sin más apoyo que la confianza ofrecida por sus virtudes, y sin otra garantía que la pureza de mis intenciones.

He dejado el Gobierno y paso a Ahuachapán. Allí se reunirá la Asamblea; tomará en consideración y admitirá la renuncia del Jefe, que tengo ya en mi poder y conduciré hasta allí.

Dimitirán en seguida los Diputados, porque los sucesos han debido hacerles conocer lo oneroso de la carga, y les falta las recompensas necesarias para quererla llevar por más tiempo. Puedo, por tanto, aseguraros de que el decreto de convocatoria a nuevas elecciones será dado, y con él cerrará el Cuerpo Legislativo sus sesiones en Ahuachapán. Mi permanencia después en el Estado será acordada con vuestro Gobierno particular, de modo que aleje todo recelo, y calculada para que gocéis de absoluta libertad en las elecciones, quedando fuera de los puntos en que las ejerzáis, la fuerza y cualquier otro motivo de coacción.

Practicable y afortunadamente bien fácil es la manera que se os presenta para salir del laberinto en que os halláis. El hilo os lo da la ley; si lo rompéis, si por sospechas vulgares e infundadas dejáis el camino que os he trazado y tomáis ligeramente el sendero que los incautos o malintencionados os sugieran, os exponéis a mil peligros.

Con las notas de ilegítimas, de intrusas u otras palabras tan infamantes, serán azoradas las nuevas autoridades que de otra manera establezcáis, y las reacciones continuarán agitándoos hasta completar vuestra total ruina.

¿Cómo podría yo ser indiferente a esta inmensidad de males?

Salvadoreños: Considerad la posibilidad de estos anuncios que me arranca el sentimiento de vuestra desgracia. Penetraos de la sinceridad de mis observaciones y ocupaos en la obra de vuestra felicidad, cooperando conmigo a que tenga efecto el pensamiento que os dejo indicado, el único, acaso, que puede salvaros.

Yo os protesto a la faz del mundo, que ésta es la única mira que me conduce a ese Estado. Ni las calumnias de mis enemigos, ni las desconfianzas que tratan de infundiros, me harán variar mis principios.

Si queréis que se pongan en práctica, no deis oídos a los que desean vuestra ruina.

Conciudadanos: Ha llegado el momento de que fijéis para siempre la suerte de ese Estado. En vuestras manos está su felicidad o su desgracia. Unidos y firmes conseguisteis la Independencia y libertad;

unidos y firmes volveréis a adquirir el poder que habéis perdido por vuestra división.

Borrad para siempre de vuestra memoria el nombre odioso de los partidos; uníos de buena fe todos los que os halléis divididos por opiniones políticas; olvidad vuestros resentimientos; abrazáos como hermanos; recobrad el nombre glorioso que adquiristeis cuando aún no se había encendido entre vosotros la negra tea de la discordia y practicad vuestras elecciones con toda libertad.

Estos son los deseos de vuestro amigo.

**FRANCISCO MORAZÁN.**

# PARTE ENVIADO AL CIUDADANO SECRETARIO DEL ESTADO Y DEL DESPACHO DE GUERRA DEL GOBIERNO FEDERAL

(Sobre la derrota de Benítez y su oferta de sacrificio de su vida en defensa de la patria).

Ahuachapán, 15 de marzo de 1833.

Al Ciudadano Secretario de Estado y del Despacho de Guerra del Gobierno Federal:

Ahuachapán, 15 de marzo de 1833.

En este momento ha llegado un espía que se mandó a San Salvador y refiere que el Coronel Narciso Benítez ha sido derrotado completamente en la ciudad de San Vicente, y que había disposición de venir sobre esta villa a atacar la fuerza que se halla hoy a mis órdenes, y antes a las del Coronel Menéndez. Ni lo uno ni lo otro es dudoso, porque el aliento que han tomado los facciosos con motivo de las noticias exageradas que los presos de San Francisco han venido a esparcir, de que el Estado de Guatemala estaba en disposición de auxiliarlos, no es insignificante; mientras que los patriotas se han acobardado ya, por aquellas mismas noticias, o ya porque han visto retardarse cuanto no esperaban los auxilios que tanto tiempo ha tienen pedidos.

Son estas razones precisamente las que han contribuido a derrotar al Coronel Benítez, y serían las mismas las que originarían igual suerte a esta fuerza. Por mi parte, sabré significar al Gobierno que, no debiendo dudarse un solo momento que seré atacado, pues es bastante ostensible la mala fe con que obran los facciosos de El Salvador, y que ellos son los mismos precisamente que se sublevaron el año anterior, mi posición es extremadamente crítica.

Doscientos hombres se hallan a mis órdenes; de éstos, sólo están disciplinados los federales, lo que equivale a decir que ésta es la única fuerza con que puedo contar. En tales circunstancias, la prudencia demanda que yo me retire a un punto donde pueda recibir auxilios de hombres y dinero para poder presentarme, si no con una fuerza igual, por lo menos no con la inferior que existe bajo mis órdenes.

Retirado a este punto, yo esperaré en él quinientos hombres que el Supremo Gobierno podrá servirse pedir en auxilio al del Estado de Guatemala, para obrar con ellos de la manera que juzgue más conveniente al mismo Supremo Gobierno; advirtiendo, por supuesto, que dicha fuerza ya deberá ser de la disciplinada.

Toca al Señor Presidente de la República y al Jefe del Estado de Guatemala observar las circunstancias y las personas que están victoriosas y con las armas en la ciudad de San Salvador. Si ambos funcionarios convienen en que la libertad y las leyes corren peligro, en su mano está el auxilio que con justicia reclaman los patriotas y autoridades legítimas de El Salvador, y que yo creo indispensable para poder obrar.

El sacrificio de mi vida no será la primera vez que lo ofrezco a la patria; pero no quiero perder aquella sin ninguna utilidad para ésta, como sucedería indefectiblemente si hubiese de obrar con ochenta hombres, de que consta la fuerza federal, contra una que podrá aumentarse, cuanto no es creíble, después del triunfo que ha adquirido y de lo que lo halagan los ofrecimientos que, aunque yo los creo falsos, son bastante lisonjeros para los hombres que no conocen su falsedad.

Ocasión es aún de evitar el mal, si se cree que existe, sin mayores sacrificios para los pueblos. Doscientos hombres veteranos colocados hace dos meses en la capital de este Estado habrían sido bastantes para que hoy el Estado estuviese tranquilo. Quinientos al presente serán sobrados para conservar la República en el reposo y tranquilidad de que tanto necesita.

Me es indispensable hacer esta indicación para que el Ejecutivo Federal y el del Estado de Guatemala no la pierdan de vista al resolver sobre esta comunicación.

Sírvase usted, como Secretario, poner lo expuesto en conocimiento del Ejecutivo Nacional y aceptar mi aprecio y consideración.

Dios, Unión, Libertad.

**FRANCISCO MORAZÁN.**

123

# COMUNICACIÓN AL JEFE SUPREMO DEL ESTADO DE COSTA RICA

(Y un anexo más sobre una propuesta para la pacificación de El Salvador).

Metapán, 29 de marzo de 1833.
Al Ciudadano Jefe Supremo del Estado de Costa Rica:

Tengo el honor de acompañar a usted una copia de lo que con esta fecha he propuesto al Vicejefe de este Estado como puntos absolutamente indispensables en que debemos convenir al logro de la pacificación.

Me es muy satisfactorio dar conocimiento a usted de este paso dado por mí, para que se advierta que, fiel al proyecto que concebí para pacificar a El Salvador, no trato sino de cumplirlo en los términos y de la misma manera que lo he publicado a la Nación.

Cuando el Ciudadano Vicejefe haya convenido en los artículos que expresa dicha copia, tendré la honra de ponerlo en noticia de usted. Entre tanto, ofrezco a usted las respetuosas consideraciones con que se suscribe su atento servidor.

Dios, Unión, Libertad.

**FRANCISCO MORAZÁN.**

Texto anexo:
Proyecto para la pacificación de El Salvador.
Siendo necesario fijar los objetivos de que debe ocuparse la Asamblea y Consejo Representativo del Estado en su próxima reunión y los medios que deben adoptarse para que las elecciones de nuevos representantes se practiquen con toda libertad en la inmediata renovación, en caso de que la Asamblea emita el decreto de convocatoria, como se espera, el Presidente de la República y el Vicejefe del Estado convienen en los artículos siguientes:

1° La Asamblea y el Consejo se reunirán en la Villa de Metapán.

2° Estos cuerpos se ocuparán únicamente de admitir la renuncia que hagan el Jefe y Vicejefe del Estado y la que hagan los mismos diputados y consejeros, de expedir en consecuencia el decreto de convocatoria para la renovación total de los Supremos Poderes del Estado, y de dar una amnistía general para que, bajo ningún pretexto, se persiga a los que hayan tomado parte directa o indirectamente en la actual revolución del Estado.

3° Como admitida la renuncia del Vicejefe y Consejeros, no queda autoridad legítima que gobierne el Estado, continuará el actual Vicejefe asociado de la persona que nombre el Gobierno Federal.

4° Estos dos empleados interinos, cuya autoridad será igual, gobernarán el Estado con arreglo a las leyes y mantendrán el orden y la tranquilidad de los pueblos. Procurarán también que las elecciones sean absolutamente libres, tomando al efecto todas las medidas que crean convenientes, y cuando éstas estén hechas, darán posesión a los nuevamente electos.

5° Estos dos empleados provisionales acordarán el número de fuerzas que deben quedar en el Estado y el lugar donde deban colocarse, así como el de la residencia de dichos gobernantes.

6° Mientras la Asamblea y el Consejo actual estén reunidos, las fuerzas del mismo Estado se concentrarán en la ciudad de San Salvador y las del Presidente de la República existirán en la Villa de Metapán o en cualquier otro punto del Departamento de Sonsonate, y ni unas ni otras podrán moverse a otro punto sin previo consentimiento del Vicejefe y del Presidente de la República.

**FRANCISCO MORAZÁN.**

# NOTA AL VICEJEFE DEL ESTADO DE EL SALVADOR ACERCA DE SU PLAN DE PACIFICACIÓN

Mita, 30 de marzo de 1833.
Al Vicejefe del Estado en ejercicio del Poder Ejecutivo.

Tengo el disgusto de referirme a usted para hacerle una reclamación de que me creía libre, en atención a la conducta que he seguido desde que ingresé al Estado de El Salvador y a la franqueza y buena fe con que han sido marcadas mis operaciones.

Retirado de Chalchuapa para evitar un encuentro sobre cuyas funestas consecuencias no era posible calcular, y firme en mi plan de pacificación, me situé en Metapán, a donde, como usted sabe bien, convoqué la Asamblea. No presumía que, sabedor como se halla ese Gobierno del objeto que me ocupa, y sin experimentar de mi parte la más pequeña hostilidad, se intentase atacar mi escolta, comprometiendo así, más de lo que está, la tranquilidad del Estado, y me lisonjeaba que en la expresada villa quedarían satisfechos mis deseos y asegurada la paz de los pueblos de El Salvador. Pero he visto burladas mis esperanzas con un movimiento rápido que se hizo por las tropas de Santa Ana, sin otro objeto que el de sorprenderme.

Mi obligación era la de sostener el decoro y dignidad de las armas nacionales, y sentí el disgusto de retirarme por segunda vez, por el convencimiento de que un choque dificultaría el objeto de mi misión. Para hacerlo, tuve que reprimir los impulsos de mi amor propio, el de los jefes que me acompañan y aun el de los soldados que me escoltan; y resolví, al fin, fiel a mis propósitos de no ensangrentar el pueblo salvadoreño, retirarme a este punto, donde aguardo una contestación franca, decisiva y dictada por la buena fe.

Quiero saber de ese Gobierno si mi plan de pacificación, que tiene admitido, aún es de su agrado, si sus miras continúan siendo hostiles, y si debo renunciar a la esperanza de hacer la pacificación sin la intervención de las armas, como me he propuesto y dado pruebas evidentes de quererlo.

Veo que es difícil esta conservación, porque si he de hablar con la debida ingenuidad, discurro que el Gobierno de usted o carece de respetabilidad y de obediencia, o está observando una conducta que no debe inspirar confianza.

Si es obedecido, ¿cómo da órdenes para que se me ataque cuando le son patentes mis intenciones y han merecido su atención mis proyectos? ¿Cómo obra hostilmente al propio tiempo que sus comunicaciones oficiales me dicen que se quiere la armonía y la pacificación? Por tales observaciones, yo creía que usted no tiene toda la autoridad necesaria, puesto que, no debiendo dudarse acerca del contenido de sus comunicaciones oficiales, la tropa de Santa Ana ha intentado sorprenderme.

No se aleguen para justificar este hecho escandaloso los vanos pretextos de que deben ser entregados los coroneles Menéndez, Benítez y Angulo; que es forzosa la disolución de la fuerza que reunió el primero; que es necesario recoger las armas del Estado, etc., etc., porque sobre todo esto hay contestaciones pendientes con el Ejecutivo Nacional y con usted mismo.

Además, ¿no median asimismo comunicaciones con usted, de que se espera la pacificación? ¿No he remitido a ese Gobierno, para su aprobación, algunos artículos que le van a promover necesariamente? ¿El Secretario de ese Gobierno y el mío no debieran tener una entrevista en el pueblo de Texis para ciertas explicaciones importantísimas, entrevista que usted y yo creíamos indispensable?

¿Cómo, pues, en medio de todo esto, se intenta atacarme? ¿Cómo el Comandante de Santa Ana detiene preso al sargento que conducía de parte de mi Secretario un pliego al de ese Gobierno, participándole su llegada a Texis y excitándole a que abreviase la suya?

Yo no puedo creer que, en tal estado de cosas, el Ejecutivo a quien me dirijo haya dispuesto un rompimiento. Para ello, ha debido comprometer su crédito, faltar a la buena fe y hacerse acreedor a la más severa responsabilidad, ya bien resultasen sus fuerzas vencidas o ya victoriosas; y creo, por tanto, que la de Santa Ana se ha movido discrecionalmente.

Mas, de cualquier manera, yo quiero saber lo que hay de positivo. Reclamo contra el proceder, cualquiera que sea su emanación. Pido que se me dé la satisfacción correspondiente por la tropelía intentada.

Exijo que se me diga con franqueza a qué debo atenerme para en lo sucesivo.

Urge, Ciudadano Vicejefe, la contestación de usted. Yo le suplico que no quiera demorármela y que me hable con la ingenuidad que solicito.

Entretanto, sírvase aceptar las consideraciones que me merece y con las que soy de usted su atento servidor.

Dios, Unión, Libertad.

**FRANCISCO MORAZÁN.**

# CARTA AL CIUDADANO SECRETARIO DEL GOBIERNO DEL ESTADO DE COSTA RICA

(Sobre la ocupación del puerto de Omoa por la división jefeada por Henrique Terrelonge).

San Salvador, 1 de mayo de 1832.

Me dirijo a usted, Ciudadano Secretario, para comunicarle la ocupación del puerto de Omoa por el Comandante General Henrique Terrelonge y su división.

Tan importante noticia contiene una nota de este Jefe, fechada el 29 del próximo pasado abril. En ella participa que, para lograr este suceso, tuvo el 28 que forzar dos trincheras, lo que consiguió con pérdida de un hombre que, por su arrojo, fue víctima del fuego vivo que se le hizo, y cinco heridos; teniendo el enemigo la de seis muertos, entre ellos un oficial. Aunque no había tomado el castillo donde se sostenían los facciosos y los fugitivos de la acción, no dudaba que se le rendiría, como ha sucedido, según asegura en una comunicación que me ha dirigido el Jefe Intendente de Gracias, quien da también la sensible noticia de haber escapado los facciosos, llevándose a los funcionarios del Gobierno que tenían presos en el fuerte.

El 12 del pasado fue tomado también Trujillo por el valiente Teniente Coronel Francisco Ferrera, de suerte que los enemigos de la Patria huyen de todas partes a ocultar su oprobio. Domínguez, aislado en Opoteca con uno u otro colaborador suyo y un puñado de hombres, sucumbirá muy pronto al valor denodado de los soldados patriotas, y entonces comenzará de nuevo el día de la paz en la República.

Sírvase usted, Ciudadano Secretario, comunicarlo a su Gobierno y aceptar las insinuaciones de mi aprecio.

Dios, Unión, Libertad.

**FRANCISCO MORAZÁN.**

# CARTA DE FELICITACIÓN POR LA DERROTA DE ARCE EN SOCONUSCO Y EL TRIUNFO DE LAS ARMAS DE LA REPÚBLICA

(Enviada al ciudadano Secretario General del Gobierno de Costa Rica, por la que agradece carta de felicitación por la derrota de Arce en Soconusco y el triunfo de las armas de la República por todas partes).

San Salvador, 15 de mayo de 1832.

Sírvase usted, Ciudadano Secretario, manifestar a su Gobierno el alto aprecio con que he visto la felicitación que usted me transmite en su nota de 18 de abril último, por el triunfo que sobre los facciosos de este Estado se alcanzó el 28 de marzo anterior, y por la destrucción completa de Arce y su gavilla en Soconusco.

Las armas de la República han triunfado en todas partes y últimamente en Honduras, sobre los puertos del norte y sobre la facción de Opoteca, capitaneada por Domínguez. Tales sucesos deben ser gloriosos para todo centroamericano amigo del sistema, del orden y del buen nombre de la República, como lo son para ese digno Gobierno, a quien tengo el placer de manifestar que vuelve a brillar en nuestra Nación la aurora saludable de la paz.

Nada me será tan grato como secundar sus deseos en orden al castigo de los delincuentes en este Estado, y yo procuraré, tanto por la indicación de ese Gobierno como por mis sentimientos propios, conciliar la justicia con la unidad y la seguridad de la República.

Al dar usted cuenta a su Gobierno con esta nota, sírvase hacerle presente la consideración que le profeso y aceptar usted la protesta de aprecio con que soy su atento servidor.

Dios, Unión, Libertad.

**FRANCISCO MORAZÁN.**

# CONVENIO CELEBRADO QUE ESTABLECE QUE NO HABRÁ PERSECUCIONES A MILITARES NI CIVILES

(Celebrado con el Vicejefe de Estado de El Salvador, por la que el Presidente de la República vuelve a Guatemala y la Asamblea pasa a Metapán, y que no habrá persecuciones a militares ni civiles, mientras la Asamblea promulga un decreto de amnistía).

Lugar no determinado, 6 de abril de 1833.

El convenio celebrado fue el siguiente:

1° Se retirará el Presidente de la República a la capital de Guatemala con su fuerza federal y disolverá la del Estado de El Salvador, que pusieron a sus órdenes Menéndez, Benítez y Angulo, y devolverá las armas que estos tres sacaron de San Salvador, Santa Ana, Sonsonate y Ahuachapán, mandándose al efecto un comisionado que las reciba.

2° La Asamblea se reunirá en la Villa de Metapán. Su guardia la formará una fuerza del Estado de Guatemala, pidiéndola por medio de su comisionado. El objeto de su reunión será únicamente el de dar el decreto de renovación de autoridades.

3° Se reconcentrarán las fuerzas salvadoreñas en la capital del Estado. Su número será el preciso para mantener la tranquilidad. No se moverá sino con el objeto de hacer guardar el orden en el caso que lo demande la situación de algún pueblo, todo con el fin de que las elecciones se hagan con más libertad.

4° En caso de venir algún comisionado por el Gobierno Nacional, se cuidará de que sea de la confianza de los salvadoreños. Sus atribuciones serán hacer las reclamaciones convenientes al Vicejefe, si no ejerciere el Gobierno conforme a la Constitución y las leyes vigentes.

5° Se reservará a la nueva Legislatura el decreto de amnistía. Entre tanto, el Gobierno se compromete a no perseguir a los militares y particulares que hayan tomado parte directa o indirectamente en los actuales trastornos, quedando en libertad de reclamar a los Coroneles Benítez, Angulo y Menéndez y de no permitir que pisen el territorio del Estado. El compromiso del Gobierno no comprende a los que hayan cometido delitos puramente comunes.

Dios, Unión, Libertad.

**FRANCISCO MORAZÁN.**

# PLAN DE AMNISTÍA Y LA CONVOCATORIA A UNA ASAMBLEA CONSTITUYENTE

(Y proposiciones de reformas constitucionales enviadas al Congreso Federal).

Jutiapa, 16 de abril de 183
CONGRESO FEDERAL:

La opinión pública se ha declarado en favor de las reformas constitucionales, y muchos de los enemigos del bien general trabajan en establecer de hecho la Confederación, sistema funesto que acabará de arruinar a la República, disolviendo el lazo federal y multiplicando los obstáculos que se han opuesto hasta ahora a la consolidación del Gobierno.

El Congreso, animado de los mejores sentimientos, ha decretado las reformas que en su concepto podrán salvar a la Nación; pero en medio del grito tumultuario de las pasiones y de los intereses privados, su voz no ha sido bastante fuerte para hacerse oír, y los pueblos continúan en agitación.

El fuego de la discordia ha encendido en todas partes su funesta tea; las desconfianzas se avivan, el espíritu de partido y de localismo no conoce límites; el Gobierno ha perdido su nacionalidad, el egoísmo ha tomado el lugar del patriotismo, y una fría indiferencia de los males públicos es el triste presagio de los sacrificios que aún esperan a los centroamericanos.

En tan difíciles circunstancias, en momentos tan críticos, ¿a quién deben acudir los pueblos si no es a sus Representantes? Ellos tienen la obligación de procurar su bien, y un derecho para imponer a los partidos y fijar la suerte de la República, acordando una medida grande y nacional que se halle en consonancia con la opinión pública.

Esta se ha declarado en favor de una Asamblea Constituyente; la mayoría de los Estados la solicitan en el Congreso, y los pueblos la esperan con impaciencia.

Si ya es necesario satisfacer sus deseos, el Congreso se halla en la obligación de hacerlo, si no quiere que la República continúe expuesta a los males de la guerra civil y a la funesta dirección de los enemigos de los principios liberales.

Animado de estos sentimientos, convencido de los males que amenazan a los pueblos y satisfecho de los patrióticos deseos de que están poseídos los dignos Representantes a quienes me dirijo, yo me atrevo a proponer al Congreso:

1° Que se sirva dar una amnistía general para todos aquellos centroamericanos que, por sus principios republicanos y por su amor a la libertad de los pueblos, puedan cooperar de buena fe a simplificar el sistema adoptado o a establecer el que más convenga a la Nación.

2° Que se digne expedir la convocatoria para una Asamblea Constituyente con igualdad de representación por cada Estado.

3° Que tenga a bien acordar que la reunión de este Cuerpo sea en uno de los pueblos pertenecientes a El Salvador, Nicaragua u Honduras, con el fin de que sus Representantes se hallen libres del influjo de los partidos y puedan emitir sus opiniones con toda libertad.

Al hacer estas proposiciones, sólo me anima el interés público. Ellas son el resultado de una larga experiencia adquirida en las revoluciones que han afligido a mi Patria y del conocimiento que tengo de los pueblos y de sus directores.

Creo haber adquirido un derecho para que no se dijese que mis opiniones abrigan un interés oculto o están afectadas del espíritu de partido. Yo las elevo a la alta consideración del Congreso al propio tiempo que he puesto en sus manos mi renuncia de la Presidencia, a la que he sido llamado por el voto público en circunstancias en que mi amor propio aún se resiente de la conducta que ha observado conmigo el partido a que pertenecen los centroamericanos que, en mi concepto, deben volver a la República, y cuando no carezca de elementos para hacer la guerra con buen éxito a los que se abstienen de obrar contra los intereses nacionales.

Sea cual fuese la carta que tengan mis opiniones entre aquellos que buscan pretextos para desacreditarme, nada temo cuando se trata de salvar a la República: he expuesto por ella muchas veces mi vida, mi honor, más apreciable que esta, ha sido ya el blanco de mis enemigos; pero mis pequeños servicios han sabido desmentir a estos y cooperado a la salvación de aquella.

Y los que prestare en lo sucesivo serán la mejor garantía de las sanas intenciones con que me dirijo a los Representantes del pueblo.

Dios, Unión, Libertad.

**FRANCISCO MORAZÁN.**

# CARTA PROPONIENDO UN NEGOCIO DE TABACOS

(Dirigida al Ministro General del Estado de Guatemala, en la que propone a ese Gobierno un negocio de tabacos).

Tegucigalpa, 11 de noviembre de 1833.
Carta dirigida al Ministro General del Estado de Guatemala, en la que propone a ese Gobierno un negocio de tabacos.
Tegucigalpa, 11 de noviembre de 1833.

Ciudadano Ministro General del Gobierno del Estado de Guatemala:

Puedo disponer de veinte a veintiocho mil pesos en tabaco Copán en la próxima cosecha del mes de abril, con licencia de este Gobierno.

En los meses de mayo, junio y julio del año entrante de (18)34, entregaré en esa ciudad de veinte a veintiocho mil pesos en otro tanto de buena calidad, a treinta y seis pesos carga. Ese Gobierno me facilitará el dinero necesario para pagar los fletes, y la cantidad restante hasta el total pago de la deuda la satisfará dándome diez mil pesos cuando haya entregado todo el tabaco, y mil quinientos pesos en cada mes.

Sírvase poner en conocimiento del Supremo Gobierno mi propuesta y avisarme su resolución, que se lo agradecerá su más afectuoso y apurado servidor.

Dios, Unión, Libertad.

**FRANCISCO MORAZÁN.**

# ACUERDO POR LA MUERTE DE MÁXIMO MENÉNDEZ POR LAS FUERZAS DE SAN MARTÍN

(Considerandos y acuerdo tomado por el Presidente de la República Federal, en oportunidad de la muerte de Máximo Menéndez por las fuerzas de San Martín).

Guatemala, 14 de mayo de 1834.

Considerandos y acuerdo tomado por el Presidente de la República Federal, en oportunidad de la muerte de Máximo Menéndez por las fuerzas de San Martín.
Guatemala, 14 de mayo de 1834.
El Presidente de la República, considerando:

Que el acontecimiento sucedido en El Salvador la madrugada del 11 del actual, comunicado por el Vicejefe de ese Estado, da una verdadera idea de la posición en que se ha visto el mismo Vicejefe y el Estado entero.

Que la expedición de un caso semejante, con otro éxito, podría tal vez comprometer la dignidad del Gobierno Federal y exponerlo a una disolución opuesta a la República, por falta de medios para hacerse respetar, sin que pudiera evitarlo el Estado por la misma causa.

Que este acontecimiento inesperado, trascendente a toda la Nación, habría sido más funesto en circunstancias en que el completo restablecimiento del orden, la consolidación de la paz y las reformas que den estabilidad a nuestras instituciones, se aguardan de la representación legislativa de la República, en quien únicamente tienen fijadas los pueblos sus esperanzas.

Que el Gobierno de El Salvador ha pedido auxilios al Ejecutivo Nacional para obrar en el caso de aumentarse los trastornos que desgraciadamente se repiten a cada paso en este Estado.

Y que para poder prestar dichos auxilios cuando lo exijan las circunstancias, carece de recursos que no puede proporcionarse en su actual posición sin contar con los demás Estados.

Acuerda:

1°. Que se excite a los Gobiernos de estos, por correos expresos, a fin de que, en caso necesario, presten los auxilios de hombres y dinero que haya menester el Ejecutivo.

2°. Que se ponga este acuerdo en conocimiento del Congreso con los antecedentes que lo motivaron, a efecto de que se sirva trazar al Gobierno la marcha que deba seguir en este asunto, y la manera en que podrán prestarse dichos auxilios cuando se le pidan por el de este Estado.

3°. Que no habiendo aún emitido el Senado en lo principal el dictamen que le pidió el Ejecutivo acerca de este asunto, se manifieste al Vicejefe de El Salvador, en contestación a la nota en que se refiere a las enunciadas ocurrencias del 11 y pide auxilios, caso de necesitarlos en lo sucesivo, que el Gobierno espera la resolución del Congreso, cuyo conocimiento ha mandado elevar de toda preferencia con los antecedentes de la materia.

Dios, Unión, Libertad.

**FRANCISCO MORAZÁN.**

# CARTA AL CIUDADANO MINISTRO DE ESTADO Y DEL DESPACHO DE RELACIONES DEL GOBIERNO FEDERAL

(En respuesta a la notificación de haber sido de nuevo declarado electo popularmente Presidente de la República).

Tegucigalpa, 14 de marzo de 1835.
Ciudadano Ministro de Estado y del Despacho de Relaciones del Gobierno Supremo Nacional:

Es en mi poder su estimable nota del 20 del pasado febrero, en que me comunica haberme el Congreso declarado Presidente de la República, electo popularmente, en el decreto que se sirve usted acompañarme.

Es tanto más satisfactoria para mí esta elección, cuanto que los pueblos que me honran hoy con sus votos han conocido ya, en los cuatro años que he servido la Presidencia, mis pocas aptitudes y mis vehementes deseos por el bien de esta patria, a quien le he ofrecido varias veces con gusto mi existencia; pequeño sacrificio, a la verdad, para lo mucho que se le debe, pero el único que he podido ofrecerle.

Ella, sin embargo de este conocimiento, al escogerme segunda vez entre tanto ciudadano distinguido, de más méritos y aptitudes que yo, se ha conformado, digámoslo así, con lo poco que puedo hacer en su favor, y he aceptado el sacrificio de mi vida, que de nuevo le ofrezco, por sostener sus derechos, su dignidad y el sistema que nos rige.

A este fin me presentaré lo más pronto posible a prestar el juramento de ley y a tomar posesión del Gobierno, como lo desea el ciudadano Vicepresidente, a quien espero se sirva usted avisarlo.

Esta ocasión me proporciona la de repetir a usted que soy, con el mayor afecto, su muy atento y apasionado servidor.

Dios, Unión, Libertad.

**FRANCISCO MORAZÁN.**

# COMPAÑÍA DE COMERCIO FUNDADA CON EN EL SALVADOR

(Con don Cruz Lozano en El Salvador, con capital de diez mil pesos).

San Salvador, 26 de enero de 1836.

Francisco Morazán y Cruz Lozano se convienen en formar una compañía de comercio bajo las condiciones siguientes:

1. El primero pone el capital de diez mil pesos en moneda nacional, el que aumentará sucesivamente hasta completar la suma que le sea posible; y el segundo pone su trabajo personal, y en este concepto se obliga a manejar dicho capital con entera libertad.
2. Las ganancias que produzca el susodicho capital serán partibles por mitad a voluntad de ambos socios, deducidos los gastos que tengan las negociaciones.
3. Cuando cualquiera de los dos socios quiera deshacer la compañía, el otro deberá prestarse a ello.
4. El que maneja los fondos deberá llevar un libro de cuentas corrientes de compras y ventas, y presentará al año un balance general que dará idea exacta del estado de los negocios de la compañía y de los aumentos que tenga.
5. Ambos socios se obligan al cumplimiento del presente convenio con sus bienes habidos y por haber.

Firmando dos de un mismo tenor en San Salvador,

**FRANCISCO MORAZÁN**
Cruz Lozano

# PRIMERA NOTA A CRUZ LOZANO

(Relativa a asuntos de la sociedad comercial con él).

San Salvador, 18 de marzo de 1836.

Mi querido Cruz:

He recibido tu carta del día 11 y quedo enterado de cuánto me dices. Yo escribo para que pague Cobos, y tú insta en mi nombre a Muñoz para que le cubra dicha cantidad, por ser condición precisa el satisfacerla de la primera acuñación.

He recibido la libranza de cien pesos que se me ha ofrecido cubrir. Con sólo mil pesos que me mandes con Herrera tengo para mis gastos.

Es mejor emplear todo el dinero en grana, que deja una utilidad conocida. Háblate con Cobos para saber el modo de hacer este negocio con utilidad y seguridad, y avísame por el correo inmediato, manifestándome al mismo tiempo qué cantidad, poco más o menos, se ganará en este negocio, y si para que tenga buen resultado es necesario escribirles a algunas personas, recomendándote manifestarme sus nombres.

Ve si me consigues género para un pabellón de la cama de bronce, que sea transparente y de un color a propósito. Dice María que te hables para esto con la niña Nela González.

Es tu apasionado,

**FRANCISCO MORAZÁN.**

# MENSAJE ANUAL DEL EJECUTIVO AL CONGRESO FEDERAL, ACERCA DE LA LABOR REALIZADA

San Salvador, 21 de marzo de 1836

Ciudadanos Representantes:

Los pueblos libres calculan los años de su vida social por la existencia de sus poderes representativos. El de Centroamérica tiene hoy la gloria de contar en la reunión del Congreso de 1836 el noveno período de su gobierno constitucional, y el quinto triunfo adquirido sobre los que han osado entorpecer la marcha de sus libres instituciones.

A despecho de las pasiones y de las resistencias políticas intestinas, cuyo objeto tendiera a embarazar este acto augusto de la soberanía del pueblo, yo tengo la honra y la más viva satisfacción de presentarme ante la Diputación Nacional para darle cuenta de las operaciones del gobierno durante el año que acaba de transcurrir, en cumplimiento de un deber tanto más sagrado para mí cuanto que emana de la ley.

Nuestras relaciones exteriores no han padecido ninguna alteración. Sin desatender las establecidas con los gobiernos de Europa, el Ejecutivo ha procurado estrecharlas del modo más íntimo con las repúblicas de América que, unidas, por decirlo así, a nosotros con vínculos de familia, han abrazado una misma causa y adoptado instituciones análogas.

El gobierno de Norteamérica nos da cada día nuevas muestras de sus sentimientos amistosos, y nos prueba con hechos positivos sus nuevos deseos en favor de la prosperidad de este país. El enviado de aquella nación cerca de este gobierno ha reproducido estos mismos sentimientos de la manera más sincera. Y en los deberes del Ejecutivo, como en los intereses del pueblo, éste corresponderá a esas consideraciones, acreditando un Ministro cerca del Gabinete de Washington.

A solicitud del Ministro Plenipotenciario de esta república cerca de la Corte de México, el gobierno mandó expedirle su carta de retiro. Mas, cuando cesen las convulsiones políticas que afligen a aquella nación, el Ejecutivo se ocupará de nombrar a otro que lo sustituya, investido de igual carácter.

Allanados los obstáculos que habían entorpecido por algún tiempo la realización de la Agencia decretada cerca del gabinete de La Haya, se presentó otro más poderoso todavía en la falta de salud del individuo nombrado con aquel fin, motivo que ha impedido su marcha hasta ahora. La apertura del canal de Nicaragua ha sido el primer objeto de esta misión interesante. Noticias privadas, pero fidedignas, de las causas que han embarazado por el presente a los holandeses para ocuparse de esta grandiosa empresa, han alejado las esperanzas del gobierno y producido un verdadero sentimiento en el ánimo de los centroamericanos amigos de la gloria y engrandecimiento de su patria.

Aún no ha podido llevarse a efecto el tratado que se halla encargado de celebrar el señor Cónsul General de Inglaterra residente en esta república.

A pesar de los vivos deseos que el gobierno ha tenido de estrechar de este modo sus relaciones comerciales y de amistad con aquella nación, un incidente fundado en la necesidad y urgencia de fijar los límites y duración del establecimiento de Belice se ha opuesto, por ahora, a sus miras. Por ahora digo, porque estoy seguro de que la Corte de Londres no pondrá en cuestión el derecho indisputable que Centroamérica tiene sobre aquel pequeño territorio. Su ilustrado gobierno, que tantos testimonios ha dado a las nuevas repúblicas americanas de su política franca y generosa, no dudo se prestará gustoso al arreglo que se desea. Cumpliendo con este acto de justicia, obrará también en favor de los intereses del pueblo inglés, de ese gran pueblo que ha cifrado siempre su gloria y su riqueza en la libertad del comercio y en la independencia de las naciones.

Parece haber llegado ya la deseada época en que el pueblo español debe recobrar sus derechos, y la oportunidad también de fijar la interesante cuestión sobre el reconocimiento de la independencia de América. El gobierno que dignamente rige los destinos de aquella nación ha expresado en favor de este reconocimiento los mejores deseos y remitido su decisión a la voluntad de las Cortes.

Por los papeles públicos de Europa y de América se sabe que los Ministros de la República de México y del Perú han sido bien recibidos por aquel Gabinete. Si esto es así, parece ya urgente el nombramiento de un Enviado que, representando los derechos de la nación, solicite al mismo tiempo, con arreglo a las convenientes instrucciones, el reconocimiento de su independencia.

Los sucesos ocurridos en el interior de la república, y la difícil posición en que se halla el gobierno por falta de medios para llenar los gastos de la administración general, demandan toda la atención del Congreso y piden el más pronto remedio.

El orden, juntamente con la paz que por tantos años había disfrutado sin interrupción Costa Rica, por un corto período de tiempo desapareció de aquel suelo, en el cual sus habitantes han sufrido los males y consecuencias de una guerra tan inesperada como sangrienta.

El Ejecutivo Nacional, del modo que le permiten la distancia y sus actuales facultades, procuró evitar sus progresos. Según las últimas noticias, la tranquilidad se ha restablecido en dicho Estado; pero las providencias dictadas con tal objeto han aumentado la animosidad de los partidos, colocando al gobierno en una posición bien difícil. Por el Ministro respectivo se pondrán en conocimiento del Congreso los documentos que acreditan el origen y fines de esta revolución.

También fue amenazada la paz y alterado el orden en el de El Salvador por el ex-Jefe Licenciado Nicolás Espinoza. Despreciando este funcionario el voto libre del pueblo que lo elevara a la silla del Ejecutivo, quiso buscar en el injusto derecho de la fuerza un título más digno de sus miras opresoras. Los primeros síntomas revolucionarios que se observaron en algunos pueblos de aquel Estado, y el terrible anuncio de una guerra de clases con que se amenazaba a la república entera, descubrieron toda la extensión del mal que iba a causar la barbarie armada en secreto por una mano pérfida.

Afortunadamente, el autor de este criminal proyecto encontró más de un obstáculo a su ejecución en los buenos sentimientos de una inmensa mayoría del pueblo, y las desgracias que procuró a su patria desaparecieron con él de este suelo, cobrando otra vez la paz su imperio entre nosotros.

Pero este feliz desenlace, al paso que ha llenado simultáneamente los deseos del gobierno y la expectación del público, acabó de agotar los recursos con que contaba para cubrir en parte los gastos de la administración. Reducido únicamente a la alcabala marítima y a las pequeñas rentas del distrito, cuyos puntos no bastan a satisfacer las más precisas erogaciones; gravados, como se hallan estos fondos, con una crecida deuda que cada día sube en proporción al aumento de nuevos e indispensables empeños; agotados los recursos extraordinarios que en los años anteriores han proporcionado al Ejecutivo considerables sumas, y sin columbrar la más leve esperanza de que los Estados cubran el valor de los cupos que les asigna la ley; los funcionarios del gobierno, con ocho o diez meses de sueldo devengados sin satisfacerse, y la pequeña guarnición de esta ciudad careciendo del prest treinta y seis días ha; desatendidos los objetos de beneficencia en el distrito, y sin poderse concluir aún ni las obras más precisas de pública y común utilidad por falta de fondos; es imposible que el Ejecutivo, paralizado así en todos sus movimientos, pueda dar un solo paso que no lleve el sello de la debilidad y poca duración.

Reducido por estas causas el ejército a un puñado de antiguos veteranos que han sobrevivido a los mayores peligros, sufriendo con heroica firmeza toda clase de privaciones y miserias, el Ejecutivo tiene que buscar un apoyo en los partidos para conservar la paz interior y la seguridad externa, o exponer los más caros intereses de la república a los azares de una guerra desigual, y la suerte de estos valientes soldados a una muerte inevitable y sin fruto, por su pequeño número.

En el distrito se ha restablecido enteramente la confianza. Sus habitantes, prescindiendo de las opiniones que los dividieron, se han colocado alrededor del gobierno, que les protege sin distinción alguna, y le acreditan con hechos positivos cada día su amor al orden y sus sentimientos pacíficos.

La seguridad de que disfrutan ha hecho renacer en ellos el deseo de ocuparse en útiles trabajos; y los campos que las discordias domésticas habían teñido con sangre salvadoreña y cubierto de malezas, se ven hoy otra vez brindando ricas producciones a la mano que los cultiva. Las artes, la agricultura y la industria han vuelto a recobrar los brazos que antes estaban armados de la espada que las destruye, y reciben un nuevo impulso en la protección que ha podido el gobierno dispensarles.

A medida que es ya tan urgente el establecimiento de todas las autoridades judiciales que por la ley debe haber en esta ciudad, no ha podido lograrse. Superiores a los esfuerzos del Ejecutivo, son los obstáculos que han impedido hasta ahora la traslación a ella de la Alta Corte de Justicia, con indecible daño de los súbditos del distrito y de la hacienda pública.

La amortización de la moneda provisional que corría en este territorio, dificultaba el cambio de los demás valores en perjuicio del comercio; se ha efectuado de un modo compatible con la escasez del erario e interés de los tenedores, sin haber producido la menor sensación en el pueblo. Esta medida, por desgracia, no ha alcanzado a cimentar del todo la confianza, pues habiendo una considerable cantidad de moneda clandestina, fabricada dentro y fuera de la república, diseminada en ella, debe desaparecer cuanto antes sea posible de la circulación, para que el crédito de la nacional se restablezca. Y es tanto más difícil de lograrse este objeto, cuanto la habilidad de sus autores se esmera en ocultar su crimen en la misma perfección de la moneda que falsifican. Llegando ésta, por su identidad, a confundirse con la legítima, no es fácil descubrir el cuerpo de su delito, y pueden continuar burlándose impunemente, como hasta aquí, de la buena fe de los pueblos y de la vigilancia del gobierno. Este funesto abuso, que afectando los intereses de la sociedad entera es origen de males que solo pueden calcularse por sus efectos perniciosos, necesita de un pronto y eficaz remedio. Entre las resoluciones patrias, ninguna ley existe que imponga penas contra los falsos monederos, y las españolas, que reprimían este crimen con castigos los más severos, no rigen en la república.

La milicia se ha organizado de la manera posible, pues la falta de recursos no ha permitido darle el arreglo que merece. Empero, esta falta, que en otro pueblo hubiera sido obstáculo insuperable para obtener buenos soldados, el Gobierno, en el distrito, no la siente. Instruidos ya sus habitantes en el manejo de las armas, se presentan gustosos, y al primer toque de alarma marchan denodados a sellar con sangre su adhesión al Gobierno Federal, y a acreditar con su muerte que saben corresponder a la elevada confianza de la nación, que ve en cada uno de ellos un muro inaccesible a los enemigos de su independencia, y un defensor de su gloria, de sus instituciones y de sus altos poderes constitucionales.

La educación de la juventud, de esa porción escogida para regir en algún día los destinos de la república, ha merecido muy particularmente la atención del gobierno. Un pueblo que, rompiendo las cadenas de la esclavitud, se arroja, digámoslo así, de repente en el camino de la libertad, no puede marchar sin tropiezos por él, sino buscando en la educación el cultivo de su inteligencia e instruyéndose en el cumplimiento de sus deberes.

No hablo aquí de la educación culta y esmerada que exige grandes establecimientos literarios, y se acomoda tan bien a toda clase de gobierno; hablo de la sencilla educación popular, que, sin tener por objeto las ciencias exactas, que han dado celebridad a muchos hombres, es el alma de las naciones libres. Humilde en sus deseos y simple en sus aspiraciones, la juventud se contenta con saber leer, escribir y contar. Algunas nociones de moral y de política, y unos pocos conocimientos en otras materias que faciliten el de las artes y oficios, es todo lo que necesita un pueblo para su dicha y libertad, y esta es la clase de instrucción que el gobierno procura a los habitantes del Distrito con el mejor éxito.

Tal es, Ciudadanos Representantes, el cuadro de la república, que estimo haber trazado con la fidelidad que debo, presentándoos los males que amenazaron al gobierno. Atacarlos en su origen, reformando la Constitución Federal, es el único medio de prevenirlos y el modo más seguro de evitar que se reproduzcan en lo sucesivo. Pero de esta reforma, tan necesaria como deseada de todos los amigos de la felicidad general, no se podrá ocupar el actual Congreso. Pendiente como está de la Asamblea del Estado de Honduras la que se decretó en 1835, veremos pasar todavía el precioso tiempo de sus sesiones sin tratar de este asunto interesantísimo, si no se exige el cumplimiento de la ley que atribuyó a aquel Cuerpo la facultad de sancionarla.

De este paso importante pende la suerte de la república. Es la áncora de esperanza para los hombres conocedores del verdadero origen de nuestros males, y la única tabla de salvación para todos los que ven como inevitable el naufragio que amenaza a la patria.

Elegidos por la libre voluntad del pueblo para mejorar su suerte, meditando entre los escombros y ruinas que han dejado las guerras pasadas los medios de evitar otras nuevas; para buscar en las cenizas de los que perecieron en ellas las chispas que sirven de inflamar el corazón de los hombres virtuosos; para enjugar las lágrimas que se derraman aún sobre los restos venerables de tan ilustres víctimas; para romper y pulverizar, en fin, esa funesta cadena de revoluciones y de desastres, forjada por la mano de la venganza, por el mezquino interés privado, por el monstruo implacable que preside a los partidos, y principalmente por las pasiones innobles de los que no ven en el orden actual de cosas sino la ruina y exterminio de sus antiguos privilegios; es a vosotros a quienes pertenece emprender con energía y firmeza esta obra digna de vuestras luces y patriotismo, y dar al pueblo en la mejora de sus instituciones, dicha, reposo y gloria.

Séame permitido concluir esta exposición con un acto de justicia debido al mérito de los primeros legisladores de nuestro país. La Constitución abunda en principios altamente luminosos; en su formación excedieron sus dignos autores las esperanzas del centroamericano, estableciendo esta patria vacilante e incierta bajo el sistema de gobierno que nos rige; pero doce años de aguardar entre infortunios y vicisitudes ese futuro de prosperidad tantas veces prometido, ha inspirado a los pueblos el justo deseo de una reforma radical, y revelado al hombre pensador los vicios de que adolece, al considerarla semejante a un árbol hermoso que, trasplantado a un clima exótico, se marchita y decae a poco tiempo, sin haber producido los frutos que se esperaban.

**FRANCISCO MORAZÁN.**

## SEGUNDA NOTA QUE DIRIGE A DON CRUZ LOZANO EN GUATEMALA

(Relativa a asuntos de la sociedad comercial que tenía con él).

San Salvador, 29 de abril de 1836.
Mi querido Cruz,

He recibido tu carta del día 23.

Intereso de nuevo al Jefe para el pago del dinero que debe entregarte, y lo mismo el de Cobos. Pero en el caso de que no haya esperanza, después de haber hablado con Gálvez, le presentarás la orden que te incluyo del Gobierno de El Salvador, para que tanto lo que se adeuda a Cobos como lo que a vos debe entregársete, se les satisfaga en plata fundida con la ley que tiene la de azogue, a razón de ocho pesos un real el marco. Esta medida nos acarrea el mal de no poder emplear las granas, pero en el último caso, cuando ya no quede esperanza, es necesario hacer uso de ella.

Paga la libranza de veinte pesos en favor de Castillo.

Todos te saludan afectuosamente, y yo me repito tu amigo.
**FRANCISCO MORAZÁN.**

# TERCERA DIRIGIDA A DON CRUZ LOZANO EN GUATEMALA

(Relativa a cuestiones de la sociedad comercial que tenía con él).

San Salvador, 3 de junio de 1836.
Mi querido Cruz,

He recibido tu carta del día 26, y quedo enterado de lo que me dices con respecto al excesivo valor de la grana. Si ella no baja a un precio cómodo, no debes comprarla.

Puedes completar al maestro de Chico[1] el sueldo de un año sobre la cantidad que le has dado, y si el mismo maestro no quiere encargarse de él, sería mejor ponerle un tutor. A Valenzuela, que ha entrado al Gobierno, le encargo de nuevo que se interese para que se pague la cantidad que te corresponde y la que toca a Cobos, y para que se cubra el valor del tabaco.

No alcanzaron las dos piezas que mandaste para el pabellón, y es necesario que me mandes otras tres, para lo que te remito un retazo, con el fin de que sean iguales.

Es tu apasionado,

**FRANCISCO MORAZÁN.**

---

[1] Francisco Morazán hijo.

# CUARTA NOTA DIRIGIDA A DON CRUZ LOZANO EN GUATEMALA

(Sobre asuntos relacionados con la sociedad comercial que tenía con él).

San Salvador, 24 de junio de 1836.

Mi querido Cruz,

He recibido tu grata del día 16 y quedo enterado de cuánto me dices. Tú, que debes hacer la negociación de la grana, debes practicar lo que más convenga. Lo que yo quiero es que, con todo el dinero que he mandado poner a tu disposición, o con los frutos que compres con él, viajes continuamente a Belice, y si es posible, vendas al por mayor en Trujillo, Omoa o Izabal, para que de este modo, repitiéndose las negociaciones, pueda yo pagarme en otros, siquiera alguna parte de todo lo que se me adeuda. Tú tomarás de las ganancias líquidas las dos terceras partes, y yo la una.

Reservado. Vete con Máximo Cordero, y si se efectuare bajo las condiciones que le digo la pareja que se ha ajustado, de manera que haya seguridad en que no se retracten en el pago de lo que se apueste, avísame para mandar el caballo. Si hay seguridad en el pago, puedes apostar hasta mil pesos, pero reserva la especie.

Es tu apasionado amigo,

**FRANCISCO MORAZÁN.**

# QUINTA NOTA DIRIGIDA A DON CRUZ LOZANO EN TEGUCIGALPA

(Asuntos relacionados con la sociedad comercial que tenía con él).

San Salvador, 28 de junio de 1836.

Mi querido Cruz,

Espero que pases al momento a Costa Rica con el fin de traerme 13,871 pesos que tengo allí en poder del ciudadano M(ariano) Montealegre, a cuyo fin te incluyo esa carta, y 461 pesos que cobrarás de esa libranza que te incluyo.

En La Unión está un buque que va a aquel Estado, y debes irte antes de que se vaya. Si cuando llegues a La Unión no lo encuentras, pasa a El Realejo, que allí hay siempre buques.

Demming te dará en La Unión dinero viejo con esa carta.

En Puntarenas, en el almacén de (O')Lamson, están dos espejos grandes que te los pueden vender hasta por 29 pesos cada uno. Cómpramelos y tráemelos, y si hay algunas sillas, cómprame una docena.

Si está un caballo del que te hablaba el ciudadano M(anuel) Aguilar y lo vende por 390 pesos, tráemelo.

Si, como creo, en Puntarenas encuentras algunas cosas en qué emplear, en que puedas ganar algo, toma mil quinientos con este fin.

Te mandaré a Juan a La Unión para que te acompañe. Si se porta mal, échalo.

A pesar de lo que te digo, debes arreglarte a la liquidación que te dé el mismo Montealegre, porque no recuerdo si hay que recoger alguna pequeña comisión.

Es tu apasionado,

**FRANCISCO MORAZÁN.**

# COMPAÑÍA COMERCIAL CONVENIDA CON DON FRANCISCO ORELLANA EN SAN SALVADOR

San Salvador, 23 de septiembre de 1836.

Nosotros, los ciudadanos Francisco Morazán y Francisco Orellana, hemos convenido en arreglar en compañía el siguiente negocio.

El primero introduce de su parte la cantidad de diez mil pesos, y el segundo la de cinco mil pesos, siendo a cargo de éste correr con todo el trabajo que presenten los negocios de la compañía.

Las ganancias, así como efectos y pérdidas, serán partibles por mitad. Obrarán de acuerdo cuando las circunstancias lo permitan, y ausentes, tiene el segundo toda la libertad que juzgue necesaria, a fin de aumentar el caudal.

Los créditos que el segundo llegue a contratar en beneficio de la compañía serán aprobados y reconocidos por el primero, y cubiertos por muerte o ausencia del segundo, de los fondos de la compañía.

Podrán, cuando gusten, dar más extensión a los negocios de la compañía, introduciendo nuevos fondos, a más de los expresados. Cuando el primero necesite alguna parte de los fondos de la compañía, el segundo los pondrá a sus órdenes, y aquél los devolverá a la compañía en la mejor oportunidad.

Son por cuenta de la compañía todos los gastos indispensables invertidos en sus mismos negocios por el segundo, y no los suyos particulares. Cuando convenga a las partes disolver la compañía, cada uno tomará con igualdad la mitad de las existencias que hubiese.

El segundo llevará su libro de cuentas corrientes de compras y ventas, y presentará al año un balance general que dará idea del estado de los negocios.

Ambos obligan al cumplimiento del presente convenio con todos sus bienes presentes y futuros, y porque así lo han de cumplir, firman dos de un mismo tenor.

**FRANCISCO MORAZÁN**
Francisco Orellana

# SEXTA CARTA DIRIGIDA A DON CRUZ LOZANO EN SAN VICENTE

(Relativa a cuestiones de la sociedad comercial que tenía con él).

San Salvador, 1 de noviembre de 1836.

Mi querido Cruz,

He recibido tu carta y la numeración de la tinta del Señor Rondizzoni, que te devuelvo. El mismo Rondizzoni, a quien le he hablado, dice que se arreglará contigo en esa, a donde llegará el sábado. Pero puedes inmediatamente acabar de enfardar los doce tercios de tinta, llevando, si es posible, los cueros de San Vicente, para que no se vuelva polvo en el camino; y en seguida hacerla salir para Izabal con las demás que hayas comprado.

Pero antes, no dejes de tomar razón del número de tercios de los de Rondizzoni que están mezclados, y cuál es su clase más baja, teniendo presente que el examen de muestras no es tan exacto como a la vista de los tercios. Para que tengas, pues, más seguridad de las calidades de los de Rondizzoni, házlos examinar por peritos de tu confianza en Zacatecoluca, o si no, tráelos sin encuerar a San Vicente, para hacerle allí la operación.

El Padre Salazar salió de aquí hoy, con el objeto de mandarte a esa el tercio de tinta. Cornay dice que en todo el mes entregará los seis tercios, y, de consiguiente, no debe llevarlos el mismo arriero que conduce los demás.

Mi objeto es que te vayas a Belice con Orellana y que traigas para la feria de Esquipulas el valor de la grana empleado en géneros. Con el mismo Orellana te irás en seguida al Norte con la tinta comprada y la que yo compre aquí después.

Por esto, debes venirte aquí en cuanto hayas despachado toda la tinta y decirme en la primera ocasión si te ha sobrado algún dinero.

Es tu apasionado,

**FRANCISCO MORAZÁN.**

# CARTA AL CIUDADANO GREGORIO JUÁREZ, ACERCA DE LA REUNIÓN DEL PRÓXIMO CONGRESO

San Salvador, 11 de enero de 1838

Muy señor mío de mi aprecio,

He recibido su carta de 2 del presente. He visto el decreto de facultades dadas al gobierno por la legislatura, y me es muy satisfactorio saber los términos en que aquel funcionario ofrece hacer uso de él. Los que conocen en todo su valor la libertad de la palabra y la de la imprenta, sabrán hacer el elogio de esta medida que tanto honra a su autor.

Hay ya quince diputados en esta ciudad, y siete que deben venir de Guatemala de un momento a otro completarán el número que exige la ley para que haya Congreso. Aquellos estarán dispuestos a ocuparse en las reformas, y decididos a dejar a los Estados en libertad de constituirse sin todas las restricciones consignadas en el artículo constitucional que nos rige.

Libre ya de la indisposición que me privó de escribir a usted en el correo pasado con la extensión que deseaba, tengo la satisfacción de repetirle que soy su muy atento y obediente servidor.

**FRANCISCO MORAZÁN**

# SÉPTIMA CARTA A DON CRUZ LOZANO

(En donde se halle, relativa a asuntos sobre la sociedad comercial que tenía con él).

San Salvador, 30 de enero de 1838.
Amado Cruz,

Tengo en mi poder tus dos cartas. Es lo mejor que has podido hacer el continuar tu viaje; tu salud es primero que todo para mí.

Tegucigalpa será el mejor lugar para curarte, porque el temperamento te asentará; pero si quieres hacerlo en esta ciudad, en Sonsonate o en Guatemala, encontrarás en donde quiera todos los auxilios que te pueden proporcionar mis expresivas recomendaciones.

Apenas tengo cien pesos en Belice. Con algún dinero que tengo en Guatemala, aumentaré esta cantidad y te mandaré el libramiento que me pides.

Paulina iba sin novedad hasta San Miguel; no la hay en casa.

Te escribiré a Tegucigalpa. Toma el mercurio, único remedio de tu enfermedad. Que te restablezcas y que pronto te vea bueno, son los deseos de tu apasionado.

**FRANCISCO MORAZÁN**

# RESPUESTA A LOS COMISIONADOS PARA LA PACIFICACIÓN DE LAS FUERZAS DE CARRERA

Guatemala, 5 de febrero de 1838

El informe verbal y por escrito que ustedes se han servido darme en esta fecha me ha impuesto del resultado de la comisión que con tan decidido empeño y sanas intenciones se prestaron a realizar. Es muy sensible para mí que personas de tanta respetabilidad, crédito y prestigio en la República hayan sido desoídas, insultadas gravemente y aún expuestas a un horroroso asesinato; más era preciso que a todo esto se sujetase el patriotismo de ustedes en momentos tan críticos para el rico y poderoso Estado de Guatemala.

Mis constantes deseos porque el restablecimiento del orden se efectuase en él sin derramar sangre y aun sin que se sufriera la menor desgracia, me obligaron a exigir de ustedes un servicio que ustedes y no más han podido prestar. Tal vez no ignoraban el mal éxito de su encargo y aun el riesgo que iban a correr, y no obstante, no han vacilado en aceptar mi nombramiento y venir a hacer todos los esfuerzos que me son patentes.

Yo doy a ustedes, en nombre del Gobierno Nacional, las más rendidas gracias por cuanto han ejecutado en esta vez para evitar males que, al fin, muy a mi pesar, van a ser indispensables. La guerra de la barbarie contra la civilización los exige de una manera que positivamente contrista.

Sin embargo, a ustedes lo mismo que a mí les acompañará siempre la dulce satisfacción de haber hecho cuanto estaba a nuestro alcance, no sólo para salvar a estos pueblos, sino al mismo bandido y sus hordas, hasta el grado de humillarnos, entendiéndonos con aquél y guardándole consideraciones que nunca mereciera.

Tengo la honra de suscribirme de ustedes, con la más alta consideración, su amigo y servidor.

Dios, Unión, Libertad

**FRANCISCO MORAZÁN**

# DECRETO SOBRE LA PACIFICACIÓN DEL ESTADO DE GUATEMALA

Mataquescuintla, 5 de abril de 1838

1° Que luego que toqué en el territorio de este Estado, en consecuencia del llamamiento que para su pacificación me hizo el Vicejefe encargado del Poder Ejecutivo, Dr. Pedro Valenzuela, mis intenciones no han sido otras que las de conseguir aquella por medio de la persuasión y la prudencia, y sin que tuviese lugar la más pequeña desgracia.

2° Que tales conatos me han inducido a dar repetidos pasos, a fin de que las autoridades, así civiles como militares de los distritos de Chiquimula y de Mita, pusieran a mi disposición todos los recursos con que contaban.

3° Que así como de las autoridades del primero he recibido las contestaciones más satisfactorias y los auxilios en todo género, más positivos y eficaces; de los pueblos del segundo, a cuya cabeza se hallaba el perverso Rafael Carrera, he tenido pruebas de hallarse todos en una verdadera rebelión.

4° Que sin embargo de no haber dado ningún resultado feliz mis generosos ensayos, y del decreto del Vice Jefe de Estado de 14 del próximo mes pasado, en que se declara traidor al mismo Carrera y a los que lo acompañaban, quise hacer el último, nombrando una comisión de los ciudadanos Diputados José Francisco Barrundia, Doctor y Vicario Capitular Antonio Larrazábal, Canónigo José María Castilla, Doctores José Matías Quiñones y Basilio Zeceña, y Presbítero Francisco Ortiz, personas respetables en todos conceptos, para que patentizasen al jefe de los facciosos, y aun a estos mismos, la temeridad de su empresa, el funesto éxito que tendría y lo ventajoso que eran los términos bajo los cuales debían someterse, aún considerados con respecto a su interés individual.

5° Que dicha comisión, en vez de ser atendida por los facciosos, estuvieron los individuos que la componían en inminente riesgo de ser asesinados, informándome los mismos que no quedaban ni aun remotas esperanzas de que Carrera y los suyos volvieran a la obediencia, sino era obligados por la fuerza; y que a la necedad de sus

158

pretensiones unían el insulto a las autoridades legítimas y la amenaza a toda propiedad.

6° Que en tal concepto fue preciso y de absoluta necesidad obrar sobre ellos, y que aunque en consecuencia de esto, en los días 30 y 31 del pasado han sido arrojados de la disposición que ocupaban y completamente dispersos, no ha sido posible recoger todas las armas que sacaron de la ciudad de Guatemala a principios del último febrero. Cuyas circunstancias los pone en capacidad de reunirse en pequeñas partidas para robar y asesinar a los viajeros indefensos y a las haciendas de los particulares.

7° Que el restablecimiento del orden y el completo triunfo de la civilización amenazada por la barbarie, demandan imperiosamente de la autoridad nacional obrar con la energía que corresponde.

8° Que no obstante, como siempre conviene la clemencia para aquellos infelices que, seducidos y engañados por la malignidad, a la vez pueden de buena fe volver a la obediencia y acaso ser útiles a la República, he tenido a bien decretar lo siguiente:

Decreto

Artículo 1°

Todos los pueblos del distrito de Mita y los demás del Estado de Guatemala que se han sometido a auxiliar en esta vez al traidor Rafael Carrera, se hallan en el caso de que habla el artículo 35 de la ley del 17 de noviembre de 1832; y en consecuencia, serán regidos y juzgados los culpables de la manera que el citado artículo dispone.

Artículo 2°

Los jefes y oficiales que hayan servido últimamente a las órdenes de Carrera y presenten los primeros treinta fusiles, y los segundos diez, recibirán por cada uno de ellos el premio de tres pesos, y además una boleta de seguridad que los exima de todo cargo. Igual premio se dará a las clases y soldados y también a los particulares de los pueblos por cada uno de los que exhiban, al propio tiempo que sus respectivas boletas; más esta no podrá emitirse en favor de los que sean acusados de delitos comunes.

Artículo 3°

Tampoco podrá darse por ningún motivo al traidor Rafael Carrera, José María Álvarez y su hermano Mariano, a Cecilio Lima (alias

Zarco Gallo), a Francisco Cornejo (alias Sapo), a Fernán Álvarez, a Macario Mangandí, a Felipe Maldonado, al Coronel Amaya, a Pascual N. (alias Chua), a Francisco Rueda y a Luis Chavarría, quienes deben ejecutarse al juicio que corresponde. Las autoridades, tanto civiles como militares, y los particulares mismos que oculten a estos individuos, los auxilien, no los capturen o denuncien sabiendo dónde permanecen, serán acreedores a la misma pena de ellos, sin que pueda excusarles pretexto alguno.

Artículo 4°

La presentación de los fusiles puede hacerse en cualquier comandancia de los destacamentos que al efecto quedan autorizadas para emitir las boletas y satisfacer el premio de que habla el artículo precedente, llevando un libro donde asentarán los nombres de los que cumplen.

Artículo 5°

Cesan los efectos del artículo 2° a los ocho días contados desde la publicación de este decreto, y los individuos que después de este término se encuentren con armas, las oculten o no denuncien a los que las poseen, serán tratados y castigados como traidores.

Artículo 6°

El presente decreto se imprimirá y publicará para que llegue a noticia de todos los habitantes a quienes comprende.

Dado en el cuartel general de Mataquescuintla, a 5 de abril de 1838.

**FRANCISCO MORAZÁN**

# CARTA A LOS CIUDADANOS SECRETARIOS DE LA ASAMBLEA LEGISLATIVA

(Acerca de la exposición firmada por 187 vecinos de la ciudad de Guatemala).

Guatemala, 17 de abril de 1838

Ayer ha puesto en mis manos el Licenciado A. Marure una exposición firmada por 187 vecinos de esta ciudad, que llevan el nombre de propietarios y que lo son en efecto, en la que se me pide reasuma yo el gobierno del Estado.

Al entregármela, me manifestó que una comisión compuesta de personas de bastante crédito y notabilidad estaba nombrada por el numeroso concurso de ambos sexos que lo seguía, para, sobre la citada exposición, hacerme explicaciones importantes a la tranquilidad de esta capital y al interés de todos los pueblos del Estado.

Llamado en enero último por el gobierno de este Estado, para destruir la facción que amenazaba la vida y propiedades de los habitantes de Guatemala; llamado por segunda vez en la semana pasada por el mismo gobierno, que me aseguraron representar a todos los que existen en esta ciudad, para que viniese a ella a observar cuanto pasaba y a contener sucesos que podrían ser de las más graves trascendencias, me apresuré a oír a la citada comisión, de quien esperaba noticias útiles y, si se quiere, saludables consejos en circunstancias tan difíciles como las actuales.

Y porque no siendo otra mi misión ni otros mis votos que los de pacificar estos pueblos, quiero escuchar a todo ciudadano que guste informarme sobre los acontecimientos e indicarme alguna medida salvadora.

Por desgracia, la que se ha fijado la comisión de que dejo hecho mérito y la que contiene la exposición de que antes he hablado, no me parece absolutamente libre de embarazos, los cuales se aumentarían si yo la adoptase por una vía de hecho, estando reunida la Asamblea, a cuya sabiduría no debe ocultarse la peligrosísima crisis en que se encuentra el Estado y ocupando la silla del gobierno la misma persona que me ha llamado en auxilio de los guatemaltecos.

Es verdad que varios hechos han gastado, desde algún tiempo a esta parte, el prestigio de que han gozado y debieran gozar los supremos poderes, y que su constante repetición ha hecho gravarse el temor y la desconfianza en el corazón de muchos guatemaltecos, particularmente en las clases de propietarios.

Una tropa sublevada y dirigida por sargentos ebrios y algunos individuos que jamás han acatado la moral pública; inmensas hordas de salvajes sin freno alguno que pudiera contenerlas, han amenazado en distintas ocasiones la vida de estos habitantes, sus propiedades y, lo que es más caro aún, el honor de sus inocentes familias.

Y la autoridad, en ninguna de ellas, es preciso decirlo con franqueza, desplegó la energía que demandaba su institución.

Esta experiencia ha influido, sin duda, en que haya venido a mí directamente la exposición indicada sin contar antes con el Cuerpo Legislativo, que tiene en sí los elementos necesarios para hacer el bien y que puede y debe contar con la libertad más amplia en sus urgentes e importantes deliberaciones.

Yo, que conozco la ilustración de los individuos que la componen, que me son constantes sus patrióticos sentimientos, no puedo menos que dirigirme a él por el honroso conducto de ustedes, manifestándole que el pueblo de Guatemala aguarda con ansiedad y aun desesperación una medida que le devuelva su antiguo reposo y que asegure la vida y propiedades de sus habitantes.

Jamás ha podido ocuparse la Asamblea de Guatemala de un asunto tan delicado y de mayor trascendencia, y jamás tampoco han estado tan fijas las miradas del pueblo sobre la resolución que hoy dicte.

Yo la excito, pues, para que, viendo las cosas bajo su verdadero aspecto, con la calma y detenimiento que corresponde, tranquilice a multitud de familias que vagan en la incertidumbre y el desconsuelo, y salve de los horrores de la anarquía a la primera población de la República.

Para objetos tan puros como sagrados, debe contar con mi cooperación y mi existencia, que complacido sabré sacrificar en cumplimiento de mi deber y para corresponder a la confianza que ha depositado en mí el gobierno del Estado y los habitantes de esta hermosa ciudad, que no abandonaré entre tanto la paz, el orden y la mejor armonía no vuelvan a restablecerse entre las familias.

Ruego a ustedes, ciudadanos secretarios, eleven a la consideración de la Asamblea cuanto dejo expuesto y admitan las consideraciones con que soy de ustedes.

Atento servidor,
Dios, Unión, Libertad

**FRANCISCO MORAZÁN**

# PROCLAMA ACERCA DE LOS MALES DE LA GUERRA CONTRA LOS REBELDES QUE JEFEA CARRERA

(Enviada a los habitantes del Distrito de Guatemala).

Guatemala, 24 de abril de 1838.

El Presidente de la República Federal de Centro América, General en Jefe del Ejército, a los habitantes del Distrito de Guatemala.

Conciudadanos:

El 21 del actual, ha decretado la Asamblea poneros bajo mi gobierno e inmediata protección. El estado de guerra en que desgraciadamente se encuentran estos pueblos ha dado lugar a semejante medida. Su resultado será que mis operaciones militares sean más rápidas y surtan, en consecuencia, todos sus efectos.

El completo exterminio de los bárbaros, la cesación de tantos males y la vuelta del orden, de la paz y la seguridad general, será la prueba que muy pronto rinda a la Asamblea de haber llenado sus benéficos deseos. La empresa es fácil, si como creo, vosotros haréis también un gran esfuerzo. El interés es de todos, y la gloria es también para todos.

Guatemaltecos: en todas circunstancias os conviene la unión, y más en las actuales os es absolutamente indispensable. Si deseáis que vuestro Estado vuelva a ser modelo de los demás de la Federación, deponed vuestros sentimientos particulares y reconciliaos sinceramente. Guatemala reúne todos los elementos necesarios para su prosperidad. En vuestras manos está removerla. ¿Querréis negar el sacrificio de vuestras pasiones a seiscientos mil habitantes? La tolerancia debe ser la primera virtud del republicano. Yo la exijo de vosotros.

Enemigo de la persecución, sólo la admito contra los rebeldes que han rehusado constantemente toda medida conciliatoria y despreciado con audaz altanería los ofrecimientos más generosos que nunca merecieran, y cuyos procedimientos salvajes los ponen fuera de la lenidad.

Compatriotas: antes era sólo mi deber el que me llamaba a defender a los pueblos del Estado de los males horrorosos que sufren y los amenazan. Hoy se une a aquel la confianza que han depositado en mí vuestras autoridades y las repetidas solicitudes y manifestaciones de aprecio con que particularmente vosotros me habéis honrado.

Tantos motivos, si no aumentan mi eficacia, han grabado en mi alma sentimientos de gratitud que serán eternos.

**FRANCISCO MORAZÁN**

# PROCLAMA A LOS VENCEDORES DE AMATITLÁN DE LA FACCIÓN DE CARRERA QUE DESTRUYE A GUATEMALA

Guatemala, 9 de mayo de 1838

¡Soldados!

Los caudillos de la facción que todo lo tala y destruye en el Estado de Guatemala habían decretado la ruina de la hermosa Amatitlán.

Carrera, Rueda, Herrera, Parras, Gallo, Manyandi y Santa Rosa unieron sus partidas para sorprender aquella población, y se habían ya repartido de antemano las grandes riquezas que se encuentran allí acumuladas por las manos del industrioso comerciante y del agricultor laborioso.

Desde las alturas que dominan el Valle de Guatemala, se arrojaron sobre sus presas como fieras salvajes sedientas de sangre y de tesoro. Pero ellos ignoraron que allí existían los veteranos, que en diez años de guerra han adornado sus cabezas con los laureles de tantas victorias sin que jamás haya sido humillada su frente por la desgracia.

¡Soldados! Siempre os he apreciado como valientes; pero en la gloriosa jornada de ayer, en donde cada uno de vosotros tuvisteis que vencer ocho enemigos armados y decididos a consumar su crimen, os habéis portado como héroes.

Yo os saludo a nombre de la patria con este honroso título. Seguid mereciéndolo, y evitaréis que el nombre de nuestro hermoso país sea para siempre borrado por la mano de los salvajes del número de los pueblos civilizados.

**FRANCISCO MORAZÁN.**

# RECONOCIMIENTO AL JEFE Y LOS OFICIALES QUE HICIERON LA DEFENSA DE LA CIUDAD DE AMATITLÁN

Guatemala, 10 de mayo de 1838.

Ciudadano Secretario del Estado y del Despacho de Guerra del Supremo Gobierno Nacional.

Deseoso de premiar al Jefe y Oficiales que tan heroicamente hicieron la defensa de la ciudad de Amatitlán en el ataque que tuvo lugar el 8 del que rige, de que separadamente he dado a usted conocimiento, he dispuesto dar a reconocer, como se ha verificado en efecto, de Teniente Coronel efectivo al que lo era graduado, Ciudadano Manuel Antonio Laso; de Teniente Coronel graduado al Capitán efectivo Miguel Sánchez; de Subteniente efectivo al graduado Mariano Saravia, y de Subteniente graduado al Sargento 1° Sixto Cubas.

Lo que participo a usted para que se sirva ponerlo en conocimiento del Senador Presidente para la confirmación de aquellos nombramientos y remisión de los respectivos despachos.

Soy de Usted atento servidor.

Dios, Unión, Libertad.

**FRANCISCO MORAZÁN.**

## NOTA AL JEFE DEL ESTADO MAYOR GENERAL, EN QUE PONE EN SUS MANOS A REOS PARA QUE SEAN JUZGADOS

Cuartel General de Guatemala, 17 de mayo de 1838.

Ejército Federal.

Ciudadano Jefe del Estado Mayor General.

Con sus correspondientes causas, pongo a la disposición de usted a los reos Francisco Lobo, Valentín Moto, Atanasio García, Juan Secundino, Francisco Durón y María Josefa Mendoza, para que sean juzgados conforme corresponda.

Dios, Unión, Libertad.
El General en Jefe.

**FRANCISCO MORAZÁN.**

# OCTAVA CARTA A DON CRUZ LOZANO

(Relativa a asuntos ligados a la sociedad comercial que tenía con él).

Guatemala, 20 de mayo de 1838.
Mi querido Cruz,

He recibido tus dos últimas cartas y las que me incluiste de los Estados.

Había tenido algunos días de salud, pero ésta la he perdido. La afección de nervios se me ha intensificado con fuerza, debido al excesivo calor y a los movimientos militares.

Si yo pensara dilatarme en este Estado, te diría que te vinieras; pero, conclúyase o no la guerra, yo estaré en este Estado a lo más tarde dentro de veinte días.

Creo en camino a Diego; por esto no le escribo. Seguramente aquí te curen. Molina me lo ha asegurado mucho.

Es tu apasionado amigo.

**FRANCISCO MORAZÁN.**

# PROCLAMA A LOS QUEZALTECOS, EN APOYO A LOS GUATEMALTECOS EN LA LUCHA EN DEFENSA DE LA FEDERACIÓN

Antigua Guatemala, 28 de mayo de 1838.

Quezaltecos:

Venid a sellar con vuestra sangre la amistad que siempre habéis profesado a los guatemaltecos.

Haceos acreedores a tan honrosas distinciones y mereceréis la gratitud de los centroamericanos, y una protección decidida por parte del Gobierno Nacional.

**FRANCISCO MORAZÁN.**

## ORDEN ENVIADA AL COMANDANTE DEL DISTRITO DE GUATEMALA, PARA EL ENVÍO DE UN DESTACAMENTO HACIA JUTIAPA

Cuartel General en Amatitlán, 31 de mayo de 1838.

Ejército Federal.

Al Comandante del Distrito de Guatemala:

Pondrá usted a disposición del Estado Mayor General la tropa necesaria para el destacamento que de esa ciudad capital debe marchar a Jutiapa. La que vino de aquél punto con el Teniente Coronel Joaquín García Granados debe quedar en esa guarnición.

Dios, Unión, Libertad.
El General en Jefe.

**FRANCISCO MORAZÁN.**

# NOVENA CARTA A CRUZ LOZANO EN SAN SALVADOR

Villa Nueva, 2 de junio de 1838.

Mi querido Cruz,

He recibido tus cartas de 16, 18 y 23 del último mayo.

Es justa tu observación con respecto a que los caudales del Sur estarán tal vez en camino. Aguardemos, pues, cartas de la Casa para que sepamos lo cierto. Esta medida es más acertada que la de marchar a Valparaíso en busca de fondos que tal vez estarán para llegar a uno de nuestros puertos. Entre tanto obtenemos dichas cartas, tú te acabarás de sanar y yo llegaré a esa.

Siento el incidente que me indicas; no volverá a suceder.

Yo escribo a José María sobre el negocio de maderas; la carta que te incluyo es para que la mandes a Jorge o a otro, si él hubiese salido para Belice. Escribe tú a una persona de confianza para que, en el momento que la Asamblea rescinda el contrato de maderas, mande copia del acuerdo en el momento con un propio.

Entre pocos días tendré el gusto de abrazarte.

Tu apasionado amigo,

**FRANCISCO MORAZÁN.**

## NOTA DIRIGIDA AL COMANDANTE DEL DISTRITO DE GUATEMALA,

(Notificándole quedar enterado de la marcha con su División hacia Jutiapa, del Teniente Coronel Joaquín García Granados).

Cuartel General en Villa Nueva, 5 de junio de 1838.

Al Ciudadano Comandante del Distrito de Guatemala,

Por la nota de usted de fecha de ayer, quedo impuesto de que el 3 del actual marchó para Jutiapa el Teniente Coronel Joaquín García Granados con su División, sufriendo ésta la baja de diez hombres.

Dios, Unión, Libertad.
El General en Jefe

**FRANCISCO MORAZÁN.**

# DÉCIMA NOTA A CRUZ LOZANO, EN SAN SALVADOR

Villa Nueva, 6 de julio de 1838.

Mi querido Cruz,

Te remito esa nota, para que la mandes al Jefe del Estado de Honduras por el primer correo ordinario.

Hace cinco días que te escribí con el Coronel Osejo. Después se han dado tres golpes muy fuertes al faccioso Carrera, en los cuales ha perdido ciento diez hombres, incluyendo un hermano suyo.

Yo sigo bien en este temperamento, pero no dilataré muchos días aquí, porque ya se va a emprender el movimiento general sobre los pocos enemigos que han quedado, y yo estaré expedito para ir a esa.

Entre tanto, es tu apasionado,

**FRANCISCO MORAZÁN.**

Al dueño de la libranza:
Decime si la recibiste. Sólo tengo gusto cuando me ocupo de escribirte, porque sólo a ti te puedo decir lo que siente mi corazón.

# CARTA AL COMANDANTE DEL DISTRITO DE GUATEMALA, SOBRE EL ESTADO DE LAS CAUSAS DE FACCIOSOS QUE EXISTEN EN ESA CIUDAD.

Cuartel General de Villa Nueva, 8 de junio de 1838.

Al Ciudadano Comandante del Distrito de Guatemala,

He recibido la nota de usted de fecha 6 del que rige, y las listas que expresan el estado de las causas de los facciosos que existen en esa ciudad.

Es de la mayor importancia la terminación de dichos procesos, por las razones que no se ocultarán a la penetración de usted, y por consiguiente yo espero que redoble su celo y actividad, a efecto de que los bandidos tarden el menor tiempo posible en sufrir la pena que la ley impone a sus atroces crímenes.

Con este objeto, y para evitar las demoras que producen las diligencias sometidas a los alcaldes de los pueblos para el examen y comparendo de los testigos, prevengo a usted que todas éstas se dirijan a las autoridades militares en los puntos donde las haya.

Para cerciorarme de que los sumarios se instruyen con la celeridad de la Ordenanza General del Estado, hará usted que por su medio me eleven los jueces fiscales, cada cuatro días, un estado de las causas que sigan, con las especificaciones necesarias, cortando en lo sucesivo que el nombramiento de defensores recaiga en personas que obtengan destinos de elección popular, pues a estos no puede compelerse por medios coactivos al pronto y legal desempeño de dicho cargo.

Al mismo tiempo, prevengo a usted que a la mayor posible brevedad haga tomar declaración e instruir el sumario correspondiente a los doce presos con quienes, según usted me informa, no se han practicado estas diligencias.

Dios, Unión, Libertad.

**FRANCISCO MORAZÁN.**

# CARTA AL COMANDANTE DEL DISTRITO DE GUATEMALA

(Sobre no haberse reunido allí la Asamblea a sesiones extraordinarias).

Cuartel General en Amatitlán, 13 de junio de 1838. A las diez de la noche.

Comandante del Distrito de Guatemala,

A esta hora recibo el oficio de usted de este mismo día, en que me participa lo ocurrido con el Vicejefe del Estado, con motivo de no haberse reunido la Asamblea en sesiones extraordinarias, según disponía el decreto que la convocó; y en su vista me apresuro a prevenir a usted que mañana mismo voy a poner en ejecución un expediente que facilite aquel acto, con el objeto de que se cumpla el convenio privado que se apuntó el 21 de abril último; y que, entretanto, no dé usted el auxilio que se le ha pedido para obligar por la fuerza a los Diputados a que concurran al edificio de las sesiones, entendiéndose esto sin perjuicio de cumplir con el artículo final de las instrucciones que tengo dadas a usted sobre que haga guardar al Gobierno del Estado el decoro y consideraciones que se merece.

Dios, Unión, Libertad.
El General en Jefe.

**FRANCISCO MORAZÁN.**

# NOTA DIRIGIDA AL COMANDANTE DEL DISTRITO DE GUATEMALA

Con la que le remite el proceso que se siguió en tiempos del Dr. Mariano Gálvez al presbítero Ciriaco Jirón.

Cuartel General de Villa Nueva, 14 de junio de 1838.
Ciudadano Comandante del Distrito de Guatemala,

Con treinta y ocho fojas útiles, remito a usted el proceso que, en el tiempo en que gobernaba el Doctor Ciudadano Mariano Gálvez, se instruyó contra el presbítero Ciriaco Jirón, que usted me pide en su oficio de 12 del presente.

Los antecedentes contra Tomás Grajeda, que igualmente me manifiesta ser necesarios en esa oficina, los pido en esta fecha al Coronel Manuel Bonilla.

Dios, Unión, Libertad.

**FRANCISCO MORAZÁN.**

# PROCLAMA A LOS SOLDADOS DEL EJÉRCITO AL PARTIR HACIA EL SALVADOR A FIRMAR LA PAZ

Cuartel General de Cuajiniquilapa, 28 de junio de 1838.

El Presidente de la República, General en Jefe, a los soldados del Ejército.

¡Soldados!

Marcho al Estado de El Salvador con el objeto de firmar la paz de aquellos pueblos. Traeré los recursos pecuniarios de que carecéis y los soldados que deben relevaros. Entre pocos días estaré con vosotros. Durante este tiempo, obedeced las órdenes de vuestros jefes y dadme una nueva prueba de vuestra constancia, permaneciendo en los puestos que ahora guardáis.

En ellos muy pronto os buscará para saludaros vuestro amigo.

**FRANCISCO MORAZÁN.**

# UNDÉCIMA CARTA A DON CRUZ LOZANO

(Relativa a asuntos comerciales de la compañía que con él tenía).

San Salvador, 9 de septiembre de 1838.

Amado Crucito,

He recibido tu carta del 1 (de septiembre).

Es positivo el artículo del decreto que me citas. Tú mismo lo escribiste y varias veces hablamos de él; sé por qué no se puede variar. Pero él no es más que un pretexto para querer eludir las certificaciones. Lo que te aseguro es que no se emitirán otras, y los comerciantes tendrán que comprar las tuyas a su pesar, porque el Senador Presidente así lo acordó, que todos los empleados que recibieron sueldos del dinero que se remitió a esa Aduana no tuvieren el derecho a sacar certificaciones. No hubo uno, sin excepción del Vicepresidente, que no tomase una paga; de consiguiente, ninguno podrá sacar certificaciones.

Si no te las compran a 99 (pesos), déjalas recomendadas al Administrador Don J. Arce, para que las venda a 97, pero a nada menos. Yo le escribo sobre el particular. De modo que puedes venirte cuando gustes.

Va el pelo, para que mandes hacer el cordón en los términos que te digo en mi nota anterior.

No me compres láminas ni reloj.

Si puedes vender algunas libranzas, trae el dinero, pero no las vendas por menos de 99 (pesos).

Va esa libranza de 99 pesos contra Benuca, para ver si puedes encontrar quién te dé dinero en esa.

Adelia (*), se quemó una mano. Hemos tenido este sentimiento, pero ya está mejor.

Es tu apasionado,

**FRANCISCO MORAZÁN.**

# DECRETO SOBRE LA FACCIÓN DE RAFAEL CARRERA, QUE DECLARA AL ESTADO DE GUATEMALA

Guatemala, 24 de octubre de 1838.

Francisco Morazán, Presidente de la República y General en Jefe del Ejército Federal.

Considerando:

Que la facción que acaudilla el criminal Rafael Carrera se ha hecho extensiva a la mayor parte de los pueblos que componen el Estado de Guatemala, y en especial a los de este Departamento, el de Chiquimula y Verapaz, en que el desorden y la anarquía han tomado un incremento incalculable; atendiendo a que si no se ponen en uso todos los medios que la Constitución y las leyes de la República previenen para reprimir estos males, los Estados todos serían en breve envueltos en lo que hoy sufre el de Guatemala y, en consecuencia, desapareceríamos del número de las naciones civilizadas.

En vista de lo dispuesto en el Art. 35 de la Ley de 17 de noviembre de 1832 y usando de las facultades que me ha concedido el Supremo Gobierno Nacional, a virtud de la autorización que le dio el Congreso para pacificar el Estado de Guatemala, ha tenido a bien emitir el siguiente Decreto:

1° Se declara que el Estado de Guatemala está en el caso del Art. 35 de la Ley de 17 de noviembre de 1832 y que, en consecuencia, se halla bajo el régimen militar.

2° La anterior declaratoria tendrá efecto desde luego en todos aquellos pueblos en que, a juicio del General en Jefe del Ejército Federal, sea necesario el gobierno militar para la conservación del orden.

3° El presente decreto se pondrá en conocimiento de quienes corresponda y se hará imprimir, publicar y circular.

**FRANCISCO MORAZÁN.**

# NOTA SOBRE EL ENVÍO DE INDIOS PROVENIENTES DE SACATEPÉQUEZ, Y DEL TOTOPOSTE Y AGUARDIENTE PARA EL EJÉRCITO

Cuartel General en Corral de Piedra, 4 de noviembre de 1838

Ejército Federal.
Al Comandante del Departamento de Guatemala,

Hará usted venir inmediatamente al Cuartel General a los indios que debe haber remitido a esa capital el Comandante de Sacatepéquez, y si no lo ha verificado, se los reclamará usted sin pérdida de momento, dirigiéndolos por el camino de Ixpaco a Chiquimulilla, y los mismos indígenas traerán todo el totoposte y el aguardiente para el Ejército.

Este convoy lo hará usted custodiar con una partida de tropa, y que los mozos vengan con sus machetes y algunas barretas que usted les proporcionará.

Dios, Unión, Libertad.
El General en Jefe.

**FRANCISCO MORAZÁN.**

# SOBRE LA NECESIDAD DE VÍVERES Y DINERO

(Carta al Comandante del Departamento de Guatemala).

Ejército Federal.
Al Comandante del Departamento de Guatemala.

El Coronel José Antonio Carballo batió completamente a los facciosos el 4 del corriente en Chiquimulilla, y ayer y hoy sus restos han sido activamente perseguidos por las divisiones que existen en el Cuartel General y las del General Guzmán. Aún continuamos sobre sus pasos y será difícil que se escapen de caer en nuestras manos.

Los víveres y el dinero que he pedido a usted para el Ejército, ya no los remitirá a la Hacienda de la Vega, sino al pueblo de Cuajiniquilapa, de donde les darán su dirección. Espero que activará usted cuanto le sea posible la venida de aquellos objetos, cada día más urgentes.

Dios, Unión, Libertad.
El General en Jefe.

**FRANCISCO MORAZÁN.**

# CARTA AL COMANDANTE DEL DEPARTAMENTO DE GUATEMALA

(Sobre el triunfo del Coronel Carballo en Chiquimulilla y de la falta de dinero que padecen).

Cuartel General de Santa Rosa, 8 de noviembre de 1838.
Ejército Federal.
Ciudadano Comandante del Departamento de Guatemala.

Batido el enemigo en Chiquimulilla por la División del Subjefe del Estado Mayor, Coronel J. Antonio Carballo, dispersados sus restos por las tropas existentes en el Cuartel General y por la de la 3ª División, cuya caballería tuvo un encuentro con la del enemigo en que le hizo once muertos y la redujo a retirarse en pequeñas partidas, pudiendo salvarse a merced de su gran conocimiento del terreno.

Estos triunfos obtenidos sobre el enemigo a costa de tantos sacrificios y padecimientos del Ejército, no han producido todas las ventajas de que son susceptibles en razón de que la falta de dinero no ha permitido hacer salir inmediatamente los pequeños recursos que sacamos de esa capital. Si usted no puede venirse con la prontitud que las circunstancias demandan, yo lo hago responsable si por su falta continúa la inacción del Ejército en un tiempo en que un pequeño esfuerzo puede producir el término de la guerra actual.

Dios, Unión, Libertad.

**FRANCISCO MORAZÁN.**

# DUODÉCIMA NOTA A DON CRUZ LOZANO, EN SAN SALVADOR

16 d noviembre de 1838

Mi querido Cruz,

He recibido tu carta de 25 del último octubre, menos el apuntamiento de lo ocurrido en esa ciudad, que me aseguras (me) incluyes.

Si no vienen los caudales que están en el Sur, será sin duda debido a alguna ocurrencia que yo no puedo alcanzar. En este caso, es necesario que vayas allá para recogerlos, llevando el añil que puedas reunir, si hubiere esperanza de una regular venta.

Carrera está recluido a la nulidad. Entre dos meses no quedará ni señal de revolución en este Estado, y antes de ese tiempo creo poder regresar a esa ciudad.

No hay novedad particular.

Con todo afecto, se repite tu apasionado amigo.

**FRANCISCO MORAZÁN.**

# CARTA AL CONSEJERO JEFE DEL ESTADO DE GUATEMALA, ACERCA DEL TÉRMINO DE SU PERÍODO CONSTITUCIONAL

(Y del problema de no haberse podido convocar a elecciones).

Al Consejero Jefe del Estado de Guatemala.

Me he impuesto de la estimable comunicación de usted de (1 día) 4 del corriente, en que me manifiesta que el 1° de febrero del año entrante concluye el período constitucional, y con él la mayor parte de las autoridades que fungen en el Estado, y que no habiendo dado lugar las circunstancias políticas a practicar elecciones, consulta si llegado el día referido desaparecerán de hecho las propias autoridades, o si podrá mandar se proceda a elegir (a) las personas que deben sucederles.

Si ese Gobierno tiene alguna responsabilidad en no mandar hacer las elecciones en el tiempo designado por la ley, a causa de hallarse en un completo trastorno más de las dos terceras partes del Estado, no se salvará de ella con la opinión que yo emita en el particular, pues, como usted sabe muy bien, no hay una disposición que lo exima de los cargos que se le hagan si se conforma con mis decisiones.

La Ley Federal de 17 de noviembre de (1)832 creó expresa en uno de sus artículos lo que debe practicarse cuando un Estado se gobierna militarmente, y si usted lo tuviese a bien, puede servirse consultarla y observar lo que previene para el caso sobre que (se) me pregunta.

Tengo el honor, Ciudadano Consejero Jefe, de repetirle mi aprecio y consideración.

Dios, Unión, Libertad.

**FRANCISCO MORAZÁN.**

# ALOCUCIÓN QUE EL GENERAL PRESIDENTE DIRIGE A LA ASAMBLEA LEGISLATIVA DEL ESTADO DE GUATEMALA

**Sobre las actividades militares y la crisis que viven los Estados de la Federación.

**Recomienda la aprobación del convenio de paz, la adopción de reformas legislativas y la protección a los militares y a los deudos de los muertos en campaña.

Guatemala, 27 de enero de 1839.

Cumpliendo con los deseos de la Legislatura y Gobierno de este Estado, y satisfaciendo los que me animaban para auxiliar a Guatemala, me separé el 9 de octubre último del ejercicio del Supremo Gobierno Nacional, y con una división numerosa reunida con grandes esfuerzos y costosos sacrificios, vine a este Estado para encargarme de nuevo de la dirección de la guerra que por tanto tiempo ha sufrido. Me es sumamente grato verla hoy terminada por la ejecución y cumplimiento del convenio que tengo el honor de acompañar en ejemplares impresos, para conocimiento de los representantes del Estado.

Restablecida en éste la paz, mi primer cuidado y el objeto de mis desvelos ha sido encontrar los medios de hacerla efectiva y sólida. La Asamblea, a quien únicamente atribuye la Constitución la facultad de dictar las providencias necesarias, se hallaba en receso. El Consejo Representativo, el solo cuerpo que podía convocarla, se disolvió a virtud de la declaratoria que dieron sus individuos en 23 de octubre último, de haber caducado sus poderes, cuya resolución me fue comunicada con las copias adjuntas (No. 1 y 2).

En tales circunstancias, y cuando no se entreveía ni aún la más ligera esperanza de lograr que se reuniese de nuevo; cuando las autoridades del Estado iban a disolverse por haber fenecido su período constitucional, según me lo manifestó el Consejero encargado del

Gobierno en la nota que aparece en la copia número 3; cuando el Estado todo existe bajo el régimen militar, por el decreto que expedí en 25 de octubre, y no siendo por lo mismo posible, conforme a la ley de 17 de noviembre de 1832, hacer en él las elecciones de representantes para la Asamblea Constituyente, hasta que el Congreso, y en su falta el Senado, haya declarado a los habitantes de él restablecidos al goce de sus derechos efectivos; cuando la desorganización de ambas Cámaras y en especial de la última, que no se había logrado reunir a pesar de mi excitación a los senadores de Guatemala, hacía interminable la existencia de aquél régimen, no encontré otro recurso, para evitar los graves males que produciría la total disolución del Estado, que el llamar yo mismo a sus representantes para que se reunieran en Asamblea.

Esta medida, a que me autorizaban las circunstancias extraordinarias en que aquél se halla y las facultades de que estoy investido para pacificarlo, se funda principalmente en el decreto que os servisteis dictar en 5 de agosto próximo pasado.

La República entera se encuentra en una crisis peligrosa, en la que la han colocado los pronunciamientos de hecho de los Estados de Costa Rica, Nicaragua y Honduras, y sólo las reformas que decretó el Congreso en sus últimas sesiones sobre reunir una convención de Estados, medida sancionada ya por la opinión pública, podrá salvarla de la anarquía que la amenaza. Dichas reformas no han obtenido aún el pase de la Legislatura de Guatemala, y ésta es la principal causa por la que se emitió el citado decreto que dispone la manera de reunirla.

Me es sumamente satisfactorio que los diputados de los pueblos, convencidos de la urgencia de proveer a la seguridad y bienestar de sus comitentes, hayan secundado con su concurrencia los ardientes votos que yo formo por su felicidad. Me es también plausible que vuestra reunión se verifique bajo los auspicios de la paz; y a vuestra sabiduría y prudencia toca el hacer que los pueblos gocen de una manera estable este don precioso que es la primera y mayor de sus necesidades.

Las medidas que, a mi juicio, deben dictarse en las actuales circunstancias, y que someto a la deliberación de la Asamblea para que se ocupe de ellas si las juzga oportunas, son las siguientes:

Aprobar el convenio celebrado para obtener la paz, con el objeto de que la sanción del Cuerpo Legislativo acabe de restablecer la confianza en los pueblos y preste mayores seguridades a los que los han dirigido en la guerra que felizmente acaba de terminarse.

El examen de las reformas que acordó el Congreso, y en caso que la premura no permita la discusión de todas ellas, que se dé la preferencia debida a la que convoca una convención de Estados.

Que no siendo posible lograr la organización del Senado, que con arreglo a la ley debía restablecer a los habitantes de Guatemala al goce de sus derechos efectivos, la Asamblea decrete la medida que juzgue oportuna, a efecto de que no se retarde por más tiempo la instalación de la Constituyente, tomando asimismo las precauciones necesarias para que la elección de diputados en los distritos que acaban de volver a la obediencia del Gobierno no produzca nuevos trastornos que alteren la paz que se ha conquistado con tantos sacrificios, pues tampoco sería justo ni político reunir aquél cuerpo sin la concurrencia de dichos distritos.

Mediante haber caducado los poderes del Consejero encargado del Gobierno, y no haber otro que legalmente pueda reemplazarlo, designar quién le suceda provisionalmente en el ejercicio del Poder Ejecutivo. El nombramiento de esta persona, de cuya administración depende en gran parte la suerte presente y futura del Estado, debe ser el objeto de vuestra más cuidadosa solicitud. El que obtenga vuestros sufragios necesita hallarse revestido de la opinión y demás cualidades que exige actualmente el ejercicio del poder.

Hacer una recordación honrosa en favor de todos los jefes, oficiales y soldados de las milicias de este Estado, que han prestado tantos y tan reiterados servicios en defensa de Guatemala. Sin perjuicio de recomendar, como es justo, a las autoridades de sus respectivos Estados, a los jefes, oficiales y tropa de los de El Salvador y Los Altos, no puedo menos que manifestar a la Legislatura de Guatemala que el General Ciudadano Agustín Guzmán, que tan distinguidos esfuerzos ha hecho en favor de la paz, es acreedor al reconocimiento público.

Las viudas, madres e hijos de los militares muertos durante esta guerra deben también ocupar vuestra paternal atención. La humanidad, la justicia y la gratitud así lo reclaman, y yo no puedo menos que recomendaros el que procuréis hacer lo posible para disminuir los males que padecen.

Al terminar la presente alocución, yo protesto a la Asamblea Legislativa de Guatemala los sentimientos que me animan por su prosperidad y engrandecimiento, y confío en que los representantes de los pueblos, que conocen sus necesidades y las circunstancias difíciles en que hoy se encuentra el Estado para quienes deben legislar, penetrados de la importancia de su misión, sabrán llenarla, dirigiéndolos por el sendero que nos ha trazado una dolorosa experiencia.

**FRANCISCO MORAZÁN.**

# CARTA ENVIADA CON INSTRUCCIONES DE MORAZÁN SOBRE LA FALTA DE ARMONÍA ENTRE LOS ESTADOS DE LA FEDERACIÓN

(Al Jefe de Estado de Guatemala, General de División Ciudadano Carlos Salazar).

Casa de Gobierno de San Salvador, 8 de febrero de 1839.

De orden del Presidente de la República, acompaño a usted un ejemplar impreso del tratado de amistad y alianza que los Gobiernos de Honduras y Nicaragua, con autorización de sus respectivas Asambleas Constituyentes, celebraron el 18 de enero próximo pasado.

El pretexto de que se valen estos Gobiernos para levantar fuerzas y colocarlas en las fronteras de El Salvador y Guatemala es, como usted verá por el artículo 5° del tratado, "proteger la libertad de la Asamblea de El Salvador, la de ese Estado y la de Los Altos", suponiendo existente e interminable la guerra que acaba de terminarse, nacida de intereses de partidos políticos que la alimentan ahí, y que esta guerra eterna paraliza la marcha de los Estados pronunciados en contra de la ley fundamental.

Por eso, los países fieles a la Constitución convienen en dirigirse, como espera el Presidente lo hará el de Guatemala, el de Los Altos y el de El Salvador, a los Gobiernos de Honduras y Nicaragua, manifestándoles que gozan en su régimen y acción interior de la más plena libertad; que no se consigue con una intervención armada ni con la protección de la fuerza, sino con la conservación del reposo y la paz que disfrutan; y que llevar a efecto la Convención de Estados decretada por el Congreso, es lo que necesitan por ahora únicamente para su felicidad y bienestar.

En tal concepto, el Gobierno de Guatemala debe excitar al de Honduras y Nicaragua a fin de que disuelvan las tropas que han levantado, y se ocupen de hacer marchar cuanto antes a los Diputados de la Convención, para que pueda realizarse el objeto de sus deseos, y los Estados y la República entera se salven de la disolución y los trastornos que la amenazan.

Tal es el motivo por el cual el Presidente de la República me ha ordenado dirigir a usted la presente comunicación, cuya respuesta espero se sirva dirigirme con expreso lo más pronto posible, mientras tengo el honor, Ciudadano Jefe, de reiterar a usted la seguridad de mi aprecio.

Dios, Unión, Libertad.

(Miguel) Álvarez (Castro).

# PARTE RELATIVO A LA BATALLA DEL ESPÍRITU SANTO, DIRIGIDO AL VICEJEFE DE EL SALVADOR, DON TIMOTEO MENÉNDEZ

(Hacienda del Espíritu Santo, 6 de abril de 1839)

El enemigo se encontraba en Sesori, según comuniqué a usted en nota de ayer; como a las ocho de la noche lanzó el total de sus fuerzas sobre una de nuestras avanzadas, y después de un vivo fuego por más de una hora, fue rechazado con grandes pérdidas, dejándonos como cincuenta fusiles y treinta prisioneros. En ese encuentro fueron gravemente heridos el Jefe del Estado Mayor, Coronel Narciso Benítez, el Capitán Murillo de la sección de Cazadores y otros soldados.

El enemigo se mantuvo toda la noche a corta distancia de nuestro campo, y como a las diez de la mañana de hoy emprendió un ataque general sobre nuestras posiciones, atacadas y defendidas con el mayor vigor y obstinación. El combate ha sido empeñado cual pocas veces se ve en tropas colectivas. Las nuestras obtuvieron sobre las de Honduras y Nicaragua el más brillante triunfo.

Hasta ahora no se ha podido hacer un escrupuloso reconocimiento de campo. Existen ya, sin embargo, como cuatrocientos fusiles, treinta cajas de parque, ocho cajas de guerra y varios instrumentos de banda, tres banderas y una pieza de artillería, piedras de chispa y varios equipajes. Hay, vistos en el campo, más de cien muertos enemigos, entre ellos el Coronel Tercero, y se asegura que están heridos el Coronel Francisco Ferrera y el Comandante Quijano.

Se ha perseguido al enemigo más de dos leguas, tomándole gran número de prisioneros. El Coronel Trinidad Cabañas ha sido herido, y ha muerto el Oficial Villagrán; ignoramos cuál es nuestra pérdida.

Felicitando, entre tanto, al Supremo Gobierno del Estado por la victoria que han obtenido las armas de El Salvador sobre los enemigos del orden y la paz de los pueblos, ofrezco a usted, Ciudadano Ministro, las consideraciones de mi aprecio más distinguido.

Dios, Unión, Libertad.

**FRANCISCO MORAZÁN.**

# ARENGA QUE DIRIGIÓ A LOS PRISIONEROS DESPUÉS DE LA BATALLA DEL ESPÍRITU SANTO

(Hacienda del Espíritu Santo, 6 de abril de 1839).

Queridos hijos de la Patria:

Se os ha engañado, conduciéndoos a esta lucha fratricida, cuyos estragos deben caer como una maldición sobre vuestros fatales conductores, quienes, empleando medios vedados al honor, os han hecho creer que veníais a luchar por vuestros derechos y por una justa causa; y yo os digo que no ha tenido más móvil que sus propias y desenfrenadas ambiciones.

Se os ha presentado mi persona perfilada con el tinte negro de sus odios y llena de ambición que desconozco, a no ser aquella en que se finca la unidad y grandeza de Centroamérica.

Se os ha hecho creer que mi espada es una constante amenaza para la paz y tranquilidad de sus Estados, cuando precisamente sólo la he desenvainado cuando sus libertades y derechos los he visto amenazados de muerte, y cuando sus pueblos se han visto comprometidos y ultrajados por los facciosos y partidos; y, por último, para traeros aquí con todo el coraje y valor con que habéis peleado contra este pequeño Estado, cuya defensa estaba reducida no más que a los ocho centenares de soldados que son vuestros hermanos, se os ha dicho y asegurado que yo, solo, soy la causa de tantos males y tan dilatadas como sangrientas luchas que aniquilan y sangran a la Patria... ¡No!

Yo protesto ante vosotros y a la faz de Centroamérica por tan injustos y criminales cargos, vertidos así tan inicuamente contra la pureza de mis ideales, que no he burlado nunca, ni traicionaré jamás. Por ellos, por esos ideales que viven identificados con mi vida y que me llevarán hasta el sepulcro, sin dejar en el trayecto de mis luchas no acabadas ninguna sombra:

Por ellos combatí en Comayagua y La Maradiaga, luchando contra los incendiarios y terribles asesinos de las libertades hondureñas; por ellos, y por devolver la libertad a nuestros pueblos ultrajados y comprometidos en su independencia, luché en La Trinidad, Gualcho, San Antonio, Las Charcas y Guatemala; y por ellos volví a combatir en El Salvador, Honduras y Guatemala contra la reacción y el salvajismo que quiso e intenta siempre volvernos a las sombras del pasado; y por ellos, en fin, me tenéis aquí defendiendo el Estado más pequeño de la Federación.

¡No! Yo me título y reconozco vuestro amigo y vuestro hermano, porque no aspiro sino a que vivamos como una gran familia esparcida en todo el istmo centroamericano, cobijados por un mismo pabellón y amparados por las mismas leyes, cuyos fines son precisamente los que hoy me mueven a defender en esta lucha desigual, en la que me veo reducido a las escasas fuerzas de este pequeño Estado, que hoy, identificado como siempre con mis principios, sabrá sostener muy en alto la gloriosa Bandera Nacional.

Bajo sus sagrados pliegues y a su sombra bienhechora, quiero tener también a todos vosotros, como he tenido a vuestros hermanos y a vosotros mismos en otras gloriosas campañas. Tenedme, pues, como vuestro hermano y como vuestro sincero y leal amigo, que no desea sino la concordia de la familia centroamericana y el concurso de todos sus buenos hijos para hacer de esta tierra privilegiada, de este istmo ubérrimo y singular, nuestra gran Patria, libre y fuerte por la unión de sus Estados.

**FRANCISCO MORAZÁN.**

# CARTA AL JEFE PROVISIONAL DE GUATEMALA, SOBRE EL TRIUNFO DE ESPÍRITU SANTO

Cuartel General en Marcha, San Vicente, 15 de abril de 1839.
Ejército Federal

Al Jefe Provisional del Estado de Guatemala.

Después de la victoria adquirida en la Hacienda del Espíritu Santo sobre las tropas de Honduras y Nicaragua, cuyos detalles se comunicaron a usted oportunamente, deseaba dirigirme a los gobiernos de los Estados, con el fin de que mandasen a la ciudad (capital) federal a los individuos que deben representarlos en la Convención acordada por el Congreso en 18 de julio último.

La herida que recibí en aquella ocasión no me permitió por entonces extender la referida circular, y ahora, restablecido de mi salud, lo verifico por medio de la presente.

Creo innecesario manifestar a usted los bienes que producirá a la nación el que el cuerpo de sus delegados se reúna de una manera legal. La República entera se halla ya pacificada, y es por lo mismo urgente que se ocupe de reformar sus instituciones.

Destruidas las fuerzas de los Estados de Honduras y Nicaragua, cambiada como está la administración de ambos Estados por el ingreso al primero del Jefe Constitucional Justo Herrera y por haberse encargado del Ejecutivo del segundo el Vicejefe Ciudadano Joaquín Cosío, ningún obstáculo se presenta para que se cumplan los votos de los buenos centroamericanos.

Los míos siempre se han encaminado hacia este fin, y hoy que me hallo a la cabeza de un ejército vencedor y lleno de disciplina y entusiasmo, quiero dar la última prueba de aquella verdad, dictando, en uso de las facultades con que estoy autorizado por el Supremo Gobierno Nacional, la medida que tengo el honor de oficiar a usted.

Quiera usted, Ciudadano Jefe, aceptar las protestas de mi aprecio más distinguido.

Dios, Unión, Libertad.
El General en Jefe.

**FRANCISCO MORAZÁN.**

# DÉCIMO TERCERA NOTA DIRIGIDA A CRUZ LOZANO EN SAN SALVADOR

(San Vicente, 7 de agosto de 1839).

Mi querido Cruz:

He recibido tu carta, que contesto.

Ese Gobierno me debe 600 pesos que di a Domínguez para traer a los emigrados de Guatemala y veinte gastados en correos con el mismo objeto. Me adeuda también mis sueldos de la última campaña y gastos de escritorio. Tengo además tres mil y tantos pesos en vales de la segunda mensualidad, que deben pagarse en su totalidad en los puertos de Guatemala, pero que, habiendo acordado aquél Gobierno que entren en caja la mitad de los derechos, no tendrán ya efecto dichos libramientos, y el Gobierno Nacional está en la obligación de mandarlos cubrir en los puertos de este Estado.

Ve, pues, a Vigil, para que te abone cualquiera de otras cantidades. Resérvales sólo a dos. Es necesario no exponer los intereses y traer a esa ciudad los muy necesarios, dejando los demás en el puerto.

Averigua cuándo vuelve el buque en que fue Mora a Champerico, y ve si te lo fletan para llevar los guerreros a Los Altos, si fuere necesario. Avísame lo que te contesten, sin cerrar el contrato.

Es tu apasionado,

**FRANCISCO MORAZÁN**

Estoy bueno y te ama tu apasionado.

# INSTRUCCIONES DADAS AL BRIGADIER TRINIDAD CABAÑAS

(Relativas a la ejecución de un plan militar de acción sobre el río Lempa y otras partes de Honduras).

San Vicente, 11 de agosto de 1839.

Instrucciones para el Brigadier Ciudadano Trinidad Cabañas

1°. Marchará con tres compañías con el objeto ostensible de cuidar las canoas que existen a las orillas del río Lempa, en el Departamento de Cuscatlán, y de cortar el paso al enemigo que se halla en Erandique, así como hacer la recluta en el mismo Departamento.

2°. Si de aquí a la orilla del río sufriere bajas en sus fuerzas, las reemplazará con la guarnición de Suchitoto, previniendo al Jefe del Departamento que reclute soldados para reponer los que él le diere.

3°. A pretexto de que todas las canoas deben estar con sus respectivos bogas para bajarlas al paso de Jocón, en donde debe pasar el Ejército, reunirá a éstos inmediatamente y pondrá en cada una lo que necesite.

4°. Cuando todo esté preparado, pasará el Lempa con el pretexto de ir al Partido de Chalatenango y a uno de sus pueblos, y se introducirá a Honduras por una marcha forzada, tomando el camino más corto con dirección a Gracias, si hubiese alguna fuerza que batir en dicha ciudad o sus inmediaciones, o fusiles que tomar. Si no, marchará directamente a Comayagua. Al paso, nombrará en Gracias un Jefe Político y Militar, otro en Santa Bárbara, así como en los demás Departamentos del Estado de Honduras.

5°. En el Departamento de Gracias dejará, si lo creyere necesario, una compañía al mando del Coronel José María Cacho, con el objeto de reunir armas del mismo Departamento, aumentar la fuerza y marchar a su auxilio si fuese necesario.

6°. Sin demorar su marcha, y a jornadas forzadas, ocupará Comayagua y Tegucigalpa, procurando antes poner espías y ver si logra, por medio de buenos agentes, hacer pronunciarse dichas poblaciones y ocupar las armas que haya en ellas. Si esto no fuere posible, procurará sorprenderlas para no dar tiempo a que oculten los fusiles.

7°. En todo el camino desde que pase el Lempa, difundirá que Ferrera ha sido derrotado y enviará los mejores espías hasta Guascorán para conocer los movimientos de éste. En el caso de que Ferrera se mueva sobre sus fuerzas y no hubiese podido aumentar éstas, buscará un pueblo de opinión y de una regular disposición militar para defenderse. Pero si no fuese posible la defensa, por el pequeño número a que está reducida su fuerza, obrará según lo exijan las circunstancias, llamando la atención a Ferrera desde Texiguat y Curarén, ya sea retirándose a cualquiera de los Departamentos de Honduras donde encuentre opinión, o regresando a este Estado. Este último paso sólo podrá darlo cuando no pueda mantenerse en Honduras.

8°. Recibirá de la Tesorería General entre 500 y 1,500 pesos del Receptor de Cuscatlán, pero si a su llegada a Suchitoto sólo encontrase reunidos 1,000 pesos y se dificultase recaudar el resto, marchará sin embargo con dicha cantidad, porque cualquier demora puede ser perjudicial al buen éxito de su comisión.

9°. Dará partes repetidos de todo lo que ocurra, en pequeños papelitos, que hará ocultar muy bien a los conductores de los mismos.

**FRANCISCO MORAZÁN.**

# OTRA CARTA QUE DIRIGE AL GENERAL TRINIDAD CABAÑAS

(Con sus instrucciones acerca de la incursión que ha de hacer dentro del territorio de Honduras).

San Vicente, 12 de agosto de 1839.
Mi querido Cabañas,

Si sin demorarte un momento puedes hacer alguna recluta en esos pueblos, ocúpate de ello.

Va ese borrador de una nota que pondrás al Gobierno de Nicaragua el día que ocupes Comayagua.

No pierdas un momento. Ve que todo depende de doblar las marchas y llegar a Comayagua con la velocidad posible. Temo que tus compañeros de viaje entorpezcan tu marcha; pero en este caso, es necesario o abandonarlos o regresar a esta ciudad, desistiendo de la empresa, porque seguramente ésta se desgraciaría llegando Ferrera antes que tú a Comayagua. Estos temores son tanto más fundados, cuando aquí ya se sospecha que te diriges a aquel punto, y esto llegará muy pronto a noticias de Ferrera.

Vuelvo a repetirte que, o marchas a jornadas forzadas sin demorarte en ninguna parte, o te regresas.

Tu apasionado amigo,

**FRANCISCO MORAZÁN.**

# DÉCIMO CUARTA NOTA QUE DIRIGE A CRUZ LOZANO

San Vicente, 13 de agosto de 1839

Mi querido Cruz,

He recibido tu carta del diez de agosto.

Con respecto al pago de los derechos, ve que entren en primer lugar mis sueldos y gastos de escritorio devengados como General en la campaña en que fui herido. La liquidación debe hacerse desde el día en que me hice cargo de las fuerzas federales en esa ciudad, hasta aquel en que entré a servir la Jefatura de este Estado. Cáceres debe certificar, como Tesorero, si me dio o no algún sueldo, para que en su vista liquide el Contador.

Las cosas van hasta ahora bien. Dentro de ocho días podemos saber su desenlace.

Si te parece, puedes traer el cacao del puerto si lo consideras más seguro en esa. Sólo en caso de haber un buque de qué disponer, se podría convenir que continuara allá.

Tengo los más vivos deseos de verte, y te espero en el tiempo que tú me indicas.

Es tu apasionado amigo,

**FRANCISCO MORAZÁN.**

# PROCLAMA A LOS SOLDADOS SALVADOREÑOS SOBRE LA PRESENCIA DEL ENEMIGO EN SAN MIGUEL.

San Vicente, 14 de agosto de 1839.

El General en Jefe del Ejército Salvadoreño, a los valientes que lo componen:
¡Soldados!

El enemigo permanece en el Departamento de San Miguel, causando toda clase de vejaciones a sus pacíficos habitantes, y es necesario que marchemos a librarlo de los males que experimentan.

La fuerza que amenaza nuevamente al Estado se compone de los prisioneros hechos en la memorable jornada del Espíritu Santo, que tan generosamente libertasteis, de los cobardes fugitivos a quienes perdonasteis en ella la vida, y de un Jefe que no supo entonces ni vencer ni morir.

¿Y permitiréis que estos mismos vencidos vengan hoy a dar la ley a los vencedores, presentándose de nuevo a insultaros en vuestro propio suelo?

Acordaos que en el Espíritu Santo cupieron tres enemigos a cada salvadoreño, y que ahora van a pelear dos salvadoreños contra un enemigo, si es que se puede dar este nombre a los que sólo merecieron aquella vez nuestra compasión.

¡Soldados! Marchemos sobre los temerarios que se han atrevido a invadir nuestro territorio. Vamos a demostrarles que si hemos procurado la paz no es porque temamos la guerra. Vamos otra vez a arrojarlos de un suelo que hace pocos meses fue el teatro de vuestros triunfos y el sepulcro de los enemigos del Estado.

**FRANCISCO MORAZÁN.**

# CARTA DIRIGIDA AL GENERAL TRINIDAD CABAÑAS

(Le indica que no hay que temer a Carrera y que en el Departamento de Gracias quedan algunas tropas de Ferrera. Le solicita sin demora llegar hasta Comayagua).

San Vicente, 16 de agosto de 1839.

Mi querido Cabañas:

Acabo de recibir tu carta del 15.

Nada hay que temer de Carrera, porque éste ha contestado a Ferrera que no lo auxiliará (esto lo sé a no dudarlo). Y el Gobierno de Guatemala ha ratificado los tratados celebrados con éste. La posición de Ferrera es, pues, sumamente difícil, y es necesario aumentar su conflicto, volando a ocupar Comayagua y Tegucigalpa.

Si en el Departamento de Gracias quedan algunas tropas de Ferrera, avísamelo para mandar fuerza a batirlas; pero no demores un momento tu marcha. No mandes al Gobierno de Nicaragua la nota que en copia te remití con Cacho. Va reformado, o por mejor decir, variado el artículo 6° de tus instrucciones. Lo he redactado en estos términos para que el Gobierno de Guatemala, con quien ya nos liga el tratado, no tome por pretexto para hacernos la guerra que yo he infringido el derecho de no intervención que se establece, y se alarme el de Nicaragua con este motivo.

Sin embargo, sin dar ninguna prenda, tú puedes obrar de la manera que conviene. No he recibido el derrotero de que me hablas ni otra carta tuya más que la que contesto. Mira no la hayan interceptado para mandarla a Ferrera. No te fíes de nadie, y cuando me escribas, que venga un mensajero por Texiguat o Curarén con orden de que sólo a mí entregue tus cartas.

Esta comunicación la lleva el Capitán Ciero, y va con el sello de Saravia. Siento que hayan extraviado el camino por buscar una partida que debe despreciarse, y marchar sin demora hasta Comayagua, si no quieres que Ferrera se adelante.

Esta carta es común a Cacho, a quien no escribo por falta de tiempo. Si quedase alguna fuerza en Gracias que vencer, que se vuelva Cacho a Chalatenango, a donde le mandaré una fuerza para que la bata o disuelva. En el momento que repase Ferrera el río Guascorán con sus tropas, irá a su retaguardia una fuerza, y sea cual fuere el punto en que te coloques, dirige tus comunicaciones al Comandante de ella, que lo encontrarán por la dirección de Nacaome o Guascorán.

Es tu apasionado amigo,

**FRANCISCO MORAZÁN.**

# CARTA DIRIGIDA AL GENERAL JOSÉ TRINIDAD CABAÑAS, RELATIVA A SU EXPEDICIÓN HACIA CHALATENANGO Y SAN MIGUEL

San Vicente, 9 de septiembre de 1839.

Mi querido Cabañas:

Una sola carta tuya no he recibido hasta ahora, y de consiguiente ignoro el éxito de tu expedición.

Ferrera, con pérdida de mucha parte de su fuerza, ha llegado el 7 de septiembre de Mapulaca y se dirige para Chalatenango, con el fin de pasar a Santa Ana a unirse con Carrera. Para impedírselo he mandado al río Sumpul dos compañías, y la demás fuerza toda ha marchado a Santa Ana, porque Carrera ha declarado la guerra a este Estado y viene sobre el Departamento de Sonsonate. Por esta razón, su vanguardia fue derrotada en la misma ciudad de este nombre.

Conviene, pues, que organices una división con el mayor número posible de soldados y que vengas a auxiliarnos a marchas forzadas por el camino de Gracias a Chalatenango, o mejor será por el de San Miguel, en razón de la mayor seguridad y más víveres para la tropa. Tú dispondrás de lo que mejor convenga.

Cacho, que quedó en Los Llanos con 180 fusiles, puede haber sido atrapado por Ferrera si no recibió a tiempo la comunicación que le dirigí, previniéndole que marchara a unirse contigo, llevándote todos los fusiles. Cuánto mejor hubiera sido que se hubieran conducido a su retaguardia.

Si la fuerza que traes es de alguna consideración, es mejor venirse por Gracias, por si acaso Ferrera no puede pasar el río Sumpul y se regresa para Comayagua, vacíalo en el camino. Este apenas tendrá quinientos hombres y lleva consigo un cargamento de armas de los desertores.

Escríbeme, que es grande la ansiedad en que me hallo. Salúdame a Joaquín y manda a tu apasionado. No dejes de mandar a Nicaragua algún espía, para saber cómo se halla aquél gobierno.

**FRANCISCO MORAZÁN.**

## ARENGA QUE DIRIGIÓ A LOS SOLDADOS DE SAN PEDRO PERULAPÁN ANTES DE ENTRAR EN BATALLA

San Pedro Perulapán, 25 de septiembre de 1839.

¡SOLDADOS VALEROSOS!

Llegó el instante en que demostrar debemos si el número mayor del enemigo será para acobardarnos o para darnos valor.

Desde La Trinidad a Las Charcas y de Gualcho al Espíritu Santo, mis soldados, inferiores en número, siempre han dado la victoria. Toca ahora a vuestro valor, no desmentido nunca, corresponder a la consigna de vencer así en este mismo campo de batalla, de donde habéis de recoger el baldón de la derrota que nos perderá o el laurel de la victoria, que os dará la gloria de salvar al Estado por el esfuerzo poderoso de vuestro brazo vencedor.

¡ADELANTE!

Pues, y arremeted, valientes, al enemigo que ya se apresta a la ofensiva.

**FRANCISCO MORAZÁN.**

# CARTA QUE ENVIÓ A UN AMIGO, SOBRE LA CONDUCTA TORCIDA DEL GOBIERNO DE GUATEMALA

San Salvador, a fines de septiembre de 1839.

Aunque he tenido cartas de Santa Ana, nada me dicen de Carrera. En Sonsonate sé que halla Rascón con un puñado de facciosos.

Si el Gobierno de Guatemala ha de faltar a la fe de los tratados, yo le agradecería que mandase a Carrera a que invadiese este Estado con sus hordas. Mientras más se interne, la lección será más fuerte y los salvadoreños contarán con menos enemigos. No creo que el Gobierno de Guatemala obre contra sus propios intereses. Le conviene la paz porque está rodeado de diplomáticos que se aturden al primer fusilado, pero si apetece la guerra, él conocerá, aunque tarde, que no puede hacerla con buen éxito con hordas armadas.

Yo hago una guerra defensiva, porque así lo exige mi deber y mis compromisos, y no porque me falten jefes y soldados para hacer un paseo militar por Guatemala. ¿Hasta cuándo los guatemaltecos que quieren dirigir los destinos de la República se convencerán de su incapacidad para restablecer el gobierno que apetecen sin contar con los que ellos llaman sus contrarios?

Si ellos quieren restablecer un gobierno que haga la felicidad de la República, encontrarán en todas partes cooperadores; pero si apetecen vengarse al mismo tiempo de sus enemigos, sólo hallarán obstáculos que no es permitido vencer a hombres de su temple.

**FRANCISCO MORAZÁN.**

# CARTA ENVIADA AL GENERAL TRINIDAD CABAÑAS, ACERCA DE SU INCURSIÓN DENTRO DEL TERRITORIO DE HONDURAS

San Salvador, 5 de octubre de 1839

Mi querido Cabañas,

He recibido tu carta del 21 de septiembre y leído lo que dices a Barrios. Es urgente seguir a Ferrera en el Departamento de Gracias, a donde se asegura llegó herido de gravedad en unión de Espinosa y de uno que otro oficial, pues los soldados que no quedaron muertos o prisioneros se dispersaron, dejando todas las armas en nuestro poder. En este departamento hay 200 fusiles que es necesario que tomes.

La persecución de Ferrera lo obligará a huir; no podrá curarse y es probable que no sane de la herida, si es que aún vive.

Aun cuando el Gobierno de Nicaragua llegare a mandar algunos soldados en auxilio de ese, es necesario batirlos, aunque creo que no llegará el caso donde sepan el triunfo de Perulapán. No hay que arredrarse por nada. La revolución se ha desenlazado en nuestro favor, y es necesario vencer los últimos obstáculos que nos quedan.

Orellana marcha hoy para unirse contigo y lleva instrucciones de lo que debe hacerse. En tanto llega, si el Gobierno incurre en tratados, dile que has pedido instrucciones para celebrarlos, o si se te ha manifestado que las tienes, ponle por condición para hacer la paz el que depositen en persona segura sesenta mil pesos para que respondan de los gastos de la guerra que han obligado a hacer al Gobierno de El Salvador, de las exacciones y cobros hechos a los particulares de este mismo Estado por las tropas de Honduras y de las pérdidas causadas por las últimas tropas al Gobierno de quien dependían, a los particulares hijos de Honduras, cuyos bienes han sido confiscados o saqueados.

Vuelvo a repetirte que la ocupación de Gracias es urgentísima con cualquier número de soldados. Yo no lo he podido hacer porque la tropa que marchó en persecución de Ferrera ya encontró el río Sumpul crecido, y sin ahulado los soldados estaban mojadísimos.

Carrera sigue con su herida. El Gobierno de Guatemala, creyendo que este Estado se había sublevado contra el Gobierno y que Ferrera lo ocuparía infaliblemente, se ha declarado contra el de este Estado. Después de los triunfos conseguidos, creo que su lenguaje será distinto, porque el Gobierno de Los Altos le llamará la atención por aquella parte. Yo aproximo fuerzas a Santa Ana.

Escríbeme con frecuencia, pues la carta que contesto es la única que he recibido.

Salúdame en la orden del día a los salvadoreños de tu división y dales las gracias por su buen comportamiento.

Salúdame igualmente a Rivera y manda a tu apasionado amigo,

**FRANCISCO MORAZÁN.**

# CARTA DIRIGIDA A DON MÁXIMO ORELLANA Y AL GENERAL TRINIDAD CABAÑAS

Cojutepeque, 29 de noviembre de 1839.

Ciudadanos Máximo Orellana y Trinidad Cabañas
Duplicado.

Estimados amigos,

Se han introducido mil fusiles y cien quintales de pólvora a Guatemala. Los volcaneños, en la ausencia del General Rivas, se echaron sobre los cuarenta y tantos hombres que habían quedado de guarnición en Santa Ana, y se tomaron todas las armas, parque y vestuarios, e inutilizaron los cañones. Rivas volvió a Ahuachapán, donde estaba con su fuerza, la que ha quedado reducida a ciento cuarenta hombres a causa de la deserción, pero ya no encontró a los facciosos, porque se habían diseminado en el volcán. Enseguida se introdujo Rascón en el departamento con alguna tropa, se unió a los volcaneños y, al organizarlos, atacó al mayor Serapio Rivas, que estaba en Sonsonate, en donde se defendió con ocho soldados, de los que murieron seis y el mismo Rivas; uno quedó herido y el otro salvo. Rascón continúa con trescientos hombres en el departamento, y es seguro que Carrera venga a protegerlo, aunque hasta ahora no he recibido ningún parte.

De los trescientos hombres que salieron de aquí para ir a Gracias, llegaron 110 a la aldea de Petacas, y así es seguro que a Gracias hubiera llegado la mitad. La expedición de aquel departamento estaba anunciada, y Lindo había ofrecido entrar en algún avenimiento para evitarla. Si hubiera podido tener efecto, se habría desoído su propuesta, pero en la necesidad de retirar su tropa, fue necesario entrar en un convenio, del que ustedes verán la copia.

Había además otro poderoso motivo, que aún temo explicar, a pesar de la seguridad con que lo hago; los desertores, que han sido en gran número, se han llevado las paradas, y en las acciones se ha acabado de consumir el parque, y no tenemos un grano de pólvora, ni ha sido posible conseguirla. En San Salvador se construye mala y lentamente, y únicamente en el departamento de Gracias se encuentra este precioso útil.

Para sacarlo era preciso allanar los obstáculos que se presentaban por un arreglo amistoso, ya que no podía hacerse con las bayonetas por aquella causa. Después de hacer numerosas reclutas, apenas tenemos quinientos cincuenta hombres disponibles, porque la deserción es espantosa a pesar de las precauciones que se toman. Para la expedición a Guatemala se necesitan por lo menos mil hombres, y quinientos para defender la frontera, porque de otro modo Carrera se introduciría al Estado cuando se atacara aquella ciudad, causando los mayores daños si encontrara en estos pueblos quienes lo siguieran.

Es necesario al mismo tiempo un buen jefe que quede aquí si yo voy, o para que marche con la expedición si me quedo. Salazar, que era el calculado, sin saberse por qué, se ha retirado y va a salir del Estado, de lo que deducirán ustedes cuál es nuestra verdadera posición. Deben tenerla presente para sus operaciones.

Si Carrera no apoya a Rascón, yo lo echaré del departamento, y en este caso podré auxiliar a ustedes; pero si sucede lo contrario, no aguarden ningún recurso. Entre tanto, manténganse en la ventajosa posición que han adquirido, de la que podrán sacar alguna ventaja aumentando la fuerza y proporcionándose recursos pecuniarios. Si se les dificulta lo primero, es porque hay una verdadera opinión en contra, y en este caso, sea cual fuere el número de la tropa que tengan, su posición será precaria y difícil.

No se diga que aumentándola con soldados de aquí podría variar, porque estos se desertan, como lo han hecho los migueleños y cojutepeques; y aun cuando así no sucediera, siempre se verían en embarazos y dificultades. No veo que el pequeño número a que está reducida su división sea la causa de que no se pronuncien en su favor los pueblos. Esto podrá suceder antes de saber lo que valen sus soldados; pero después de tantos triunfos como los que han conseguido, esos mismos pueblos están seguros de que continuarán consiguiéndolos, por la razón sencilla de que los vencedores ganan al crédito y recursos lo que no pueden los vencidos, y si no les pertenecen los pueblos, es porque les son desafectos.

Entre tanto veo si puedo auxiliarlos, pueden iniciar arreglos de paz sin concluir ninguno, adquiriendo siempre las ventajas militares que les proporcionen las circunstancias y poniéndose del mejor modo posible a cubierto con el Gobierno de Nicaragua.

Esto lo hace una nota expresiva y amistosa, acompañada de documentos que inculpen al Gobierno de Honduras. En esta ciudad encontrarán declarantes, puesto que ninguno ignora su capciosa conducta.

En el caso de que sea necesario concluir su tratado con ese gobierno, ya que no pueden dar en dinero el valor de la indemnización que se les pide, lo podrán satisfacer con fusiles, y de este modo se les quita lo que tienen, y con ganado de todas edades, exigiéndoles siempre una cantidad innumerable.

Obren ustedes según las circunstancias. No vean aisladamente los sucesos, sino en su conjunto, para que puedan juzgar con exactitud y salgan airosamente de la posición en que los puedan colocar estos mismos sucesos. La medida de nombrar un gobierno provisional, retirando antes a los oficiales y tropa que tienen el nombre de salvadoreños, será muy útil si las cosas de la República van bien para nosotros; pero esta medida, que siempre se creerá sugerida por el Gobierno de El Salvador, podrá producir, si las cosas van mal en lo sucesivo, efectos tanto más funestos cuanto mayor sea la desconfianza que inspiren en contra de aquel funcionario.

Es necesario, pues, obrar con pasos seguros y no comprometerse sin tener la certeza del buen resultado, para lo que no deben verse las cosas aisladamente.

Santa Bárbara secundará el paso de Gracias. Si se logra que lo hagan espontáneamente los demás departamentos, el gobierno desaparecerá, y estos mismos podrán entonces, por la necesidad, nombrar un gobierno provisorio sin que aparezca obrando la mano del Gobierno de El Salvador ni la de su gente. No hay que arredrarse con el estado presente de las cosas. Tengan siempre presente que si nosotros, que hemos triunfado, encontramos tantos obstáculos, los que experimenten los vencidos serán mucho mayores.

Marchemos adelante, obrando con prudencia y decisión.

Es su apasionado amigo,


**FRANCISCO MORAZÁN.**

# DÉCIMO QUINTA NOTA A DON CRUZ LOZANO EN MONCAGUA

Cojutepeque, 17 de diciembre de 1839.

Mi querido Cruz,

Decime si necesitás, además de Juan Pablo, otra persona de confianza que se encargue de tus negocios en San Miguel.

Ayer te escribí diciéndote que quería verte para que arregláramos otros negocios que pudieran producir alguna utilidad, pero si tu salud no te permitía venir pronto, lo harías después en Santa Ana o Ahuachapán, adonde he pensado trasladarme.

María Josefa manda a las niñas cajetas, chocolates y unas ciruelas.

Lo ocurrido en Santiago Nonualco fue una borrachera, y te lo aviso por si acaso han llegado las cosas abultadas.

A este mozo le darás cuatro pesos si te entrega la encomienda. Es necesario tener mucho cuidado para cortar una recaída.

Es tu apasionado,

**FRANCISCO MORAZÁN.**

Con dos encomiendas.

# PROCLAMA A LOS VALIENTES SOLDADOS DE HONDURAS, TEXÍGUATS Y CURARENES

(Les invita a venir a San Miguel con sus armas y a unirse a los salvadoreños, pues no se debe olvidar que Manuel Quijano es el enemigo que hay que vencer para conquistar la paz en Honduras).

Cojutepeque, 7 de febrero de 1840.

El General en Jefe del ejército, a los valientes texíguats y curarenes.

¡Soldados! La fortuna se ha declarado por estos, empero vosotros habéis cumplido con vuestro deber y habéis dejado con honor el campo de batalla. Es sensible este suceso, pero puede repararse fácilmente. Venid a San Miguel con vuestras armas. Allí encontraréis una respetable división que os auxilie y jefes valientes y decididos que os conduzcan a la victoria.

La fuerza enemiga, embriagada, no tardará en perseguiros en vuestros propios hogares. No olvidéis que Quijano es el que manda, nombre que os recordará los infinitos males que os ha causado y hará prever los que os prepara para lo sucesivo, si no venís a uniros a los salvadoreños para conquistar la paz del Estado de Honduras, el reposo de vuestras familias y vuestra propia seguridad.

**FRANCISCO MORAZÁN.**

# CARTA DIRIGIDA A DON JOSÉ MARÍA LOZANO

San Salvador, 8 de marzo de 1840.

Mi querido José María Lozano:

He recibido tus cartas de 9 y 11 del último enero, y quedo enterado de cuánto me dices; es necesario que tú te ocupes de arreglar el negocio de maderas para que produzca las mejores utilidades posibles; proponme las condiciones con que debes dedicarte a este trabajo, seguro de que yo las aprobaré; pero desde luego comienza a obrar. Con este objeto te mando la adjunta para Camoyano, en la que le digo que sustituya en ti mi poder y te dé las instrucciones que le he remitido.

Allí verás que Bennett tiene una tercera parte de los productos líquidos, después de sacado el valor del Cuño, y que, por lo consiguiente, las maderas que he mandado a Europa no deben considerarse por el valor que tenían en la Costa, sino por el en que allá se vendieron.

Aunque no tengo a la vista la contrata con el Gobierno de Honduras, porque mis papeles los mandé con María Josefa (Lastiri, su esposa), que se embarcó hace ocho días con dirección a Costa Rica o a una de las repúblicas del Sur, estoy seguro de que los límites por la parte de Omoa son el río Chamelecón, y, de consiguiente, las maderas que estén entre este río y Omoa no están comprendidas en dicha contrata; pero si tú puedes arreglar esto del modo que me dices, obra con entera libertad.

Lo que conviene es sacar de este negocio todas las ventajas posibles.

A Camoyano he escrito para que siga sosteniendo a Esteban en Londres, y aún para que lo haga cuando este vaya a Francia. Es necesario que tú no te olvides de esto. También se llevó María todas las cuentas que ha presentado Bennett, en las que consta que se han vendido árboles por valor de 29,000 pesos. No llegará a 2,000 pesos lo que he recibido de Bennett en dinero, lo demás ha sido en muebles que valen muy poco.

Según la contrata, el Gobierno de Honduras debió pagar a los que vinieron a poner el Cuño. Si Bennett continuó cubriéndoles sus sueldos, yo no se lo mandé, y tú no debes dejar pasar esto. Haz que los albaceas presenten luego la cuenta, en la que deben acreditar con recibos míos lo que Bennett me ha dado.

Como el día que al Gobierno de Honduras se le antoje puede mandar que no se corte madera y anular la contrata, es conveniente que aparezcan vendidas a algún extranjero todas las maderas que me pertenezcan, para que este, a su vez, pueda hacer los reclamos correspondientes.

Tomasita está buena aquí, y no tiene novedad ni peligro.

Es tu apasionado,

**FRANCISCO MORAZÁN.**

# ORDEN DEL DÍA QUE DIRIGE A SUS JEFES Y OFICIALES, EN QUE MANIFIESTA LAS AMENAZAS PROVENIENTES DE GUATEMALA SOBRE EL SALVADOR

Lugar no señalado, marzo de 1840.

Orden del Día

Los Jefes y Oficiales manifestarán a la tropa que el Gobierno de Guatemala intenta hacer de El Salvador un departamento, para agregarlo a aquel Estado, como lo ha hecho con el de Los Altos, nuestro amigo y aliado.

Que el infame Carrera, que por una infame traición ocupó Quezaltenango, en donde ha derramado torrentes de sangre de hombres indefensos, asesinando a todos los prisioneros y cometiendo toda clase de delitos, intenta invadir este Estado, y se asegura que ha marchado ya con sus hordas.

Que es necesario ahorrarle una parte del camino y acreditarle que los salvadoreños, que lo han vencido en cien combates, aún existen para derrotarlo de nuevo y salvar la República.

A todos los Jefes y Oficiales que cumplan con su deber, distinguiéndose en las acciones de guerra, se les dará un grado, y serán severamente castigados los que falten a sus obligaciones. A la tropa se le dará, después del triunfo, diez pesos en premio de sus servicios, y los sargentos, cabos y soldados que se distingan serán ascendidos.

De hoy en adelante se castigará la deserción irremisiblemente con la muerte.

Los Jefes y Oficiales serán responsables de los soldados que se deserten, y prevendrán a los sargentos y cabos que hagan fuego a todo aquel que, en la marcha, se separe de la línea sin permiso de su inmediato jefe.

Se dará a reconocer por edecán del General en Jefe al Teniente Coronel José Cáceres y de alta en clase de subteniente al ciudadano Antonio Aguilar.

**FRANCISCO MORAZÁN.**

# CUARTA ETAPA: EN EL EXILIO Y EN COSTA RICA

# CARTA A DESTINATARIO DESCONOCIDO RELATIVA A LA EDUCACIÓN DE SU HIJASTRO ESTEBAN TRAVIESO

David, provincia de Veraguas, República de la Nueva Granada, 14 de agosto de 1840.

Señor:

Uno de los tantos trastornos que sufre la América española, debidos únicamente a que sus legisladores consideran a estos pueblos no como son, sino en su concepto como debieran ser, me ha obligado a separarme voluntariamente de mi familia en Centroamérica y establecerme por ahora en este pueblo, perteneciente a la provincia de Veraguas, en la República de la Nueva Granada.

Como ignoro las noticias que habrán circulado mis enemigos con respecto a mi salida de aquel país, y como estoy seguro de que, lejos de serme favorables, pueden ser motivo de desagrado para el joven Esteban Travieso, de cuya educación se halla usted encargado, me tomo la libertad de escribirle, incluyéndole esa carta para el mismo Esteban y otra para su tutor, que espero tenga la bondad de mandar entregar.

Aunque yo había dado orden a Míster Marcial Bennett para que pusiese a Esteban en uno de los colegios de Francia, tengo motivos para creer que esto no se verificó, por lo que me ha parecido conveniente asegurarle que, teniendo fondos suficientes en poder de dos albaceas del mismo Bennett, no dudo que estos habrán puesto los necesarios a disposición del tutor de Esteban para satisfacer los gastos que este haga en el colegio.

Pero si por un incidente inesperado no hubiese sucedido así y, por esta causa, se le adeudara alguna cantidad, debe estar usted seguro de que le será satisfecha por mi apoderado, don Francisco Camoyano, o por don José María Lozano, que existe en Belice.

Me tomo la libertad de pedirle que me informe sobre los adelantamientos de Esteban, su capacidad, inclinaciones y lo demás que usted crea puede satisfacer mis deseos.

Concluyo expresándole mi gratitud por la buena educación que se interesa en darle a Esteban y espero que continuará tratándolo con las mismas consideraciones que hasta aquí lo ha hecho, seguro de que le será enteramente reconocido.

Las contestaciones de esta carta y de las que le incluyo espero se sirva remitirlas por la misma vía por la que reciba la presente, para que puedan venir a la bahía de Almirante y de allí llegar con seguridad a este pueblo.

Con toda consideración, soy de usted atento servidor,

**FRANCISCO MORAZÁN.**

# CARTA A SU HIJASTRO ESTEBAN TRAVIESO, RESIDENTE EN EUROPA

(Relativa a los trastornos políticos de Centro América y a su forzado exilio).

David, provincia de Veraguas, República de la Nueva Granada, 14 de agosto de 1840.

Querido Esteban:

Tú, que conoces los continuos trastornos que desde la Independencia hasta esta fecha sufre nuestro país, no extrañarás que te escribamos desde este pueblo, perteneciente a la Nueva Granada, en donde permaneceremos por todo el tiempo que las circunstancias lo exijan.

Carrera no tiene siquiera el valor y talento de un jefe de salvajes, y apareció usando la funesta plaga del cólera morbus que afligía a los habitantes de nuestra república, queriendo persuadir a los ignorantes de que el gobierno envenenaba las aguas. Ha sido alternativamente protegido por los partidos como instrumento propio para llevar adelante sus miras. Los que dirigían la opinión del Estado de Guatemala protegieron primeramente su entrada a aquella ciudad para deponer al doctor Gálvez. Y los que han escrito tanto contra este hecho y pintado a Carrera con sus verdaderos colores, presentándolo como uno de aquellos monstruos que nacen y mueren con la revolución, son hoy los que le prodigan elogios porque, abriéndose camino entre mil víctimas que ha asesinado con su propia mano, contribuye hoy a establecer el gobierno teocrático que cuatro nobles sin título, sin talento y sin virtudes, unidos a un puñado de fanáticos, quieren establecer en Centro América.

Como siempre, he combatido estas ideas por todo el segundo período de mi mando, y continué después defendiendo los derechos del pueblo en tanto lo podía hacer con honor. Últimamente ocupé la plaza de Guatemala, donde estaba refugiado Carrera, pero la pérdida del parque que llevaba no me permitió continuar en posesión de aquella ciudad, y tuve que retirarme, dejando cien heridos entre jefes, oficiales y soldados que no me fue posible conducir, los que fueron asesinados por la mano del mismo Carrera, al mismo tiempo que yo protegía, como es debido, a los prisioneros enemigos.

Este horrendo crimen me acredita la desventaja con que hacía la guerra y me obligó a retirarme con María, Paulina, Ramona y Adelita a este pueblo, en donde disfrutamos de completa salud.

Con esta misma fecha escribimos a tu maestro y tutor, asegurándoles que no les faltarán los fondos necesarios para...

(incompleto)

**FRANCISCO MORAZÁN.**

# MANIFIESTO DE DAVID A LOS PUEBLOS CENTROAMERICANOS

David, provincia de Veraguas, República de Nueva Granada, 16 de julio de 1841.

"Cuando los traidores a la patria ejercen los primeros destinos, el Gobierno es opresor".

MONTESQUIEU

Hombres que habéis abusado de los derechos más sagrados del pueblo por un sórdido y mezquino interés! Con vosotros hablo, enemigos de la independencia y de la libertad. Si vuestros hechos, para procuraros una patria, pueden sufrir un paralelo con los de aquellos centroamericanos que perseguís o habéis expatriado, yo a su nombre os provoco a presentarlos. Ese mismo pueblo que habéis humillado, insultado, envilecido y traicionado tantas veces, que os hace hoy los árbitros de sus destinos y nos proscribe por vuestros consejos, ese pueblo será nuestro juez.

Si la lucha que os propongo es desigual, todas las ventajas de ella están de vuestra parte.

Tenéis en vuestro apoyo:

Que os halláis colocados en el poder, y que nosotros nos encontramos en la desgracia.

Que podéis hacer uso de vuestra autoridad para procurarnos acusadores, y que nosotros no encontraremos tal vez ni un testigo.

Que os habéis constituido en nuestros jueces, y declarado que somos vuestros reos.

Que nuestra voluntaria retirada de los negocios públicos, con un objeto más noble que el que ha podido caber jamás en vuestros corazones, la habéis interpretado como fuga.

Que vosotros, que no os atrevisteis nunca a vernos cara a cara, nos insultáis atrozmente en vuestra imprenta, y añadiendo el escarnio a la venganza, habéis tomado la mano misma que os ha envilecido para trazar los caracteres de un nombre funesto que no podemos pronunciar sin oprobio, y nuestra expatriación se ha decretado.

Y en fin, para complemento de vuestro triunfo, todas las apariencias acreditan que el pueblo que nos va a juzgar os pertenece. Pero no importa, nosotros tenemos la justicia. Vamos a los hechos.

Cuando vosotros disfrutabais de una patria, no podíamos nosotros pronunciar este dulce nombre. Recordadlo. Vosotros habéis gozado muchos años de los bienes de esa patria que buscáis hoy en vano. ¿Encontraréis en la República de Centro América algunas señales de ella? No. Aunque le dais hoy este nombre, más extranjeros sois por vuestros propios hechos en el pueblo que os vio nacer, que nosotros en México, en el Perú y en la Nueva Granada. Por la identidad de nuestros principios con los que sirven de base a los gobiernos de estas Repúblicas, nosotros hemos hallado en ellas simpatías que vosotros no encontraréis en el propio suelo de vuestros padres (que ya no os pertenece) desde el momento mismo en que se descubran vuestros engaños. Pero si aún queréis buscar vuestra patria, la hallaréis sin duda por las señales que voy a daros. Oíd y juzgad.

En vuestra patria, los nombres del Marqués de Aycinena y su familia se hallaban colocados en los primeros empleos del gobierno absoluto, y los nuestros se ocultaban en la multitud.

En vuestra patria, estos mismos nombres se inscribían en los registros de la nobleza, y los nuestros se colocaban y confundían en los padrones del pueblo.

En vuestra patria, cometíais culpas que se olvidaban por unas monedas, y a nosotros se nos exponía a la vergüenza pública.

En vuestra patria, perpetrabais los más atroces delitos, a los que se les daba el nombre de debilidades para dejarlos sin castigo, y nosotros sufríamos la nota de infames hasta nuestra quinta generación.

En vuestra patria, ejecutabais crímenes que siempre se quedaban impunes, porque vosotros mismos erais los jueces; y nosotros perdíamos la salud en los calabozos y la vida en los cadalsos.

En vuestra patria, ostentabais los honrosos títulos de tiranos, y nosotros representábamos el humillante papel de esclavos.

En vuestra patria, teníais la gloria de apellidaros los opresores del pueblo, y gemíamos nosotros bajo la opresión.

Y cuando en vuestra patria, ensanchando la escala de los opresores, descendíais hasta los infames oficios de carceleros y de verdugos, a nosotros se nos exigían los reos y las víctimas.

Y para que nada faltase a vuestra dicha y a nuestra desgracia, así en la tierra como en el cielo, ¡hasta los santos sacabais de vuestras propias familias! Y los malvados, a vuestro juicio, solo se encontraban en las nuestras.

Vosotros oíais continuamente en sus revelaciones la felicidad que os aguardaba, en tanto que a nosotros solo se nos anunciaban desgracias.

Vosotros dirigíais con confianza vuestras súplicas al pie de los altares, porque hacíais propicios a sus sacerdotes con las riquezas que exigíais al pueblo, en tanto que este temía elevar sus plegarias, por no poder acompañarlas con ofrendas.

Y por último, para llevar la medida de vuestro poder y de nuestro infortunio aún más allá de la tumba, en tanto que las almas de nuestros padres vagaban sin consuelo en derredor nuestro, para demandarnos los medios de lograr su eterno descanso, vosotros comprabais el cielo que no habíais merecido con los tesoros que os proporcionaban las leyes de un infame monopolio.

¡He aquí vuestra patria! Recordadla. Pero si aún insistiereis en disputarnos la que por tantos títulos nos pertenece, exhibid vuestras pruebas que nosotros daremos las nuestras; y si resultase un solo hecho en vuestro favor contra mil que presentemos nosotros, consentiremos gustosos en ser a los ojos del mundo, lo que hoy somos a los vuestros.

No es vuestra patria:

Porque en 1812, cuando por primera vez se ventilaron los derechos de los americanos, vosotros hacíais de injustos jueces, de viles denunciantes y de falsos testigos contra los amigos de la independencia del gobierno absoluto.

Es nuestra patria:

Porque en la misma época nosotros nos la procurábamos, difundiendo ideas de libertad e independencia en el pueblo, sin que vuestras amenazas nos arredrasen, ni nos intimidase la muerte, ya sea que se nos presentase en la copa de Sócrates, que la encontrásemos al cabo del dogal que quitó la vida al Empecinado, o que la pronunciasen en vuestros inicuos tribunales.

No es vuestra patria:
Porque cuando triunfaron las ideas de libertad en la metrópoli, cuando los patriotas españoles quitaron algunos eslabones a la pesada cadena de nuestra esclavitud, revelándonos de este modo lo que éramos y lo que podríamos ser, vosotros conspirasteis contra el gobierno constitucional que se estableciera en toda la monarquía. Como enemigos de las luces, cooperasteis con aquellos que pretendieron entonces independizarse del gobierno de las cortes y trasladar a América el gobierno absoluto de los Borbones.

Es nuestra patria:
Porque en el mismo tiempo hicimos resonar el grito de independencia en todo el reino de Guatemala. Todo aquel que tenía un corazón americano, se sintió entonces electrizado con el sagrado fuego de la libertad. Por una disposición de la providencia, los amigos del gobierno absoluto de los Borbones, enemigos de la dependencia de España constitucional, se unieron con los independientes de ambos gobiernos, y proclamaron la separación de la antigua metrópoli el 15 de septiembre de 1821. Y de este modo, vuestros nombres figurarán en la historia al lado de los reyes Luis IX, Luis XI y otros muchos que trabajaron sin pensarlo en favor de la democracia, sistema que hoy gobierna en la República de Centro América.

No es vuestra patria:
Porque en 1821 acreditasteis con un hecho que es, a los ojos del mundo, un grave crimen: vuestro tardío arrepentimiento por haber cometido otro crimen que no es menos grave a los vuestros.

Los remordimientos de vuestra conciencia por haber cooperado a la independencia de un pueblo indócil, que convirtió en su provecho lo que era destinado al vuestro, quisisteis aquietarlos sacrificando a un gran conspirador los derechos de este mismo pueblo; y en lugar de un viejo monarca, nos disteis un nuevo usurpador; en lugar de la tiranía de los Borbones, nos disteis el escándalo de un emperador de farsa, más opresor porque era más inepto, y su opresión mil veces más sensible porque la ejercía sin títulos, sin tino, con sus iguales y por primera vez.

Es nuestra patria:

Porque cuando vosotros, al lado del general mexicano don Vicente Filísola, hicisteis los mayores esfuerzos por conservar la dominación del emperador Iturbide en los pueblos que habíais subyugado por la intriga, aunque sin éxito, nosotros procuramos evitarla.

Cuando muchos de vosotros, a la retaguardia de aquel general, erais testigos de los últimos esfuerzos del heroico pueblo salvadoreño, que mal defendido y cobardemente abandonado por su jefe en el momento mismo del peligro,(2) sucumbió noblemente y con más gloria que la pudo caber a sus vencedores, nosotros, por este mismo tiempo, en el propio teatro de la guerra, en Guatemala, Honduras y Nicaragua, corríamos la suerte de los vencidos por la identidad de nuestras opiniones.

El pueblo salvadoreño, sin armas y abandonado a su propia suerte, hizo impotente a la negra intriga que se formara en su seno con innobles miras. (3) Defendió por largo tiempo la más hermosa de todas las causas, adquiriendo por digna recompensa de sus grandes hechos, la inmarcesible gloria de dar al mundo el grandioso espectáculo de un pueblo libre que se regenera, obteniendo en su propia derrota la reivindicación de los mismos derechos que se la ocasionaran; en tanto que sus injustos agresores pierden todas las ventajas que les diera su malhadado triunfo.

Por un distinguido favor de la Providencia, los últimos cañonazos que quitaron la vida a los mejores hijos de El Salvador y completaron en el reino de Guatemala la dominación de Iturbide, eran contestados por los que se disparaban en México, para celebrar la completa destrucción de un imperio que sólo apareció al mundo para oprobio de sus autores. Y por justo resultado de estos hechos, del reino de Guatemala libre del dominio del emperador Iturbide, en donde habíais creado vuestra nueva patria, se formó la nuestra bajo un sistema democrático, con el nombre de República Federal de Centro América.

Si ya no podéis negar estos hechos, que todo el pueblo ha presenciado, pretendiereis en vuestro despecho arrojar de nuevo vuestra acusación favorita, a saber: que muchos de nosotros nos hemos enriquecido defendiendo la independencia y la libertad; no pretendo dejaros ni este miserable recurso.

Tal como es para mí falsa e insultante la proposición, yo la levanto del suelo, en donde la ha colocado el desprecio público, con la fundada esperanza de tirárosla a la cara con doble fuerza. Si se puede llamar riqueza la que obtuvieron algunos de vuestros jefes militares en el sitio de Mexicanos por medio de un mezquino monopolio, estamos todos de acuerdo. Pero si los bienes de los regulares componen la única riqueza que se ha podido encontrar en Centro América, levante la mano el más atrevido de vosotros y clave en nuestra frente la nota de infame a los que la hubiéremos merecido por este hecho u otro semejante.

Volvamos al asunto. Después de la caída de Iturbide, ¿cuál ha sido la conducta que habéis observado? Yo os la recordaré.

Vuestra debilidad os hizo firmar la Constitución Federal en 1824 y combatirla vuestra perfidia en 1826, 27 y 28.

Con este interés, disteis vuestros sufragios de presidente al señor Arce; y este mismo interés os hizo despojarlo cuando ya había llenado, en parte, vuestras miras, porque le fuera adversa la suerte en el momento mismo de exterminar a vuestros enemigos.

Vuestra razón de Estado llevó segunda vez la guerra a muerte a los pueblos de El Salvador, que perpetuaron vuestros jefes por interés. Vuestra venganza iluminó por mucho tiempo las oscuras noches de estío con el incendio de poblaciones indefensas, para que la rapaz y mezquina codicia de vuestros militares, que se ejercitaba a medianoche, encontrase alumbrado el camino por donde se condujeran a vuestro campo los miserables despojos que habían librado de las llamas...

Esta devastación, esta ruina, que sólo habría terminado con la dominación a que aspirabais y que se os escapara de las manos por la imbecilidad y cobardía de vuestros guerreros, desapareció con los triunfos de Gualcho, Mexicanos y Guatemala; y los liberales vencedores acreditaron con la completa reorganización de la República que eran dignos de regir los destinos de un pueblo libre.

Vuestra venganza jamás satisfecha, y vuestros deseos de dominar, nunca extinguidos, trajeron otra vez la guerra a la República, para dar un nuevo testimonio al mundo de vuestras miras y a los centroamericanos una prueba de todo lo que debieran esperar y temer de sus enemigos.

El coronel Domínguez, que defendiera vuestra causa con tanto empeño en 1828, invadió los puertos del norte en 1831, se introdujo con fuerzas en el Estado de Honduras para presenciar sus derrotas y encontró por último la muerte en la ciudad de Comayagua.

El expresidente Arce, que apareció en el mismo tiempo por Escuintla desde Soconusco con tropas mexicanas que habían destruido la independencia nacional, fue completamente batido por el valiente general N. Raoul. No pudiendo aquel desgraciado jefe imitar a Moreau, que murió combatiendo contra su país natal con un valor que atenúa su crimen, ni a Coriolano, que obligado a retirarse de las puertas de Roma por las súplicas de la que lo llevara en su vientre, acreditó que no le faltaban virtudes, siguió el ejemplo de tantos griegos que se unieran con los enemigos de su patria para combatirla y sufrió, como ellos, el digno castigo en su propia derrota y en las dobles maldiciones de los mercenarios extranjeros vencidos y de sus conciudadanos vencedores.

Esta injusta guerra se terminó con la ocupación del castillo de San Fernando de Omoa, en donde el malvado Guzmán, que sirviera en vuestras filas como soldado en 1828, enarboló la bandera española. Después de una lucha obstinada de cinco meses, que diezmara nuestro ejército y de la epidemia que lo azotara, fue abatida esa señal oprobiosa de nuestra antigua esclavitud por el valiente y sufrido general Guzmán, que hizo rendir la fortaleza. Y para dar al mundo un testimonio de los extremos opuestos a que pueden conducir vuestras opiniones y las nuestras, en el mismo campo en donde está colocada la cabeza de un traidor, hijo de la República y de vuestro partido, que elevara sobre las murallas del castillo el símbolo de nuestra opresión, existen los sepulcros de mil centroamericanos, de los nuestros, que lo despedazaran.

No pretendo asegurar que todos vosotros hayáis aplaudido aquel crimen; sí puede afirmarse que hubiesen algunos de vosotros que lo vieran con indignación. Permítaseme preguntar a los demás si tiene alguna analogía con la rendición de la plaza de El Salvador en 1823; si Fernando VII y la bandera española tienen algo de común con la del imperio mexicano y Agustín I; si las garras de la joven águila que se ven pintadas en ésta oprimen o hieren con más fuerza que las del viejo león Hircano que se miran en las armas de aquellas que dominaran la América por tres siglos.

Esta guerra, tan fecunda en hechos que ilustraron las armas del gobierno nacional y que no fue menos abundante en sucesos que justificaron más y más la causa de los liberales vencedores, arrojó sin embargo elementos funestos de discordia. A esto se unió el descontento que, naturalmente, debió producir una administración de diez años, continuamente contrariada por los hábitos que dejara el gobierno absoluto, cuyos resortes tocasteis como oportunidad para preparar la revolución de 1840.

Vosotros, apoyados en el fanatismo religioso, destruisteis en el Estado de Guatemala las obras que los demócratas consagraron a la libertad, en tanto que los bárbaros las hollaron con su inmunda planta.

La profesión de los derechos del pueblo, la ley de libertad de imprenta, la que suprimió las comunidades religiosas, las que crearon la academia de ciencias en que se enseñaban los principales ramos del saber humano, repuesta por vosotros por la antigua universidad de San Carlos, la del habeas corpus, los códigos de pruebas, de procedimientos y de juicios, obra del inmortal Livingston, adoptados con el mejor éxito y tantas otras, fueron al momento derogadas por vosotros. Y el vacío que dejaron estos monumentos del patriotismo lo llenasteis con nombres odiosos, que recordarán al pueblo su antigua esclavitud y sus tiranos.

En los Estados de Nicaragua y Honduras, los justos deseos de reformas, no satisfechos con las que hiciera el Congreso en 1831 y 1835, fueron de nuevo excitados por dos folletos que escribió el exmarqués Aycinena. En ellos pretendía este probar que no estábamos bien constituidos porque los Estados, como en Norte América, no fueron antes que la nación; y porque la Constitución Federal es más central que la de aquella República.

Proposiciones en su origen insidiosas, risibles en su aplicación y que han merecido el desprecio de los hombres sensatos.

Pretender que las constituciones de nuestros Estados debieran existir antes que la general es pedir un imposible, porque los españoles, que nunca fueron ni tan ilustrados ni tan generosos como los ingleses con sus colonos, no nos permitieron otra ley que la voluntad del soberano.

Asegurar que por esta falta no estamos bien constituidos y somos desgraciados, es ignorar las causas que han contribuido a la felicidad de aquel pueblo afortunado.

Afirmar que la Constitución Federal de Centro América es más central que la de los Estados Unidos del Norte es un insulto que no podrá sufrir con paciencia el que haya hecho una comparación de estas leyes.

En fin, atreverse a asegurar ante el público tantas falsedades juntas es abusar demasiado de su sencillez y buena fe, y del silencio que han observado los centroamericanos ilustrados, que conocen que ni los norteamericanos pudieron hacer su felicidad copiando las constituciones democráticas que habían servido a otros pueblos, ni el de Centro América, en su actual estado, hará la suya adoptando la ley fundamental de aquella República si no puede trasplantar al mismo tiempo el espíritu que le da vida.

Pero Aycinena sólo ha tenido por mira el propagar estas doctrinas y producir una revolución. ¡Ojalá sea más afortunado en esta vez que lo fuera con su familia en la del imperio mexicano que defendieron con tanto ardor!

Si el duque de Orleans encontró en la guillotina el castigo de haber anarquizado al pueblo francés, aparentando para subir al trono ideas liberales que no profesara, descendiendo de lo grande a lo pequeño, debe temer igual suerte Aycinena, que usa de los mismos medios para recobrar sus honores.

NI EL ORO DEL RÍO GUAYAPE, NI LAS PERLAS DEL GOLFO DE NICOYA VOLVERÁN A ADORNAR LA CORONA DEL MARQUÉS AYCINENA, NI EL PUEBLO CENTROAMERICANO VERÁ MÁS ESTA SEÑAL OPROBIOSA DE SU ANTIGUA ESCLAVITUD; PERO SI ALGUNA VEZ BRILLASE EN SU FRENTE ESTE SÍMBOLO DE LA ARISTOCRACIA, SERÁ EL BLANCO DE LOS TIROS DEL SOLDADO REPUBLICANO.

Y para que nada faltase de ignominioso y de funesto a la revolución que habéis últimamente promovido, apareció en la escena el salvaje Carrera, llevando en su pecho las insignias del fanatismo, en sus labios la destrucción de los principios liberales y en sus manos el puñal que asesinara a todos aquellos que no habían sido abortados, como él, de las cavernas de Mataquescuintla.

Este monstruo debió desaparecer con el cólera morbus asiático que lo produjo. Al lado de un fraile y de un clérigo (4), se presentó por primera vez revolucionando los pueblos contra el gobierno de Guatemala, como envenenador de los ríos que aquellos conjuraban para evitar, decían, el contagio de la peste. Y contra este mismo gobierno, fue el apoyo de los que, en su exasperación, le dieron parte en la ocupación de la ciudad de Guatemala.

Fue su peor enemigo cuando estos quisieron poner término a sus demasías y vandalismo, y su más encarnizado perseguidor y asesino cuando el salvaje se uniera con vosotros.

Es necesario que no se ignore la conducta de este insigne malvado, que ha excedido con sus crímenes a todos los tiranos sin conocerlos. Su vida forma una cadena no interrumpida de delitos, acompañada de circunstancias horrendas.

El fusilamiento de varios jueces de circuito, en cuyo número se cuenta el ciudadano F. Zapata, que ejercía sus funciones en Jalpatagua, es de este número.

Como en todos los pueblos, lo primero que hizo Carrera fue incendiar en la plaza la ley que establecía el juicio por jurados y los códigos que eran el espanto de los malvados, porque con arreglo a ellos se habían sentenciado en pocos días reos de muchos años.

Enseguida hizo colocar al juez Zapata en el lugar destinado al suplicio, a tiempo que pasaban de camino para la ciudad de El Salvador las señoritas Juana y Guadalupe Delgado. Juzgando sin duda el malvado asesino que todos tenían un corazón que se complaciera, como el suyo, con la muerte de la inocente víctima, las obligó a presenciar la ejecución, a pesar de sus súplicas y lágrimas para evitarla, y de sus esfuerzos por separarse de aquella escena de horror.

El rapto, entre tantos raptos, de una joven doncella que vivía con sus padres en la hacienda de La Laguna de Atescatempa fue acompañado de circunstancias que no deben ignorarse.

Carrera, que había visitado a esta honrada familia y de ella recibido diversas insinuaciones de cariño, quiso retribuirlas con un crimen, como acostumbra.

Para ocultar el malvado su perfidia a la que era el objeto de sus torpes deseos, recurrió a otro crimen que pudo producir peores consecuencias por el gran compromiso en que puso a su gobierno.

Hizo disfrazar a un oficial para que, a la cabeza de algunos soldados que debieran suponerse salvadoreños y, de consiguiente, enemigos, ocupasen en la noche la casa de la hacienda. A pretexto de que los dueños de ella hicieran servicios a Carrera, tenía orden de reducirlos a prisión y conducir a la joven hacia el Estado de El Salvador. El bandido, con un considerable número de soldados, debía encontrarse con ellos en el camino, y estos contestar al '¿quién vive?': El Salvador libre.

A esta palabra de guerra se convinieron en hacerse mutuamente fuego las dos fuerzas, sin usar de las balas, dispersarse los fingidos salvadoreños enseguida y dejar en sus manos la causa inocente de tal maldad, para exigirle su deshonra en pago de haberla salvado.

Todo se habría ejecutado a satisfacción de Carrera si la divina providencia no hubiera destinado, en justo castigo, una bala que se le introdujera en el pecho cuando se batían en apariencia las dos partidas.

Esta bala, en concepto de algunos, se puso por casualidad en el fusil; pero otros creen haber sido dirigida por la venganza del oficial que había sido en otro tiempo maltratado por Carrera. Lo cierto es que se le condujo preso a Guatemala, con los soldados que lo acompañaban para cumplir las órdenes de su general.

La gravedad de la herida, que lo obligara a sacramentarse, no le hizo olvidar el único trofeo de su infernal campaña, que condujo por la fuerza a su cuartel general de Jutiapa.

La joven tuvo el profundo sentimiento de que su criminal raptor sanase de la herida, y su desgraciada familia sufrió su deshonra sin quejarse.

La noticia de este hecho obligó a separarse del gobierno al presidente del Estado de Guatemala, ciudadano Mariano Rivera Paz, para andar 27 leguas de mal camino con el único fin de expresar al malvado el sentimiento que le causara ver derramarse la sangre preciosa del caudillo adorado de los pueblos.

Sangre que, con estas mismas palabras, tuvo el descaro de reclamar al gobierno del Estado de El Salvador, llevando adelante, para paliar el crimen cometido por Carrera, la infame trama que este urdiera para ocultarlo.

La muerte del diputado Cayetano Cerda, a quien Carrera obligara a cenar a su mesa en señal de amistad y que luego mandara a asesinar por el mismo centinela que lo guardaba.

La muerte que dio, con su propia lanza, a un elector de Cuajiniquilapa, que se negó a prestarle su voto.

El asesinato de todos los heridos el 19 de marzo en la plaza de Guatemala, ocupada a la bayoneta y evacuada después, rompiendo la línea enemiga por falta de municiones y por no haber encontrado los auxilios que ofrecieron los liberales. Asesinato tanto más criminal, cuanto que se le había tratado con las debidas consideraciones al oficial Montúfar y a 35 soldados que se tomaron prisioneros en la acción, respetando además al padre obispo y a los canónigos que se encontraron en la catedral, confundidos con los soldados enemigos que se batieron con los nuestros dentro del mismo edificio.

La muerte que dio a cuarenta de los más distinguidos ciudadanos de Quezaltenango, en cuyo número se cuentan las autoridades municipales, después de haber rescatado muchos de ellos la vida, sus esposas y hermanas, con grandes sumas de dinero que Carrera recibió, son los menores delitos que ha cometido este malvado.

A este monstruo estaba reservada la invención diabólica de acompañar con su propia guitarra los movimientos del señor Lavagnini, a quien obligaba a danzar, y los últimos ayes de las cuarenta víctimas que asesinó el 2 de abril en la misma plaza de Quezaltenango, para así acostumbrar los oídos del pueblo y prepararlo a nuevas matanzas.

A este monstruo estaba reservado el acto de mayor inmoralidad y perfidia que ejecutó en la propia ciudad de Quezaltenango. Habiendo prevenido al pueblo que se presentase en la plaza a una hora señalada, bajo la pena de muerte, cuando se encontraba ya reunido, mandó saquear con su tropa toda la ciudad, que contiene 25.000 habitantes.

A este monstruo estaba también reservado enterrar a los vivos, como lo ejecutó con un vecino respetable del pueblo de Salamá, porque le faltaban mil pesos, en que había valorado su vida. A pesar de que su familia le presentó alhajas en doble valor, lo introdujo sin embargo en la sepultura que le había obligado a cavar, y lo cubrió de tierra hasta la garganta.

Dándole después grandes golpes en la cabeza que le produjeron la muerte, lo abandonó a su inocente familia, que en su desolación derramaba lágrimas sobre el cadáver, cargando en seguida el bandido con el vil precio de su infame asesinato.

A este monstruo estaba reservado...

Pero ¿cuál es el delito que no ha podido perpetrar ese malvado? Existe uno, ¡quién lo creyera!, que solo estaba reservado a vosotros: ¡dar a Carrera, en premio de tanto crimen, el poder absoluto que hoy ejerce en el Estado de Guatemala por vuestros votos!

Que nuestros conciudadanos, que han presenciado todos estos hechos, desde las prisiones de Belén en 1812 hasta las matanzas de Carrera en la ciudad de Quezaltenango en 1840, juzguen y decidan ahora si tenéis algún título para llamaros centroamericanos y cuáles son los nuestros.

Y si, como esperamos, la justicia decide en nuestro favor; si los pueblos patriotas de que se componen los Estados de Nicaragua, Honduras, El Salvador, Los Altos y parte del de Guatemala han descubierto ya vuestras pérfidas miras, preparaos, no sólo a abandonar la República, sino a andar errantes como los hijos de Judea, tras la patria de los tiranos, que buscaréis en vano.

Sí, en vano, porque la libertad que habéis combatido tantas veces, derramando la sangre de sus mejores defensores, ha recobrado el imperio del orbe que, por un don del cielo, ejercía en los primeros tiempos.

Los pueblos de ambos mundos profesan ya su culto, los gobiernos del Nuevo son obra suya, y los del Antiguo caen y se precipitan a su voz para no reaparecer más sobre la tierra.

**FRANCISCO MORAZÁN.**

# CONTRATO CON PEDRO BERMÚDEZ SOBRE UN EMPRÉSTITO PERSONAL POR DIECIOCHO MIL PESOS

23 de noviembre de 1841

Sea notorio como yo, don Francisco Morazán, natural de la República de Centro América y al presente de tránsito en ésta, otorgo que me obligo a dar y pagar a don Pedro Bermúdez o a quien legítimamente lo represente, en esta ciudad o en cualquiera otra parte en que mis bienes se hallen, la cantidad de dieciocho mil pesos, que he recibido en moneda corriente y a mi satisfacción; los mismos que le devolveré en el término de seis meses, que empezarán a correr y contarse desde la fecha de esta escritura en adelante, cumplido el cual, si no los hubiese devuelto, me obligo también a pagarle el interés del uno y medio por ciento mensual, hasta la total y efectiva paga de los dieciocho mil pesos.

A cuya seguridad, paga y cumplimiento, obligo mis bienes, habidos y por haber, derechos y acciones; y doy poder a las justicias y jueces de esta República (del Perú) o de cualquier otro país donde me encuentre, o mis bienes se hallen, para que a ella me efectúen, compelan y apremien, como por sentencia pasada, consentida y no apelada en autoridad de cosa juzgada, pues por tal recibo y renuncio las leyes, fueros y derechos a mi favor, y la que designa que el actor deba seguir el fuero del reo, y la general que lo prohíbe.

Que es hecha en Lima, noviembre veintitrés de mil ochocientos cuarenta y uno. Y el otorgante, a quien yo, el presente escribano, conozco, de lo que doy fe; así lo dijo y firmó, siendo testigos don Félix de la Torre, don Manuel Ayllón y don José Meneses.

**FRANCISCO MORAZÁN**

Ante mí, José de Zelaya, Escribano Público
Pasó ante mí, y en fe de ello lo signo y firmo en el día de su fecha.
José de Zelaya
Escribano Público.

# EXPOSICIÓN A LOS GOBIERNOS DE LA UNIÓN A TRAVÉS DEL SEÑOR PRESIDENTE DEL ESTADO DE EL SALVADOR

(Explica su presencia allí por la amenaza española lo mismo que inglesa sobre Centroamérica. Excita a un arreglo amistoso con esos países, para honra de la República).

Bahía de la Unión, 16 de febrero de 1842.

Exposición.

Señor Presidente del Estado de El Salvador:

Ese sentimiento inextinguible, el amor a la patria, avivado por la prohibición de volver a ella, me hizo olvidar muy pronto mis sufrimientos pasados y prescindir de toda ingerencia en su futura suerte.

Si alguna vez los papeles públicos me instruían de que mi voluntaria separación de la República en nada había cambiado su suerte, temí que las buenas intenciones que para mejorarla a ella me condujesen, si bien pudieran servir para justificarme con las personas que conocían mis opiniones y designios, no bastarían a desmentir las inculpaciones que se me dirigiesen por otros que los ignorasen, si el éxito no correspondía a mis deseos; y me contentaba por esto con hacer votos por su prosperidad.

Sacrificaba gustoso a este sentimiento el derecho que la naturaleza y las leyes nacionales me dan para intervenir en la reorganización de mi patria, porque me alimentaba la idea de que los nuevos Directores de la cosa pública, más afortunados que sus predecesores, podrían establecer un gobierno de leyes que hiciesen la felicidad de los centroamericanos.

Ni los males que estos padecían, ni las persecuciones de mis amigos, ni las excitaciones continuas de los que eran perseguidos en el interior de la República, habían podido variar la conducta neutral que he observado en los veintidós meses de mi espontáneo destierro. Esta conducta habría sido invariable en mí, si un suceso tan inesperado como sensible no me hubiese hecho mudar de resolución, en fuerza de los nuevos deberes que me lo prescribían, y ese sentimiento nacional irresistible para aquellos que tienen un corazón para su patria.

Desde que llegó a mi noticia que la República estaba amenazada por un pueblo bárbaro, que sólo había excitado hasta entonces la compasión de los que saben apreciar los nobles motivos que lo hicieron preferir la ignorancia y miseria en que se halla, a la esclavitud que le ofrecían los conquistadores españoles, en recompensa de su sumisión al gobierno absoluto de los Borbones, yo no podía manifestarme indiferente sin participar de la humillación nacional.

Pero cuando estas noticias fueron confirmadas por la proclama que con fecha 22 del próximo pasado agosto expidió el Supremo Director del Estado de Nicaragua, y con el aviso de su Ministro, de 4 de octubre último, que recibí en Lima en los momentos mismos de embarcarme con dirección a la República de Chile, me decidí a unir mi suerte con la de sus defensores.

Fue tan grande la impresión que en mí hizo la lectura de estos documentos en que se llama a una parte de los centroamericanos a tomar las armas para defender la integridad de su territorio, con el atentado que había obligado a dictarlos.

La energía y decisión con que se habla en ellos al pueblo nicaragüense excitó de tal modo el amor patrio de los centroamericanos que se hallaban conmigo, que borró en ellos hasta la más pequeña idea que les recordase los motivos por los cuales nos encontrábamos a tanta distancia del suelo que nos proponíamos defender. Desde entonces ya sólo vivimos en él amigos decididos a unir su suerte con la nuestra para salvar el honor nacional.

Ningún centroamericano dejó de participar de este deseo, y puedo asegurar en favor suyo que su actividad y decisión han contribuido a proporcionarme el honor que hoy tengo de ofrecer al Supremo Gobierno de este Estado, un buque armado con las municiones de guerra que se encuentran a bordo, así como nuestros pequeños servicios en concepto de soldados voluntarios.

Señálesenos el lugar que debemos ocupar y el jefe a quien obedecer, y la manera con que cumplamos las órdenes de los gobiernos de los Estados será la mejor garantía de las sanas intenciones que nos han conducido a la República.

Pero si no fuese esto bastante, si alguno de esos mismos gobiernos quisiese poner a prueba nuestro amor patrio, nos proporcionará con esto un nuevo medio de acreditarles la pureza de nuestras intenciones, si con el honor puede conciliarse el sacrificio que se nos exija.

La ocupación de una parte de la Costa Norte por un pueblo extraño como el de los moscos, no podrá verse nunca con indiferencia, porque equivale a perder para siempre un terreno que será con el tiempo de grande utilidad para la República, y porque la tolerancia de un hecho de tanta magnitud prepararía otros de igual naturaleza y de mayor trascendencia para lo sucesivo. Pero la ocupación del puerto de San Juan del Norte, ejecutada por este mismo pueblo, es un golpe de muerte para la República, porque, a mi modo de ver, está cifrada su existencia nacional, la consolidación de un gobierno y su bienestar y grandeza en la apertura del gran canal oceánico por el propio puerto de San Juan.

Con iguales motivos a los que han servido para usurpar este punto podrían más tarde ocuparse las capitales de los Estados, porque la codicia no conoce límites cuando encuentra un débil pretexto en que fundar sus pretensiones y un apoyo en la arbitrariedad de un gabinete poderoso.

Si consultamos la historia, veremos en ella que el derecho de las grandes naciones se ha fundado en algún tiempo en causas de tal naturaleza, que sólo habían excitado la burla y el desprecio si no hubiesen sido sostenidas con las armas. Y este abuso, funesto para los pueblos débiles, que la ambición ha sancionado tantas veces y legitimado el derecho del más fuerte, se ha repetido por desgracia en nuestros días.

Si más de tres siglos de posesión nunca interrumpida no nos han dado un derecho al puerto de San Juan, ¿cuál es el en que fundan el suyo tantas naciones que por los mismos medios han adquirido los inmensos territorios que hoy poseen?

La nación que nos niegue la legalidad de nuestros títulos a aquel puerto ha roto los suyos; títulos que le recuerdan su antigua pequeñez y miseria, y que son hoy la única base de su poder y el origen de su prosperidad y grandeza.

Lejos de mi idea de que se obre militarmente antes de haber dado todos los pasos que las leyes exigen y prescribe la prudencia para pedir que se nos haga justicia. Las armas son medios usados por los que carecen de razón, y la que tienen los centroamericanos en la cuestión presente no puede admitir duda, ni por aquellos que se han posesionado impunemente de una parte de nuestro territorio.

Si me es lícito expresar mis opiniones, no para que las adopte ese Supremo Gobierno, sino para que vea en ellas los sentimientos que me animan, me permitiré el consignarlas solemnemente al terminar esta exposición.

Sería de desear:

Que se nombrase un Ministro que procurase arreglar la cuestión sobre territorio de una manera amistosa y digna de la nación que va a representar.

Que se ponga entretanto en estado de defensa la República.

Que se satisfagan los justos reclamos que por indemnización y empréstitos exigen los extranjeros, señalando a este fin los productos líquidos de la alcabala marítima.

Este acto de justicia revelará a las naciones extranjeras la existencia de un gobierno que quiere y puede satisfacer sus compromisos, dando al mismo tiempo con este hecho una prueba de su estabilidad y poder, y de los sanos principios en que está basada su política.

Semejante conducta serviría, a mi concepto, a los gobiernos de Centroamérica para que se les atendiese en los justos reclamos que deben hacer, puesto que ellos mismos habían dado ya el ejemplo administrando cumplida justicia a los acreedores extranjeros.

Pero si, contra lo que debe esperarse como resultado de esta conducta y de estos hechos, no se pudiese lograr una transacción honrosa para la República, quedará por lo menos a los centroamericanos la satisfacción de haberla procurado y de acreditar al mundo entero que, si se les coloca entre la humillación y la guerra, elegirán siempre el último partido, aun cuando tengan la certeza de no poder salvar más que el honor.

Me suscribo, del señor Presidente, con toda consideración, su atento y seguro servidor.

**FRANCISCO MORAZÁN.**

# CIRCULAR SOBRE EL APOYO QUE HA RECIBIDO DE EL SALVADOR Y LAS RAZONES DE SU REGRESO

San Miguel, 18 de Febrero de 1842.

La integridad e independencia de Centroamérica se hallan en peligro; lo supe en el lugar de mi destierro, desde ese destierro que voluntariamente me impuse por la quietud y paz de los salvadoreños; y no vacilé un momento en venir a unir mi suerte a la de mis compatriotas, para engrosar sus filas en la defensa del Honor Nacional vulnerado, y para procurar el orden y regularidad interna y la obediencia y sumisión a las leyes, sin las cuales no puede adquirirse la respetabilidad en el exterior, hoy más que nunca necesaria para nosotros.

Los centroamericanos todos que conmigo se hallaban en el extranjero, participando de mis mismos sentimientos, son los únicos soldados que me acompañan; mis servicios y los suyos, un buque armado de guerra, las armas y municiones que he podido reunir con no pequeños esfuerzos y sacrificios, todo lo he ofrecido al Gobierno Supremo del Estado, para auxiliar una causa tan sagrada como la de que depende nuestra existencia social.

No ha llegado hasta ahora su contestación, pero a juzgar por el júbilo y el entusiasmo con que he sido recibido por todos y cada uno de los habitantes de los pueblos por donde he transitado, que abrazándonos como hermanos y amigos, nos han dado una prueba evidente de que hacen justicia a nuestra conducta, espero que los mandatarios del Estado, respetando la opinión de los pueblos, no se nieguen a concurrir por su parte a la grande obra de la reconciliación y fraternidad general, que sólo el genio funesto de la discordia podría complacerse en turbar, en una época en que es la única capaz de darnos días de prosperidad y gloria, salvando a la República de la horrorosa anarquía y los desastres consiguientes.

Entre tanto, yo no cesaré de encarecer a cada uno de mis conciudadanos la urgente necesidad en que nos hallamos de deponer ante las aras sagradas de la patria, cualesquiera motivos de odio o resentimiento, que tiendan a turbar la buena inteligencia y armonía; y espero por lo mismo, que esa Municipalidad, influida por idénticos principios, trate de cooperar a la consecución de los fines y al sostenimiento del orden, desmintiendo especies que, para turbarlo, pueda la calumnia sugerir.

Al dirigirme a ustedes esta vez, lores municipales, me cabe la honra de reiterarles que el amor y decisión por los salvadoreños son los afectos más profundos de su atento servidor.

**Francisco Morazán.**

Nota:

Se omite publicar las contestaciones de las Municipalidades, porque en el sistema de terror que prevalece en aquel Estado, podría comprometer altamente a los patriotas que las dictaron, pues todas ellas en general se expresan para defenderla en los días de peligro.

San Miguel, febrero 24 de 1842.
Señor Ministro General del Supremo Gobierno del Estado de...

Por la adjunta copia que va con la presente nota, y que espero se digne elevar a conocimiento del Supremo Director del Estado, se impondrá de los motivos que me obligan a reembarcar en unión de los jefes, oficiales y soldados que me acompañan.

Como no dudo que ese Supremo Gobierno tendrá las comunicaciones que he dirigido al Senador Presidente de El Salvador, que son la prueba más inequívoca de cuanto se contiene en mi citada nota; me limitaré a añadirle que, no habiendo recibido hasta ahora contestación alguna de ese Ministerio, así como de los de Honduras y Guatemala, a la que yo les escribí con fecha del 15 de febrero, he resuelto, para evitar cualquier siniestra interpretación, dar aquel paso que espero se sirvan mirar como una prueba de la sinceridad de mis intenciones.

Soy de usted, señor Ministro, con la mayor consideración, atento y obediente servidor.

**FRANCISCO MORAZÁN**

# CARTA AL SECRETARIO GENERAL DEL SUPREMO GOBIERNO DEL ESTADO DE NICARAGUA

San Miguel, 20 de Febrero de 1842.

Señor Secretario General del Supremo Gobierno del Estado de Nicaragua:

Un suceso en sí mismo harto desagradable, pero que lo es doblemente por la siniestra inteligencia que pudiera dársele en perjuicio de los grandiosos objetos que me han conducido a la República y que tuve la honra de comunicar a ese Supremo Gobierno en mi exposición fechada el 15 del actual, es el que hoy me obliga a dirigirme a usted de nuevo con el fin de que el Supremo Director de Nicaragua, plenamente enterado de los hechos, pueda hacer justicia a la sinceridad de mi conducta.

Al desembarcar yo en La Unión la madrugada del 15, no se encontraba en aquel puerto su Comandante, Teniente Coronel José María Aguado; pero pocos momentos después llegó a él, e ignorando cuanto ocurría, avanzó hasta las primeras casas de la población, sin que le fuese posible retroceder, ni creo que hubiese nunca tenido intención de hacerlo, puesto que vino inmediatamente a presentarse.

Después de haberle informado de los motivos y fines de mi regreso al país, le hice presente que en manera alguna tenía el propósito de trastornar, ni en lo más mínimo, el orden de cosas establecido en el Estado, y que por lo mismo podía continuar en el desempeño de sus funciones, como lo hizo hasta mi salida de dicho puerto para esta ciudad. Antes de verificarla, y deseando salvar al señor Aguado de todo compromiso, le hice presente que si él creía contraer alguno con permanecer en el puerto, por mi parte no encontraría embarazo para obrar como se lo dictase su honor, agregándole que me sería más agradable verlo colocado en las filas de los que me hiciesen la guerra (en el inesperado caso de que se prefiriese tratarme como enemigo, a aceptar mis ofrecimientos) que el que me prestase sus servicios, por importantes que ellos me fuesen, si juzgaba que al verificarlo traicionaba sus deberes.

Quedó pues en el puerto, y allí mismo la guarnición que antes existía, con todas sus armas, sin que de los individuos que me acompañan permaneciese en el puerto más que el General Cabañas con su Jefe de Estado Mayor, pues expresamente les ordené que continuasen a bordo los demás militares que existen en el buque de guerra, dando con este acto de confianza una prueba inequívoca de la buena fe de mis operaciones.

Pero el Comandante Aguado, al siguiente día de mi marcha, sirviéndose de los propios soldados que yo dejé a sus órdenes, preparó un bongo para fugarse con ellos y otros a quienes había armado, con dirección a ese Estado. Retuvo, hasta después de verificado su embarque, en la casa de la Comandancia, al General Cabañas y al mencionado Jefe de Estado Mayor que le acompañaba; y desentendiéndose de todas las reflexiones que el mismo General le hacía sobre una conducta tan extraña, emprendió su viaje después de haber hecho uso de la fuerza para impedir que se llevase al buque noticia de lo ocurrido.

Tan luego como el General Cabañas, por la partida del Comandante Aguado, quedó en libertad de proceder según lo exigían las circunstancias, considerando que la fuga para ese Estado de dicho Comandante con la tropa salvadoreña que estaba a su mando, sería interpretada como la consecuencia de algún acto hostil de nuestra parte y un motivo de alarma que turbase la armonía y concierto, cuyo establecimiento es el objeto preferente de nuestros esfuerzos, se dirigió a bordo del Cruzador y, mandando echar al agua los botes y lanchas del buque con los soldados y marineros necesarios, se puso a darle alcance, como lo verificó a las pocas millas. Al ordenar que se abordase el bongo, el señor Aguado dijo que se rendían sin resistencia, por lo cual todos volvieron al puerto, colocando antes al mismo Aguado, como una precaución indispensable, a bordo del Cosmopolita, que también he tomado y armado para el servicio de la República, y allí se le trata con las consideraciones y atenciones debidas.

Recelando el General Cabañas que si este hecho se difundía sin que antes se hiciesen las explicaciones convenientes, acaso podría maliciosamente desfigurarse, mandó suspender la salida de las embarcaciones que se hallaban próximas a partir para los puertos de Nicaragua, interin dándome cuenta de lo ocurrido podía yo escribir, como ahora lo hago, a ese Supremo Gobierno, presentándole una sucinta y verídica relación de lo ocurrido, aunque no con la prontitud apetecible, a causa de que cuando el correo conductor de dichas noticias llegó a esta ciudad, me encontraba en las inmediaciones del Lempa.

El Comandante Aguado será puesto en tierra y remitido al Gobierno Supremo de El Salvador, tan luego como en La Unión se reciban las órdenes que al efecto voy a dirigir, dando con este hecho al mismo Gobierno de El Salvador una muestra de mi reconocimiento a la manera amistosa y franca con que aquí se me ha acogido.

Prevengo también ahora al General Cabañas que satisfaga, como lo hará inmediatamente, todos los perjuicios que por la tardanza se hayan ocasionado a los comerciantes e hijos de Nicaragua demorados en La Unión, los cuales quedan en libertad de salir del puerto cuando gusten.

Debo decir a usted en conclusión y en obsequio de la justicia, que no creo que el Comandante Aguado haya procedido en esta vez de acuerdo con sus propios sentimientos, sino que ha sido influido por extrañas instigaciones de personas mal intencionadas, pues el señor Aguado, que en concepto de prisionero ha estado otra vez en nuestro poder, creo no podrá tener motivo alguno para dudar del buen tratamiento que se le daría en circunstancias y conceptos tan diversos, cuando, según se me ha dicho con reiteración, se complacía antes de ahora en hacer justicia a mi manejo con respecto a él.

Dígnese usted, señor Secretario, aceptar las distinguidas consideraciones de aprecio con que soy de usted, atento y obediente servidor.

**FRANCISCO MORAZÁN.**

# COMUNICACIÓN QUE DIRIGE A LOS SUPREMOS DIRECTORES DE LOS ESTADOS DE CENTROAMÉRICA

(Que acompaña a la explicación de los motivos de su presencia en estas tierras).

San Miguel, Febrero 24 de 1842.

Gobierno del Estado de...

Por la adjunta copia, que con la presente nota espero se digne elevar a conocimiento del Supremo Director de ese Estado, se impondrá de los motivos que me obligan a reembarcarme en unión de los Jefes, Oficiales y soldados que me acompañan.

Como no dudo que ese Supremo Gobierno tendrá las comunicaciones que le ha dirigido el Senador Presidente de El Salvador, las pruebas más inequívocas de cuanto se contiene en mi citada nota, me limitaré a añadirle que, no habiendo recibido hasta ahora contestación alguna de ese Ministerio, así como tampoco de los de Honduras y Guatemala, a la que yo les escribí con fecha del 15, he resuelto, para evitar cualquier siniestra interpretación, dar aquel paso que espero se sirvan mirar como una prueba de la sinceridad de mis intenciones.

Soy de usted, Señor Ministro, con la mayor consideración, atento y obediente servidor.

**FRANCISCO MORAZÁN.**

# COMUNICACIÓN AL SECRETARIO GENERAL DEL SUPREMO GOBIERNO DEL ESTADO DE EL SALVADOR

(Que extiende a los demás Estados de Centroamérica, en la que explica los motivos de su presencia en estas tierras).

San Miguel, 24 de Febrero de 1842.

Señor Secretario General del Supremo
Gobierno de El Salvador,

La contestación que, de orden del Senador Presidente del Estado, se sirve usted dar a la nota que yo le escribí en los momentos de mi arribo al puerto de La Unión, me acredita que no me equivoqué sobre el verdadero patriotismo y amor nacional de los centroamericanos al decidirme regresar a la República, cuando un próximo e inminente riesgo amenaza su independencia e integridad; puesto que, haciéndose en ella la debida justicia a la sinceridad de mis ofrecimientos, se me manifiesta que serían desde luego aceptados, si para verificarlo no fuese indispensable, en virtud de los pactos que ligan a El Salvador con los otros Estados, recabar el allanamiento de sus respectivos gobiernos, objeto con que desde luego, asegura usted, se dirigía a ellos ese Ministerio.

Los términos en que aparece dictada dicha respuesta, las protestas que en ella se contienen, y el nombramiento de comisionados, que según usted me anuncia serían los intérpretes de los benévolos sentimientos del gobierno, así como el órgano por donde se proponía transmitirse varias noticias sobre cosas cuya naturaleza no permite que se comprendan dentro de los límites de una comunicación escrita, todo me hizo concebir por entonces la lisonjera idea de que no serían infructuosos mis afanes y sacrificios por la buena armonía y reconciliación general de los centroamericanos.

Mas, a pesar de que, cerrando los ojos a toda especie que tendiese a destruir aquella creencia, me he resistido a dar crédito a multiplicadas noticias, que instantáneamente se me reiteran, sobre los preparativos hostiles de que ese Gobierno se ocupa y que exclusivamente se dirigen contra mí y las personas que me acompañan; y no obstante que hasta la fecha he esperado inútilmente la venida de dichos comisionados, cuya tardanza confirma lo que con bastante generalidad se repite: que al anunciarme su envío, no se tuvo otra mira que ganar tiempo, en razón de la debilidad en que el Gobierno se encuentra para prepararse a obrar militarmente, yo aún trataría de hacerme la ilusión de suponer exagerados y falsos estos hechos (tales son mis deseos de evitar los graves males que de ellos serán la indispensable consecuencia). Pero no siéndome posible dudar de que el Senador Presidente reclama y exige de los gobiernos de Honduras y Nicaragua tropas para atacarme, por no conceptuar bastante el efecto de las pocas de que puede disponer, me hallo en el doloroso caso de ceder al pleno convencimiento que arrojan de sí pruebas tan evidentes.

Sin entrar al examen de esta conducta —pues no cabe en mis miras alusión alguna que tienda a fomentar la exaltación de los ánimos— me permitiera ese Supremo Gobierno recordarle que le debería ser bien notoria la manera con que me han recibido los pueblos de este Departamento, y aún todos los del Estado, desde cuyos extremos vienen diariamente a saludarme y ofrecer sus servicios los soldados que han militado a mis órdenes. Sabe también el mismo gobierno que tengo en mi poder elementos de guerra, que para la defensa de la República puse a su disposición, y sabe por último que nunca han dado pruebas de temor los veteranos cuya sangre ha corrido tantas veces por la libertad de sus conciudadanos. Con tales antecedentes, no podrá pues juzgar ni menos persuadir a los salvadoreños ni a los demás centroamericanos que la debilidad o la cobardía influyen en mi presente resolución.

Fiel a la promesa que he hecho a los gobiernos de los Estados en mi nota circular del 15 del que expira, yo voy a cumplirla, presentándoles un nuevo testimonio de mi completa abnegación, de todo otro propósito que no sea el bienestar y felicidad de mi patria. Junto con los Jefes, oficiales y soldados que en crecido número me acompañan, voy a colocarme a bordo de los buques que tengo en La Unión, el lugar de mi permanencia; no inspirará ya el Senador Presidente las falsas alarmas que le ofuscan, y exento de todo recelo, podrá deliberar lo que más convenga a los intereses del Estado, o lo que le sugieran sus propios sentimientos.

Durante mi mansión en este Departamento, no he tenido otra participación en su régimen o gobierno que auxiliar a las autoridades en él existentes, para que se conservase el orden y tranquilidad pública, que se hallaban en peligro a causa de la fuga de la tropa que aquí había con tal objeto y que sus oficiales obligaron a salir de la ciudad antes de mi llegada a ella, y me complazco en asegurar a usted que mi regreso a la República no ha causado otras lágrimas que las que su adhesión y entusiasmo han arrancado a nuestras vistas, a mis antiguos compañeros de armas.

Tengo también la dulce satisfacción de que los pueblos todos sabrán hacer justicia a los nobles motivos que me conducen a su seno, y calificar con sus propios estoques a los que pretenden borrarme del número de los centroamericanos, así como a otros muchos hijos de la República que reclaman sus derechos para defenderla en los días del peligro.

Me repito de usted, Señor Ministro, su atento servidor.

**FRANCISCO MORAZÁN.**

# CARTA AL SEÑOR PRESIDENTE DEL ESTADO DE EL SALVADOR

(En la que explica la pureza de sus intenciones en su presencia de nuevo en tierras de Centroamérica).

Acajutla, 9 de Marzo de 1842.
Ministro de Hacienda y Guerra
del Supremo Gobierno del
Estado de El Salvador.

Señor Presidente del Estado de El Salvador,

Las dos comunicaciones que he tenido la honra de dirigir a ese gobierno desde San Miguel explican suficientemente las intenciones con que he vuelto a la República y mi resolución final tomada en aquella misma ciudad. Mi arribo y desembarco en este puerto no dudo que sirva a mis enemigos para producir en mi contra crueles acusaciones, atribuyéndome miras que no caben en mi corazón ni en mis principios. Tanto como deseo que Centroamérica conserve su honor e integridad territorial, anhelo porque su paz no sea, bajo ningún pretexto, alterada.

Mi arribo a este puerto ha tenido dos objetos: hacerme de varias cosas que urgentemente necesitan mis buques, de cuya colecta se me privó en La Unión por una hostilidad no merecida, y la esperanza de recibir de ese gobierno una contestación clara y terminante, ya fuese por escrito o ya por medio de los comisionados que usted tuvo la bondad de anunciarme. Lejos de mí otro motivo ni pretensión. Pudiera rendir a ese gobierno muchas pruebas acerca de la pureza de mis intenciones, pero me basta indicar la de que, convencidos los pueblos de ellas, han volado a ofrecerme su cooperación para poner a la República en estado de defensa, que yo, mientras presumí que mis servicios serían aceptados, admití los de aquellos, así como rehusé los ofrecimientos de una multitud tan pronto como comencé a sospechar que no faltaban unos pocos que me pintasen como conspirador. Testigo de esto es todo el Departamento de San Miguel.

Sin embargo, en los primeros presentados existen muchos conmigo, y tanto estos como la mayor parte de los pueblos de este Departamento, que incesantemente se me presentan, solicitan de mí los auxilios para defender el Estado de la próxima invasión de que está amenazado por el General Carrera. Tristes y dolorosos recuerdos les hacen entrever que se repetirán en su honor, familias y propiedades, escenas de horror y de vergüenza que el transcurso del tiempo no podrá borrar jamás.

En tales circunstancias, mi posición es hasta el extremo difícil. La humanidad y el patriotismo exigen por una parte mis servicios; el gobierno, por otra, reclama mi consideración, a quien acaso podrían inspirarle ideas equívocas acerca de mis buenas intenciones. Armar a estos hombres sería, a la verdad, el partido más fácil para mí, así porque puedo hacerlo como porque alejaría toda sospecha contra mí. Mas a nada me resolveré sin haber antes arreglado con ese gobierno lo que sea más útil y conveniente al interés de todos los salvadoreños.

Con este único fin propongo a usted mandar un comisionado de toda la confianza de ese gobierno, para que arregle con él, o con la persona que se sirva mandar, lo que sea más provechoso al Estado y a la seguridad de multitud de salvadoreños que se hallan en este puerto. Dicho comisionado marchará sin pérdida de momento al punto que ese gobierno me indique, y en sus instrucciones llenará la de informarle extensamente, señores, cuánto interesa a la actual administración que no se efectúe en El Salvador la introducción de tropas de otro Estado, mucho menos cuando dejará bien pronto de existir el pretexto de que se valen los invasores para subyugarlo, y acaso para hacerlo desaparecer.

Mi reembarque tendrá lugar en el acto mismo que se arregle el negocio expresado.

Soy, con toda consideración, de usted, señor Presidente, su más alto servidor.

**FRANCISCO MORAZÁN.**

# CARTA QUE DIRIGE AL COMANDANTE GENERAL DEL EJÉRCITO DE EL SALVADOR

(Acerca de su desembarco realizado en el puerto de Acajutla).

Acajutla, 9 de Marzo de 1842.

Señor Comandante General del Ejército de El Salvador,

Por mis comunicaciones dirigidas al Gobierno de este Estado, supongo a usted instruido de las intenciones con que he vuelto a la República y de mi igual resolución tomada en la ciudad de San Miguel.

Varias cosas que urgentemente necesito a bordo de mis buques me han obligado a desembarcar en este puerto, y el deseo de recibir la contestación que por momentos aguardo del Señor Presidente del Estado me obliga a acercarme a la capital.

Si con motivo de esta marcha, de nuevo se repiten contra la fuerza de mi mando los mismos hechos hostiles que tuvieron lugar en el puerto de La Unión, en los momentos de mi reembarque, dispuesto con el único fin de dar última prueba de la pureza de mis intenciones, declaro a usted que a la tropa que se me oponga le haré entender que soy fuerte y que puedo vencer.

En tan sensible caso, no soy responsable de la sangre que corra, y sólo lo será el Jefe que abuse de mi sufrimiento y patriotismo.

Soy, con toda consideración, de usted atento servidor.

**FRANCISCO MORAZÁN.**

# PROCLAMA DE CALDERA, DIRIGIDA A LOS COSTARRICENSES

9 de abril de 1842 Francisco Morazán, a los habitantes del Estado de Costa Rica

Costarricenses:

Han llegado a mi destierro vuestras súplicas, y vengo a acreditaros que no soy indiferente a las desgracias que experimentáis. Vuestros clamores han herido por largo tiempo mis oídos, y he encontrado al fin los medios de salvaros, aunque sea a costa de mi propia vida.

Compatriotas:

El día de la libertad ha llegado; venid a recibir de mis manos este grandioso presente, de estas manos que han sido mutiladas tantas veces por defenderlo; venid a saludar la bandera de los libres, que vuelve a flamear de nuevo sobre el suelo costarricense, después de tantos años de esclavitud y opresión; venid a colocaros en derredor de este hermoso emblema de vuestra regeneración política, al lado de tantos compatriotas vuestros, dispuestos a sacrificarse en defensa de vuestros derechos; venid a tomar las armas y municiones que abundan en nuestro campo y marchemos en seguida contra el tirano, porque todo el tiempo que éste abuse de la libertad del pueblo, será de oprobio, de sangre y de luto para vosotros.

Costarricenses:

¡No más prisioneros sin causa! ¡No más destierros y confinaciones sin motivo! ¡No más trabajos forzados sin objeto! ¡No más víctimas inocentes, sacrificadas a la venganza sin ninguna forma de juicio! ¡No más arbitrariedad y tiranía!

Ya no se verán en lo sucesivo los maridos y padres de familia arrancados del hogar doméstico con sus esposas e hijos para ir a perecer en los caminos de Puntarenas y Matina. Al peso de un ímprobo trabajo y al influjo de una atmósfera mortífera, han sucumbido allí centenares de costarricenses, y los restos de los cadáveres insepultos, que no han sido el pasto de las fieras, yacen hoy colocados en las sinuosidades de un terreno que la barbarie y la ignorancia de un déspota han querido hacer transitable.

No veréis ya vuestras tierras ocupadas y vendidas, destruidas vuestras casas, segadas vuestras sementeras sin ninguna indemnización, sólo con el fin de hermosear los lugares en donde el tirano medita nuevos medios de esclavizaros.

Bajo la égida de la ley, de esta ley que vosotros mismos habéis dictado y que hoy yace escarnecida y hollada por el tirano que os oprime, estarán en adelante vuestras vidas, vuestras personas y las de vuestras caras esposas y tiernos hijos, y el encargado de ejecutarla será desde hoy elegido por vosotros, porque vosotros sois el soberano.

Un déspota que, si tiene unos pocos servidores por el temor, carece de un solo amigo que haya asociado su causa a la del que ha destruido la libertad de sus conciudadanos.

¡Guerra contra Carrillo! ¡Libertad del pueblo costarricense! ¡Garantías positivas para todos sin ninguna excepción!

Respeto a la ley, a la moral, a la santa religión y a sus ministros, es el sentimiento más íntimo de vuestro compatriota.

**FRANCISCO MORAZÁN.**

# PACTO DEL JOCOTE

(Firmado en las vecindades de Alajuela por el General Francisco Morazán y el Brigadier Vicente Villaseñor, por virtud del cual se depone al Licenciado don Braulio Carrillo, quien saldrá del territorio en término perentorio).

El Jocote, vecindades de Alajuela, 11 de abril de 1842.
Ratificado en el siguiente día.

Reunidos en el paraje de El Jocote los Generales Francisco Morazán, General en Jefe del Ejército Nacional, por una parte, y el Brigadier Vicente Villaseñor, General del Ejército del Gobierno, por la otra parte, con el objeto de lograr un avenimiento entre ambas fuerzas beligerantes que se hallan a la vista, e impedir que se derrame inútilmente la sangre centroamericana.

Considerando: Que la opinión de los pueblos del Estado, bien pronunciada contra su actual Gobierno, resiste abiertamente su continuación por carecer de legitimidad, la cual sólo puede emanar de la libre elección de los mismos pueblos, han convenido en los artículos siguientes:

Artículo 1°: Ambos ejércitos se reunirán en uno solo, dándose un abrazo fraternal, en símbolo de la identidad de sentimientos de que se hallan animados.

Artículo 2°: Se convocará una Asamblea Constituyente, para que organice el Estado conforme lo demandan sus verdaderos intereses y lo prescriba la voluntad de los pueblos. Entretanto, el mismo Estado será regido por un Gobierno provisorio que ejercerá el General Francisco Morazán, y en su defecto, el Brigadier Vicente Villaseñor.

Artículo 3°: El Licenciado Braulio Carrillo, que actualmente se halla en el mando, lo entregará tan luego como se le ponga en noticia el presente convenio, y saldrá del territorio de la República en el perentorio término que se le designe, garantizándosele su familia y propiedades, las cuales en nada le serán perjudicadas.

Artículo 4°: Si dicho Licenciado Carrillo rehusare cumplir con lo dispuesto en el artículo anterior, quedará fuera de la protección del presente convenio, cuyo cumplimiento lo garantiza el mismo ejército reunido. Se tendrá por válido y obligatorio tan luego como se haya firmado por ambas partes contratantes.

En fe de lo cual, lo hacen por duplicado, con los Jefes y Oficiales de sus respectivas fuerzas en el paraje dicho, a 11 de abril de 1842.

Firmas:

Francisco Morazán, Vicente Villaseñor, el General de División Isidoro Saget, el General de Brigada J. Miguel Saravia, id. Francisco Ignacio Rascón, Coronel Nicolás Angulo, id. Manuel Bonilla, id. A. Escalante, id. Máximo Cordero, el Sargento Mayor J. Alvarado, el Capitán Vicente Aguilar, id. José Benavidez, id. Antonio López, id. Florentino Alfaro, Coronel B. Brusual, id. M. Merino, Teniente-Coronel E. Aqueche, León Ramírez, D. Ciriaco Bran, id. Tomás Olivares, id. J. Solórzano, id. Domingo Guzmán, id. M. M. Choren, id. M. I. Zepeda, Anastasio Mora, Isidoro Melara, Capitán Juan J. Luna, J. M. Espinar, id. Joaquín R. Gómez, Capitán J. M. Zamora, Pedro Iglesias, Teniente Julián Echadi, por el Teniente Pedro Monge y por mí, José Ramón Ortiz; id. Pedro García, id. José Alvarado, Capitán Teodoro Henríquez, id. Juan Junque, id. Francisco Rovira, id. Juan Pablo Osorio, id. Juan J. Herrera, id. Francisco Guerrero, id. Estanislao Valenzuela, Ramón Soriano, id. Gordiano Ulloa, graduado Venancio Iruta, Teniente Seferino Escalante, Magdaleno Berríos, id. Silverio Muñoz, id. Juan Ranos, id. Vicente Navarro, Vicente Platero, Subayudante Fulgencio Ocaña, Teniente Juan M. Carazo, id. Francisco Madriz, id. Pedro Porras, id. M. de Jesús Montoya, Pedro Morales, Subteniente Miguel Granados, Subteniente Cruz Acosta, id. Manuel Abarca, Subteniente Gabriel Pacheco, Subteniente Mercedes Araya, Teniente Santa Ana Zelaya, Juan J. Osegueda, Coronado Parracia, Candelario Cortés, Antonio Valencia, Subteniente Manuel J. del Río, id. Tiburcio Elena, id. Juan Vicente Castro, id. Pioquinto Serrano, Manuel Hidalgo, Teniente Pío J. Hernández, Subteniente Jesús de la Mata, Subteniente Zenón Mayorga, Subteniente Manuel Esquivel, Subteniente José Sotero Soto, Subteniente Bruno Argüello, Subteniente Miguel Herrera, Subteniente Cayetano Ángel, id. Basilio Muñoz, J. Onofre Selva, Estanislao Jovel, id. Vicente Oliva, id. Martín Abelardo, Vicente Balverdo, id. Santos Valencia, id. José María García, id. Baltazar Arias, por cinco oficiales texíguats que no saben firmar, lo hago yo, José Solórzano.

Ratificación por Braulio Carrillo:

Carrillo lo ratificó como sigue:

Reunidos en la ciudad de San José, el señor Licenciado Braulio Carrillo, Jefe del Estado de Costa Rica, por una parte, y el General de Brigada señor José Miguel Saravia, como comisionado al efecto por el General en Jefe del Ejército Nacional, señor Francisco Morazán, y el General de Brigada Vicente Villaseñor, General de las fuerzas del mismo Estado de Costa Rica, en virtud de los plenos poderes que al efecto le han expedido dichos Generales Morazán y Villaseñor; habiéndose presentado al referido Jefe Supremo el convenio que aquellos celebraron el día de ayer en el paraje de El Jocote para los efectos que en él expresan, y deseando el mismo Jefe hacer algunas alteraciones al precitado convenio, han acordado los artículos siguientes:

Artículo 1°: El actual Jefe Supremo del Estado de Costa Rica aprueba por su parte el convenio celebrado el 11 de abril del presente año en el paraje de El Jocote, entre los señores Generales Francisco Morazán y Vicente Villaseñor, con las modificaciones que expresan los artículos siguientes:

Artículo 2°: El Gobierno provisorio que debe establecerse en el Estado, en virtud del artículo 2° del citado convenio, deberá garantizar a los costarricenses, sea cual fuere su clase y condición, el pleno ejercicio de sus garantías individuales, tanto en sus personas como en sus propiedades."

Artículo 3°. Los Jefes, oficiales y soldados que se hallan actualmente en esta plaza serán considerados en sus respectivos empleos y garantizados en sus personas y propiedades, y quedarán desde luego incorporados en el Ejército Nacional, si voluntariamente deseaban verificarlo.

Artículo 4°. El señor Licenciado Braulio Carrillo, que actualmente se halla en el mando, lo entregará tan luego como se haya aprobado el presente convenio, y saldrá de esta capital para el puerto de Puntarenas el día de mañana, acompañado del Jefe que nombre el General Morazán, permaneciendo en dicho puerto el tiempo necesario para encontrar un buque que lo transporte al punto que le convenga fuera del Estado. Podrá volver al país después de transcurridos dos años, contados desde la fecha del presente convenio; debiendo, después de expirado dicho término, recabar del Gobierno de Costa Rica, para internarse al Estado, el correspondiente pasaporte, que en ningún caso podrá negársele. La persona del Licenciado Carrillo, su familia y propiedades, tendrán toda especie de garantías, y por lo mismo en nada serán perjudicadas.

Artículo 5°. La persona, familia y propiedades del señor Manuel Antonio Bonilla, segundo Jefe del Estado y Comandante General, gozarán también de toda garantía.

El presente convenio será ratificado por los Generales Francisco Morazán y Vicente Villaseñor, llevándose a pleno y debido efecto tan luego como se cumpla aquel requisito.

En fe de lo cual, lo firman ambas partes contratantes, en el lugar antes dicho, a 12 de abril de 1842.

Firmas:
Braulio Carrillo – J. Miguel Saravia

Ratificación de Morazán en Heredia
Cuartel General en Heredia, abril 12 de 1842.

Hallándose los anteriores artículos arreglados al tenor de las instrucciones dadas al General J. Miguel Saravia, se aprueban en todas sus partes, serán desde luego puestos en ejecución y cumplimiento.

Firmas:

**FRANCISCO MORAZÁN**
Vicente Villaseñor

# SEGUNDA CIRCULAR A LOS GOBIERNOS DE LOS ESTADOS DIRIGIDA AL SEÑOR SECRETARIO DEL GOBIERNO DE EL SALVADOR

(Por la que explica su regreso a Centroamérica. Tiene dos fechas. Una en San Miguel a 25 de febrero de 1842 y la otra en Alajuela el 8 de marzo -ha de ser 11 de abril- de 1842).

Al Señor Secretario del Gobierno de El Salvador

La comunicación que con fecha 24 del próximo pasado (febrero) tuve la honra de dirigir a usted en momentos de mi salida de la ciudad de San Miguel, contesta anticipadamente la que usted me escribió en 23 del mismo; y que no recibí hasta el 28 en La Unión, y en circunstancias de hallarse ya a bordo los jefes, oficiales y soldados que me acompañan; sin que permanecieran en tierra otras personas de mi comitiva, más que yo y dos o tres jefes, puesto que previne de aquella...

Yo habría respondido a ella desde luego, si no hubiera llegado a mis manos en circunstancias de hallarme a bordo, a donde me trasladé para verificarlo con los jefes, oficiales y soldados que me acompañaban, llegando entretanto al puerto las fuerzas de ese Gobierno, las cuales, sin previa declaratoria alguna ni otro género de explicación, rompieron el fuego sobre unas pocas personas de nuestra comitiva que se hallaban todavía en tierra para traer varios comestibles que habíamos dejado en almacenes. Este acto de hostilidad (del que nos resultaron algunos heridos), así como el que se ejecutó después a nuestro paso por la playa de Chiquirima, donde estaba una partida de tropa apostada para impedirnos que hiciésemos aguada, supo, viéndonos faltos de aquel elemento, e hizo varias descargas sobre nuestros buques; a su paso me pusieron en la imposibilidad de comunicarme por tierra, sin emplear al efecto la fuerza, cosa que absolutamente he deseado, no obstante los reiterados actos con que se me provoca, y aun cuando tengo la certeza de que podía lograr por medio de ella un triunfo seguro sobre los doscientos hombres que vinieron al puerto, pues según habrán informado a usted sus mismos agentes, tengo a bordo de los tres buques que se hallan a mis órdenes más de quinientos soldados, cuya decisión y ardimiento me ha costado no poco esfuerzo contener.

Partiendo pues de ese hecho, cuya autenticidad me excusa decir debe ser notoria para el Senador Presidente, así como a todos los pueblos, comenzaré por decir a usted que si me trasladé de La Unión a San Miguel, fue precisamente, como lo ha acreditado el tiempo, con el solo objeto de moderar la exaltación que produjo en muchas personas la noticia de mi llegada, que les habrá hecho concebir el proyecto, ya otras veces anunciado, de asaltar las armas, para allanarme el camino hasta la capital del Estado, lo cual, sobre contrariar abiertamente las miras que me propuse a mi regreso al país, habría causado en otros puntos trastornos de la misma naturaleza de los que siempre se me imputaron por aquellos que se complacen en tomar como pretextos para hacerme la guerra; los hechos mismos acreditan que no deseo sino la reconciliación y fraternidad de todos los centroamericanos.

He dicho a usted en mi nota de 25 de febrero y me complazco en repetirlo, que mi conducta durante mi permanencia en la ciudad de San Miguel es el testimonio más inequívoco de la sinceridad de mis sentimientos, a que la manera de obrar de los demás, y ahora puedo añadirle que en la manera hasta el extremo sufrida y tolerante con que he sobrellevado los insultos de hecho que me han proferido.

Así es que no me sorprende el que se me atribuya haber mandado un oficial al Departamento de La Paz con el fin de revolucionarlo, cuando la única misión que tuvo el Capitán Mayor Ignacio Zepeda, que sin duda es a quien usted se refiere, ya que marchó al interior con pasaporte de las autoridades de San Miguel, expedido antes de mi llegada a dicha ciudad; él fue a entregar a ese Ministerio el pliego que yo le enviaba anunciando mi arribo a La Unión, y manifestar al mismo tiempo a mis amigos y a las demás personas que me favorecen con su confianza, que yo deseaba a toda costa se mantuviese inalterable el orden y régimen existente en el Estado, como lo demuestra la circular que he dirigido a las Municipalidades y que acompaño en copia.

Si el Mayor Zepeda no cumplió con la primera parte de su encargo, como lo hizo con la última, el Senador Presidente encontrará la causa en los justos temores que inspiraron a otro oficial, y a la animosidad y efervescencia desplegadas por algunos de los agentes que rodean al Gobierno.

Dije a usted en mi nota del 24 y repito ahora, que de todos los extremos del Estado venían a reunirse hombres decididos a tomar las armas; oficiales, soldados y paisanos, que cruzan sin garantías de parte del Gobierno.

Tengo aún que repetirle, que la opinión pública es la que ha formado las reclutas, que usted supone como resultado de mis esfuerzos, y en esta última considerable reunión de hombres, verificada en cortos días desde puntos distantes, muchos de ellos ocupados por fuerzas del Senador Presidente, podrá él ver la conveniencia que le resulta que, sustraídos otros hombres de la gran masa de descontentos, se hallen colocados en un punto desde donde no puedan absolutamente inspirarle recelos.

Yo no los he acogido en absoluto a los mismos, fundado en lo que debían inspirarme los preparativos hostiles del Gobierno, sino cuando no podía abrigar la menor duda sobre la realidad de aquellos, y eso solamente en cuanto se refiere a la seguridad de las personas. Ellas precaven tomar las seguridades y precauciones en tal caso necesarias para la propia defensa y la de los soldados que me acompañan.

Un suceso que la malevolencia habrá sabido sin duda interpretar en el sentido de sus deseos, tal vez se tomará como una causa que corrobora los que agitan al Gobierno de El Salvador; y es la fuga y detención del Comandante José María Aguado, cuya conducta pérfida, abusando de la plena libertad que yo le dejé a mi salida de La Unión, en el libre ejercicio de sus funciones oficiales, me hizo conocer que sus miras, al embarcarse furtivamente con la guarnición de dicho puerto para el Estado de Nicaragua, se dirigían exclusivamente a alarmar su gobierno y habitantes sobre el objeto de mi venida, lo que en ningún modo debía yo permitir; y por lo mismo lo retuve a bordo, para ponerlo en tierra al momento de zarpar de La Unión, lo que ya no pudo verificarse sin peligro suyo, bajo los fuegos de las tropas del Gobierno.

Sírvase usted manifestarle todo lo expuesto y añadir, por último, que firme hasta ahora en el propósito de agotar por mi parte todos los medios que existían a mi alcance y que sean compatibles con el honor, para obrar en consecuencia con lo que dije a usted en mi precitada nota del 15 de febrero.

Espero aún la resolución que el Senador Presidente me ofrece comunicar, tan luego como reciba la de los gobiernos de los otros Estados, pues ya ha transcurrido más del tiempo necesario para recibir sus respuestas.

Me prometo que si los sentimientos que, de su orden, me expresó usted en su carta oficial del 18 (de febrero), no fueron más que un ardid para engañarme, como tengo sobrado derecho para juzgarlo en vista de la conducta que hasta ahora ha observado ese Gobierno, no me hará aguardar largo tiempo su contestación, protestándole solemnemente que si, antes de que ella llegue a mis manos, se cometiese por parte de sus tropas cualquier acto de hostilidad, haré uso de la fuerza para repelerlo, pues la moderación y la prudencia deben reconocer límites, que ya he traspasado en demasía, no siendo por lo mismo responsable de cualquiera consecuencia que de un rompimiento se originen.

Soy de Vuestra Señoría, con toda consideración, atento, obsecuente servidor,

**FRANCISCO MORAZÁN**

# CIRCULAR A LOS GOBIERNOS DE LOS ESTADOS DE CENTROAMÉRICA

(Suscrita por el Ministro don José Miguel Saravia, por la que explica las razones de su regreso a Centroamérica y lo ocurrido en Costa Rica).

San José de Costa Rica, 20 de abril de 1842.

Administración del General Francisco Morazán.

La comunicación que con fecha 16 del pasado febrero dirigió desde La Unión el General Francisco Morazán a ese Supremo Gobierno, lo habrá informado plenamente de los motivos que le obligaron a regresar a la República, junto con los jefes y oficiales que le acompañaban y cuyos servicios, así como los suyos, tuvo entonces la honra de ofrecer a todos los gobiernos de Centroamérica; igualmente que el buque armado en guerra que los condujo a estas playas y el armamento y pertrechos que con no pequeños sacrificios compró en las repúblicas del Sur para que se empleasen en sostener la integridad de nuestro territorio y el decoro y honor nacional.

Notorios deben ser también a los Supremos Gobiernos de los Estados los términos en que el mismo general fue acogido por la opinión y entusiasmo de los pueblos de El Salvador desde los momentos de su desembarque en dicho puerto de La Unión, y la conducta observada por el Gobierno de aquel Estado, quien, al mismo tiempo que manifestaba al General Morazán el sumo placer con que vería un acto de tan distinguido patriotismo de su parte y la satisfacción que le causaría el poder aceptar desde luego sus ofrecimientos, si para verificarlo no necesitase el acuerdo de los otros gobiernos con quienes se hallaba ligado por medio de tratados solemnes, y cuando se comprometía formalmente a recabar el allanamiento de estos y a enviar cerca del citado general dos comisionados de su mutua confianza para que fuesen los intérpretes de sus benévolos sentimientos, mandó las pocas fuerzas de que podía disponer para atacar al mismo general, a quien le habría sido en extremo fácil escarmentarlas si tales hubiesen sido sus miras, pues

263

todos saben que en aquella fecha contaba ya con un considerable número de patriotas, soldados voluntarios y decididos que en todas partes venían a reunírsele.

Mas, prefiriendo abandonar el campo, reembarcándose con las tropas que tenía a sus órdenes, a ver de nuevo derramarse inútilmente la sangre, para él preciosa, de sus conciudadanos, lo hizo presente al referido Gobierno de El Salvador, agregándole que, a vista de tal paso, no vacilaría en reconocer la sinceridad y pureza de sus intenciones; pero, bien lejos de que así sucediese y en recompensa de un comportamiento tan generoso y franco, el Jefe de sus fuerzas vino hasta la propia playa y a nombre de Morazán la suscribe su Ministro J. Miguel Saravia rompiendo el fuego sin ninguna explicación ni otra previa declaratoria, sobre uno de nuestros botes que se hallaba en tierra, nos privó de todo medio de comunicación que no fuese abierto por la punta de las bayonetas, alejando de este modo hasta la más remota idea de un avenimiento que se buscó también en vano desde La Libertad y Acajutla, a donde sucesivamente arribó el convoy con aquel fin, viéndose obligado a recibir y asilar a bordo de los buques en otros puertos y en las Salinas de Misata a multitud de salvadoreños exasperados por el sistema de terror e intolerancia que prevalece en aquel Estado.

Estos hechos y las fusilaciones arbitrarias, asesinatos y atrocidades cometidas por el Jefe de las mismas fuerzas del Gobierno con su autorización y tolerancia en el Departamento de San Miguel y otros pueblos de El Salvador completan el largo catálogo de las robustas pruebas que el General Morazán presentará en breve al público centroamericano, poniéndose a su vista documentos irrefragables y auténticos que actualmente se hallan en prensa.

Refiriéndose, entre tanto, a lo que los mismos hechos explican por sí solos, y sin hacer sobre ellos otros comentarios que una muy sencilla observación que nace de su simple examen, ese Supremo Gobierno no podrá desconocer que el General Morazán, a la cabeza de una numerosa y decidida división compuesta de antiguos soldados, y a las órdenes de diestros y expertos jefes, con abundantes recursos, con una escuadrilla de cinco buques para transportarla fácilmente a donde lo exigiesen las operaciones de la guerra, aclamado por el voto unísono de los pueblos, con las armas y municiones necesarias para ponerlos en estado de defensa, tenía una gran superioridad para combatir a la actual administración de El Salvador, por grandes que fuesen los auxilios que tratasen de prestarle los otros Estados; pero si por una parte afectaban profundamente su ánimo las desgracias y horribles sufrimientos de aquel pueblo benemérito, por otra, no le era dable decidirse a destruir con un combate, por pequeño que fuese, la lisonjera esperanza de la reconciliación general.

Cediendo, pues, a esta consideración y no poco influido por la de no haber recibido hasta entonces respuesta alguna de los otros gobiernos a quienes dirigió la citada circular, y sabedor además de que algunos de ellos se esforzaban en hacer aprestos de guerra para hostilizarlo, creyó conveniente darles con su retirada de las costas de El Salvador el tiempo necesario para que, pensando con más calma y detenimiento en los verdaderos intereses del país, volviesen sobre sus propios pasos, conformándose con la opinión bien conocida de la gran mayoría de los centroamericanos que, en muchos puntos de los diversos Estados, aun en aquellos en donde la fuerza trataba de sofo La suerte de Costa Rica demandaba, entre tanto, los desvelos de todos los buenos centroamericanos. Regido por la absoluta y única voluntad de un solo hombre, destrozadas sus leyes fundamentales, desconocida en su ejercicio la soberanía del pueblo, sin garantías políticas ni individuales, sin representación ni participación en el manejo y arreglo de sus propios asuntos, segregado del todo de los otros Estados de la Unión Centroamericana, negándose absolutamente a concurrir con ellos al reconocimiento de un nuevo pacto, renunciando hasta el pabellón y armas de la República, tal era la situación en que este pueblo moral y laborioso se ha encontrado por largo tiempo.

Sus quejas, aunque sofocadas por represiones de muerte, cadalsos y condenas perpetuas a trabajos forzados en climas mortíferos, y por una policía y un espionaje de los más convencidos y rigurosos, llegaban, sin embargo, con reiteración al General Morazán en solicitud de sus auxilios. Y convencido de que la independencia sobre tamaños males era un verdadero crimen, así como un monumento de oprobio y de vergüenza para la República la prolongación de semejante régimen, vino al puerto de Caldera con la división de su mando, y desde la primera choza a que entró el Ejército a su desembarque, hasta la capital del Estado, que ocupó el 13 del presente abril, su marcha ha sido triunfal, en medio de la unísona aclamación de los pueblos y de las muestras más pronunciadas de su gratitud y afecto.

Dos mil trescientos soldados que el Ex-Jefe Carrillo reunió para defenderse, uniendo sus armas a las del Ejército que mandaba el General Morazán, dieron a aquel Jefe, que había desde mucho antes acopiado un numeroso y escogido armamento y pertrechos de guerra en tanta abundancia, cual tal vez no lo ha tenido antes de ahora ninguno de los Estados de Centroamérica, el terrible desengaño de que tan solo la opinión constituye la fuerza efectiva de los gobiernos.

Los convenios celebrados en el paraje del Jocote y en esta ciudad los días 11 y 12 del corriente, y de los que le acompaño ejemplares impresos, impondrán a Ud. de los plausibles términos en que se ha efectuado la regeneración de los costarricenses y de los genuinos títulos que colocan, por la libre y espontánea elección de aquellos, al General Morazán al frente de su gobierno.

Cometería una gran injusticia si, al informar a los otros Estados de este importante acontecimiento, omitiese significarles que, no habiéndose disparado ni un solo tiro, ni una sola lágrima, ni una sola gota de sangre se han vertido en esta vez, debido en gran parte al patriotismo de los pueblos y del Ejército costarricense y al civismo de su General, Jefes y Oficialidad.

En consecuencia de dichos convenios, el señor Carrillo se ha embarcado el 17 y en la goleta salió hoy de La Libertad con destino a los puertos del Perú; y los artículos de la referida estipulación, cumpliéndose religiosamente, mantienen al Estado en la más perfecta paz y tranquilidad, y no ha sido turbada ni aún por el más pequeño desorden de aquellos que, las más veces, acompañaban los grandes cambios políticos del Estado.

El Departamento de Guanacaste, tan luego como supo el arribo del General Morazán a Caldera, se levantó en masa y, pronunciándose simultáneamente contra la administración del Ex-Jefe Carrillo, puso sobre las armas sus milicias y, a las órdenes de dos distinguidos jefes, mandó para que se incorporase al mismo General una columna de cuatrocientos infantes y cien caballos, a la que, después de darle las expresivas gracias que merece un acto de tanto patriotismo, el

Gobierno ha mandado regresar a dicho departamento, por no tener ya objeto en estos sus servicios.

Tal es, Señor Ministro, la sencilla y verídica relación de cuanto ha ocurrido y que Ud. podrá confirmar con los documentos públicos que tengo la honra de incluirle. En ellos se encuentran consignados los principios de tolerancia y olvido que forman el programa que se propone seguir la actual administración de Costa Rica en su gobierno interior, así como las medidas que con urgencia han demandado las circunstancias para ocurrir en lo posible al remedio de los innumerables males que aquejaban a sus habitantes.

Con respecto a las relaciones con los otros Estados de la República, la política del gobierno de Costa Rica será la que convenga para establecer y estrechar los lazos de amistad y unión que por tantos títulos deben existir entre todos los pueblos de la República, como partes integrantes de la Nación centroamericana; y con este fin se halla dispuesto a concurrir a todos aquellos actos que tiendan a procurarlas.

Finalmente, me ha ordenado el General Jefe Provisorio manifestarle a Ud., para conocimiento de su Gobierno, que si como hombre privado, y desde el lugar de voluntario destierro que se impuso por la paz y quietud del país, no pudo ser indiferente a los ultrajes que sufría y al menoscabo de su integridad y honor, como encargado del Ejecutivo de Costa Rica, uniendo sus votos a los de todos sus hijos, ofrece de nuevo sus servicios y los inmensos elementos de guerra que en él existen para la defensa de una causa tan sagrada.

Tengo el honor, Sr. Ministro, de suscribirme de Ud. con toda consideración, atento servidor.

J. Miguel Saravia.

# MENSAJE DEL JEFE PROVISORIO DEL ESTADO, QUE DIRIGE A LA ASAMBLEA CONSTITUYENTE DE COSTA RICA

(En la que explica su conducta en este Estado y les señala las responsabilidades que han asumido para restablecer la Nación).

San José, 10 de julio de 1842.

Ciudadanos Representantes:

Las excitaciones continuas de los costarricenses, oprimidos por un gobierno hasta hoy sin modelo en la historia de la revolución de la América española, que espero no tendrá imitadores, me obligaron a desembarcar en estas costas con los militares que me acompañaban, y la libre y espontánea opinión del pueblo me colocó en el mando supremo del Estado.

Las providencias dictadas en los pocos días de mi administración, de que se os dará conocimiento por el Ministerio, se hallan consignadas a la prensa y grabadas en la memoria de los buenos costarricenses. En ellas encontraréis un testimonio fiel de los verdaderos y justos motivos que me condujeron a este Estado, y una nueva prueba de mi adhesión a sus honrados y pacíficos habitantes. Si algo hemos hecho mis compañeros de armas y yo, vuestra reunión es nuestra mejor recompensa.

Y si desde el lugar en que os ha colocado el voto de vuestros conciudadanos, contempláis la triste y lamentable situación del desgraciado pueblo que compuso en otro tiempo la República de Centroamérica, y decididamente cooperáis al restablecimiento de sus derechos, hollados bajo el santo nombre de la libertad, llenaréis el primero y más sagrado de vuestros deberes, y satisfaréis nuestros más ardientes votos.

No deben decidir las armas una cuestión sostenida por el interés de unos pocos contra la opinión pública, que proclama la unidad nacional. En el presente siglo, en que la razón ilustrada se ha colocado en el lugar que ocupara en otro tiempo la fuerza, la necesidad de un triunfo sólo puede encontrarse en la ciega obstinación de los que lo provoquen; porque siempre la huella del soldado vencedor deja manchas sangrientas, que no pueden borrar ni el tiempo ni las lágrimas de todo un pueblo.

La conducta que he observado desde que toqué en el primer puerto de la República es el resultado de este convencimiento. En obsequio de la paz y de la reconciliación de los partidos, he renunciado con el más vivo placer a todas las ventajas que me habría proporcionado la guerra, aunque, desgraciadamente, hasta ahora el sacrificio de mi amor propio es el único efecto que han producido mis repetidos, cuanto sinceros, ofrecimientos dirigidos a los gobiernos de los Estados.

Algunos de estos han hecho de ellos el tema de tantas producciones insultantes que se han prodigado por la prensa, mientras que han merecido una favorable acogida en la inmensa mayoría de los centroamericanos, sirviéndoles de enseña para acabar de uniformar la opinión.

Este feliz resultado, que borró la desagradable impresión que había hecho en mi ánimo aquella conducta, me decidió a nombrar dos comisionados cerca del Jefe del Estado de Nicaragua, ampliamente autorizados para hacer la paz y acordar amistosamente los medios de poner término al desorden.

A pesar de los vivos deseos del pueblo nicaragüense, expresados de diversos modos en favor de esta medida, los comisionados no fueron admitidos por aquel gobernante, bajo pretextos que sólo puede justificar el ciego espíritu de partido.

Si han sido por ahora burladas mis esperanzas, nunca lo serán las de la patria. La opinión armada vencerá, en este caso, las pequeñas resistencias que se le opongan y se salvará la República.

Un pueblo que ha recorrido la inmensa escala de la anarquía, recogiendo sólo frutos de muerte y exterminio, encuentra siempre los medios de mejorar su suerte en la destrucción de los que lo han conducido a la desgracia.

Las lecciones de una costosa experiencia, adquirida en el funesto teatro del desorden, dieron libertad a Roma, instituciones a la Francia y estabilidad a los gobiernos de Chile y Venezuela. Estos dos últimos pueblos, que acaban de sufrir, como nosotros, los males de la anarquía, hoy disfrutan de paz y civilización. Resolviendo así el problema de la posibilidad de establecer sistemas republicanos en la América española, nos han dado al mismo tiempo un ejemplo que debemos imitar, si queremos que algún día Centroamérica reaparezca entre las naciones.

Ciudadanos Representantes: si son grandes vuestros deberes, son mayores las esperanzas de los que han sufrido la alternativa de inmensos males ocasionados por una tiranía exagerada o por una libertad sin límites.

Los centroamericanos, que todo lo aguardan de vuestra ilustración y patriotismo, tienen fijas en vosotros sus miradas.

Recordad, Legisladores, que la desorganización de la República atrajo sobre Costa Rica los males de un poder arbitrario y despótico, y que el Ejército destinado a salvar esta misma República hoy le ha dado libertad y leyes.

Si este Estado, pues, ha de continuar unido a aquella, para que no vuelva a ser la presa de un ambicioso, que encontró en la insidiosa y risible independencia que proclamara para alucinar a los incautos, los medios de oprimirlos sin responsabilidad, antes de ocuparos de constituirlo, todas vuestras miras, todos vuestros conatos, esfuerzos y sacrificios debéis dirigirlos al restablecimiento de la Nación.

Contad para esto con el Ejército, que se halla dispuesto a salvarla o perecer.

Tal es el solemne juramento que a su nombre tengo la honra de prestar el día mismo de vuestra instalación.

Juramento que hago con tanta más confianza, cuanto que este acto augusto de la soberanía del pueblo es el mejor testimonio que puedo presentaros de nuestra decisión para cumplirlo.

**FRANCISCO MORAZÁN.**

# PROCLAMA QUE DIRIGE A LOS PUEBLOS DE CENTROAMÉRICA

(En la que explica que ha reunido a una Asamblea Constituyente en este Estado, llamada a la obra de la regeneración de la República. Les expresa que si fuesen desoídos en Centroamérica sus llamados, "nuestras armas trazarán el camino a la victoria").

San José, 29 de julio de 1842.

El General Jefe Supremo Provisorio del Estado de Costa Rica, Francisco Morazán, por sí y por el Ejército de su mando, a los habitantes de Centroamérica.

El remedio de los males públicos exigía una medida grande y nacional, deducida del sistema representativo, que tuviese su origen en el pueblo y que fuese apoyada en la opinión. Esta es, sin duda, la que comprende el decreto de 20 del presente, expedido por los dignos legisladores de este Estado, en el que, respetando el principio de la soberanía del pueblo, excita a éste para que se ocupe por el mismo de su suerte futura.

La Asamblea Nacional Constituyente, que en dicho decreto se propone, compuesta de representantes elegidos directamente por este mismo pueblo, es un poder que concilia todos los intereses, que une todas las voluntades de los que sinceramente apetecen la prosperidad de su país, porque miran en este acuerdo eminentemente liberal y popular la única tabla en que puede salvarse la nación del naufragio que la amenaza.

¿Quién será aquel centroamericano que ose oponerse a que todos los pueblos se ocupen hoy de la grande obra de su regeneración política? ¿Quién será aquel que todavía insista en sostener esa convención impopular, concebida por los que ahora la defienden en el seno de pasiones innobles, creada por un ciego espíritu de partido y sostenida por los intereses mezquinos de hombres que, aun para hacer el mal, no han podido ponerse de acuerdo?

De esa convención decimos que nos recuerda los oscuros siglos del feudalismo; decretada por los gobiernos de los Estados, compuesta de representantes elegidos, pagados e instruidos por estos mismos gobiernos para que se ocupen únicamente de sostener, bajo pretexto de una absoluta independencia y soberanía, el despotismo que desconoce las leyes y lo esclaviza todo por la fuerza.

De esa convención, repetimos, envuelta en los misterios de una insidiosa y oscura política, cuya dudosa existencia, anunciada por dos años, nos obligaría a colocarla entre los hechos fabulosos de la mitología, si la historia no reclamara con justicia los inmensos males que ha causado solo su nombre a los centroamericanos.

Si los verdaderos autores de ella confiesan su ineficacia con la misma franqueza y buena fe con que la sostuvieran en otro tiempo, en vano insisten y se esfuerzan en defenderla los que pretenden hoy hacerla servir a sus miras antisociales.

Dos años de anarquía, de sangre, de muerte y de luto para los centroamericanos abundan en hechos demasiado elocuentes, contra los que nada pueden los miserables subterfugios con que pretenden sus autores disculparse.

Dos años ha que la República de Centroamérica fue borrada de la lista de las naciones, porque desapareció el gobierno que le daba nombre y representación, al influjo de unos pocos demagogos que la oprimen y tiranizan.

Hace dos años que esa llamada convención debió darle una nueva forma, tantas veces ofrecida e inútilmente esperada hasta ahora.

Apenas se puede concebir la idea de que un Estado compuesto de un millón seiscientos mil habitantes pudiese existir tanto tiempo sin gobierno. No hay un solo ejemplo de ese hecho escandaloso, que desconoce la historia de todos los siglos.

Donde quiera que ha habido hombres en sociedad, jamás ha faltado un Jefe que los mande a nombre de la ley o de la fuerza. Solo a Centroamérica estaba reservado presentar al mundo este fenómeno político, como resultado de la incapacidad de los que al presente se apellidan sus directores.

Invocando éstos el santo nombre de la libertad para profanarlo, se han apoderado de los destinos que deshonran y de la dirección de la República, que han hecho desaparecer.

Sentados hoy sobre las ruinas de la desventurada patria, amenazan aún con ellas a los que pretenden restablecer sus derechos y dignidad social.

Al paso que se niegan a admitir las proposiciones que se les hacen para salvarla, insisten y se obstinan en llevar adelante los medios que tan eficazmente han empleado en destruirla.

Su propia nulidad los irrita y exaspera, y el odio y la venganza los arrastra a perecer con ella, antes que unirse con sus verdaderos defensores.

A par de este puñado de hombres que han desacreditado en todas partes la causa de la libertad, se encuentran ciudadanos honrados, distinguidos patriotas y sujetos de conocido mérito y de acreditada ilustración, que, convencidos de lo inadecuado de nuestras instituciones, de buena fe se empeñaron en mejorarlas.

Si se equivocaron en los medios de conseguirlo, esta es la común suerte de los innovadores, que, antes de transigir con el partido de oposición, se echan en brazos de hombres que, dirigiendo la revolución en su provecho, solo se acuerdan de la patria para ensangrentarla, y de las leyes para convertirlas en el ciego instrumento de bajas y mezquinas pasiones.

Aquellos pertenecen a la causa de la regeneración de la República.

Si sus compromisos actuales y el lugar en que se encuentran colocados los separa de nosotros, confundiéndolos con los verdaderos enemigos del pueblo, sus manos no están manchadas con sangre y su corazón arde en sentimientos que hacen honor a su ilustración y civismo.

Víctimas de la confianza con que se entregaran a los autores de los males públicos, ansían porque llegue el momento de acreditar que no se ha extinguido en su pecho el amor patrio que los lanzara en un trastorno que no les ha sido posible contener.

La experiencia de nuestros propios yerros, la que de los hombres y de las cosas hemos podido adquirir en una revolución de veinte años, y la ventajosa posición en que nos colocan los recursos con que contamos y la opinión pública que secunda nuestros esfuerzos, son suficientes motivos para que se persuadan estos honrados ciudadanos de la sinceridad con que hoy les extendemos nuestros brazos y brindamos nuestra amistad.

En garantía de estos desinteresados ofrecimientos, presentamos a todos los centroamericanos la convocatoria de una Asamblea Nacional Constituyente, compuesta de representantes elegidos populosamente, como el único poder capaz de dar nueva vida a la República, el más grande y digno de un pueblo libre, y el más honroso título para que todos olvidemos generosamente lo pasado y no nos acordemos más que de la patria.

Pero si, desgraciadamente, fuesen desoídos nuestros votos, si no encontrásemos en el seno de la amistad ni en el interés de una franca reconciliación los medios de salvarla, el poder irresistible de la opinión pública sabrá trazar a nuestras armas el camino que nos conduzca a la victoria, y proporcionar a los centroamericanos un gobierno de leyes, que les dé paz, libertad y civilización.

**FRANCISCO MORAZÁN.**

# CARTA QUE DIRIGE AL VICARIO DE COSTA RICA

(Presbítero José Gabriel del Campo, relativa a la recuperación de los restos del General Lamar, expresidente del Perú, para ser repatriados).

San José, 2 de septiembre de 1842.
Señor Vicario del Estado José Gabriel del Campo.
Señor de mi mayor estimación y amistad:

Desde que salí del Perú, contraje el compromiso de mandar los restos del ilustre General Lamar, que están depositados en ese panteón (de Cartago).

Entre las muchas personas distinguidas que me hicieron este encargo, se encuentra el General P(edro) Bermúdez, a quien debo la mejor amistad.

No dudo, pues, que usted contribuirá por su parte a que pueda cumplir el ofrecimiento de justicia y de gratitud. A este fin, se escribe a usted por el Ministerio (General) y yo me tomo la satisfacción de acompañar la copia de acta que debe celebrarse en los términos que se acostumbra en tales casos.

Me es muy satisfactorio, Señor Vicario, tener esta ocasión para repetirle que soy, con la mejor amistad, su muy apasionado y atento servidor, que besa sus manos.

**FRANCISCO MORAZÁN.**

# CARTA EN LA QUE MANIFIESTA SU TOLERANCIA SOLO PARA AHORRAR SANGRE Y VÍCTIMAS AL PAÍS.

(Carta que dirige al Presbítero José Antonio Castro acerca de la sublevación del día 11 de septiembre, en la que manifiesta la debilidad de la sublevación y su tolerancia, solo para ahorrar sangre y víctimas al país).

San José, 12 de septiembre de 1842, a las 4 de la tarde

Carta que dirige al Presbítero José Antonio Castro acerca de la sublevación del día 11 de septiembre, en la que manifiesta la debilidad de la sublevación y su tolerancia, solo para ahorrar sangre y víctimas al país.

Señor Presbítero José Antonio Castro.

San José, septiembre 12, a las 4 de la tarde de 1842.

Muy señor mío:

Acabo de recibir la de usted de esta fecha, a la que contesto que, como me son del todo desconocidos los proyectos y miras de los soldados que se sublevaron ayer, nada puedo proponerles, hasta que usted, poniéndome al corriente de unos y otras, se sirva significar a los pronunciados que todo arreglo debe comenzar porque nombren una persona con quien conferenciar sobre el particular.

Desde ayer aguardaba la respuesta de usted al encargo que le hice a nuestras vistas y su falta me había hecho mantenerme a la defensiva. Hablo a usted con toda franqueza: si no he batido a las pocas guerrillas que tirotean la plaza, es porque deseo en lo posible economizar sangre.

No se me oculta que carecen de parque y aun el que queman en sus débiles ataques revela, por su clase, la suma escasez en que se hallan. Sé también que heredianos, en su mayor parte, se devolvieron, y lo sé todo.

Tengo soldados, municiones y artillería numerosa, y sobre todo, mucha decisión; pero aun más que todo, tengo un vivo interés en ahorrar sangre y víctimas al país.

Creo que usted abunda en idénticos sentimientos y que, por lo mismo, espero de su actividad me conteste lo más pronto posible, en la inteligencia de que cuanto se acuerde debe ser exclusivo para el departamento de San José, pues respecto al de Alajuela hice ayer manifestaciones a sus autoridades, que me acreditan han sido admitidas por los buenos comportamientos de sus habitantes en su gran mayoría.

A los heredianos desde ayer les ofrecí, por medio de su comandante, que ya no marcharán en el ejército.

Soy de usted afectísimo y atento servidor,

**FRANCISCO MORAZÁN.**

# CRONOLOGÍA DEL GENERAL FRANCISCO MORAZÁN

1792, 3 de octubre
Nace en la Villa de San Miguel de Tegucigalpa. Su padre, Eusebio Morazán, tenía 21 años y su madre, Guadalupe Quesada, 27 años.

1792, 16 de octubre
El niño es bautizado en la Iglesia Parroquial de la misma villa, por el presbítero Juan Francisco Márquez. Fue su madrina doña Gertrudis Ramírez de Reconco.

1792, 20 de octubre
Nace en Tegucigalpa María Josefa Lastiri, su futura esposa, hija del matrimonio de don Juan Miguel Lastiri, español, y doña Margarita Lozano.

1795, 12 de junio
Compran sus padres, por 450 pesos, la propiedad y casa del edificio que se encuentra frente al Teatro Variedades de Tegucigalpa, razón por la que se duda que allí hubiese nacido el prócer.

1804
Estudia Gramática Latina en el convento de San Francisco, con fray José Antonio Murga.

1808
A sus dieciséis años, acompaña a su padre a Morocelí, donde desempeña por algún tiempo su actividad en el comercio.

1818
María Josefa Lastiri contrae matrimonio con Esteban Travieso.

1819
Se organiza y funciona en Tegucigalpa la primera escuela pública. Aparece Morazán como defensor de José León Cabrera, procesado

por homicidio en la persona de José Leandro Cabrera. Defiende luego, en otra causa, a Ramón Flores.

1821, enero-marzo
En el censo de población que se hizo en Tegucigalpa, se registró al comerciante Eusebio Morazán, de 50 años, casado con doña Guadalupe Quesada, con cuatro hijos: Francisco, Marcelina, Cesárea y Benito.

1821, 28 de septiembre
Aparece por vez primera en la vida pública, cuando, junto con otras personas más, se incorpora al grupo de los insurgentes al firmar en Tegucigalpa el acta de esta fecha.

1821, 5 de octubre
Aparece firmando un acta del Ayuntamiento de Tegucigalpa, reunida en la Casa Nacional de Rescates, junto con su señor padre.

1821, noviembre
Es nombrado capitán de las Milicias Patrióticas, organizadas voluntariamente para enfrentarse a las tropas del Gobernador de la Provincia, don José Tinoco de Contreras.

1823 16 de abril
Como Síndico del Ayuntamiento de Tegucigalpa, hace una representación sobre la necesidad de un maestro en la población para educación de la juventud. Es éste su primer escrito conocido.

24 de junio
Forma parte de la Comisión de la Asamblea Constitucional de Centroamérica, para que dictamine sobre los Estados que debían ser miembros y sobre la base del poder electoral de la República.

1824, 16 de septiembre
El Congreso Constituyente del Estado de Honduras elige al primer Jefe del Estado de Honduras a don Dionisio Herrera.

25 de septiembre
Es nombrado Secretario General del Gobierno de Honduras, que preside su tío político.

1825, 30 de diciembre
Contrae matrimonio con María Josefa Lastiri, viuda de Esteban Travieso. Será hija de este matrimonio doña Adela Morazán, nacida en 1828. Doña María Josefa falleció el año de 1846.

24-25 de octubre
Como Secretario del Gobierno, informa al Federal acerca de las gestiones sobre un préstamo extranjero a Honduras.

11 de diciembre
La Asamblea Constituyente de Honduras decreta la adopción de la Carta Fundamental del Estado. Le toca al Jefe de Estado y al Secretario General la sanción y publicación del documento.

1826, 6 de abril
Es electo Presidente del Consejo Representativo (Poder Moderador del Gobierno), con sede en Comayagua.

10 de mayo
Nace en Tegucigalpa José Antonio Ruíz, como hijo legítimo de Eusebio Ruíz y Rita Zelayandía. Más tarde, Morazán lo reconocería como su hijo natural. (Murió el 27 de noviembre de 1883).

1827, 29 de abril
Junto con su columna de tropas, hace frente a las milicias de José Justo Milla, en La Madariaga.

10 de mayo
Las tropas de Milla ocupan, por capitulación, la plaza de Comayagua, tras 36 días de asedio. Allí es hecho prisionero el Jefe del Estado, don Dionisio Herrera.

5 de junio
Llega Morazán al pueblo de Ojojona, en unión de algunos amigos. Ese mismo día es hecho prisionero y el día 7 es trasladado a la cárcel pública de Tegucigalpa.

28 de junio
Es excarcelado bajo fianza. Se fuga a San Salvador disfrazado de sacerdote o de mujer y pasa luego a León de Nicaragua. Allí obtuvo del Vicejefe Juan Argüello el auxilio que necesitaba para que, junto con el proveniente de San Salvador, le sirviera para enfrentar a Milla.

28 de septiembre
Las tropas salvadoreñas, con refuerzos provenientes del Estado de Honduras, son batidas por la división federal al mando de José Justo Milla, en Sabanagrande.

4 de octubre
Nace en Tegucigalpa Francisco Morazán, hijo bastardo reconocido por el General, habido con doña Francisca Moncada. Falleció éste en Chinandega, Nicaragua, en 1904.

11 de noviembre
En las inmediaciones del Cerro de la Trinidad, en el camino entre Tegucigalpa y Sabanagrande, son deshechas las tropas federales por una división de leoneses y salvadoreños, al mando del Teniente Coronel Remigio Díaz. Allí tomó parte activa Morazán y, en su carácter de Consejero, se hizo luego cargo del Gobierno del Estado.

12 de noviembre
Ocupó la ciudad de Tegucigalpa, y fue recibido con júbilo por sus habitantes.

26 de noviembre
Ocupa sin resistencia la ciudad de Comayagua, y en su carácter de Consejero más antiguo, se le designa Jefe del Estado. En la misma fecha toma posesión del cargo.

18 de diciembre
Aprueba el cobro de los ramos fiscales de propios, alcabalas y aguardientes.

1828, 25 de junio
Llega al pueblo de Lolotique con sus tropas, punto situado a 24 km de la ciudad de San Miguel, en El Salvador.

30 de junio
Deposita el mando de Jefe de Estado en el Vicejefe General Diego Vigil. Su propósito fue el de acudir en auxilio del Gobierno salvadoreño, sitiado en su capital por tropas guatemaltecas destacadas por Arce.

6 de julio
Fue esta la primera acción de guerra en la que Morazán figura como General. Fue una batalla sangrienta y tuvo un papel decisivo en el éxito de la lucha entre los Estados de El Salvador y Guatemala.

1828, 2 de septiembre
Al frente de 1,200 hombres, sale de Tegucigalpa con rumbo a El Salvador, por la ruta de Goascorán.

8 de octubre
Sus tropas derrotan en San Antonio del Gualcho a las federales, que iban ya en retirada. Así termina la tercera incursión en territorio salvadoreño de las tropas federales.

9 de octubre
Se firma en la hacienda de Gualcho la capitulación con el General en Jefe del Ejército Federal, ciudadano Antonio Aycinena.

23 de octubre
Con su ejército, se le recibe de modo entusiasta en San Salvador.

**11 de noviembre**
Junto con Prado, propone un arreglo al Gobierno Federal, el que no aceptó las condiciones.

**22 de noviembre**
Emite su proclama a los ciudadanos del Departamento de Olancho.

**1829, febrero**
Sale de San Salvador, con rumbo a Guatemala.

**5 de febrero**
A la cabeza de más de 2,000 hombres provenientes tanto de Honduras como de El Salvador, el que tomó la denominación de Ejército Aliado Protector de la Ley, da principio al asedio de la plaza de Guatemala, embistiéndola por el lado de la Garita del Golfo, de donde fue rechazado tras recio tiroteo.

**18 de febrero**
Las tropas de la guarnición de Guatemala hacen una salida y destrozan en Mixco a una gruesa división del Ejército de Morazán, por cuyo motivo se dio a aquel pueblo el título de Villa de la Victoria. Compra en Guatemala una imprenta a Santiago Machado y la remite a Honduras. Fue la primera imprenta habida en ese país.

**5 de marzo**
La Cuarta Legislatura de Honduras le declara electo Jefe del Estado, mientras Morazán se hallaba en la campaña de Guatemala.

**6 de marzo**
Acude al lugar nombrado San Miguelito, situado a 4 km de La Antigua, en auxilio de las tropas.

**10 de marzo**
Comandadas por Enrique Terrelonge. Allí, juntos, derrotan a las tropas de Guatemala que los habían atacado. Para perpetuar la

memoria de este triunfo, se le dio a San Miguelito el título de San Miguel Morazán.

1830, 14 de diciembre
Con tal motivo, publica un manifiesto a los hondureños, invitándolos a la paz.
Hace entrega del poder al Senador Juan Ángel Arias.

Enero
Sale de Tegucigalpa con sus tropas hacia Juticalpa, por mandato del Gobierno Federal.

21 de enero
Consigue la plena pacificación del Estado de Honduras. Lo consigue por medio de un tratado que se ajustó con los sublevados del Departamento de Olancho, firmado en el paraje nombrado Las Vueltas del Ocote.

6 de febrero
Manifiesto a los habitantes del Departamento de Olancho.

19 de febrero
Derrota a los opotecas, facción en Honduras del Coronel Vicente Domínguez, la cual se dirigía en contra del Gobierno constituido.

22 de abril
Reasume la Jefatura del Estado de Honduras.

4 de mayo
Manifiesto a los habitantes de los pueblos de Honduras.

25 de mayo
El Congreso de Honduras aprueba la ley por virtud de la cual se declara herederos forzosos a los hijos naturales de los clérigos. A Morazán le correspondió ponerle el Ejecútese.

28 de julio
Entrega la Jefatura del Estado a su Consejero José Santos del Valle, por haber sido elegido Presidente de la República Federal de Centroamérica, por el voto popular.
Sale, vía San Salvador, hacia Guatemala.

14 de septiembre
Arriba a la ciudad de Guatemala para hacerse cargo de la Presidencia de Centroamérica.

16 de septiembre
Toma posesión del cargo de Presidente de la República Federal de Centroamérica.

1831, 12 de marzo
Presenta al Congreso Federal su Mensaje como Presidente de la República, en ocasión del inicio del período de sesiones ordinarias.

23 de junio
Se separa del mando y deposita el poder en manos del Vicepresidente Mariano Prado.

20 de diciembre
Proclama a los habitantes de la República sobre la facción de Arce y de Domínguez.

2 Enero
Primer manifiesto del Presidente, dado en Jalpatagua. Se refiere al traslado de las autoridades federales a San Salvador.

1832, 12 de enero
Asume la Jefatura del Ejército y deposita el mando en el Vicepresidente Prado.

14 de enero
Desde Chiquimula, lanza un manifiesto acerca de los procedimientos del Gobierno de El Salvador.

Febrero
Proclama a los habitantes del Estado de Nicaragua sobre la facción de Arce y Domínguez.

28 de febrero
Proclama a los habitantes de la República sobre las dificultades surgidas para establecer el Gobierno Federal en San Salvador.

14 de marzo
Las tropas bajo su mando derrotan en Jocoro, Departamento de San Miguel, a las que comandaba Vicente Villaseñor. Tras este triunfo, encuentra abierto el camino para su marcha sobre San Salvador.

22 de marzo
Sale de Soyapango con rumbo a San Salvador.

28 de marzo
Ocupa por la fuerza la plaza de San Salvador y obliga al Jefe del Estado, don José María Cornejo, a renunciar. Remite a las autoridades depuestas a Guatemala para que fueran juzgadas.

3 de abril
Asume por decreto la Jefatura del Estado de El Salvador, mientras era Presidente Federal. Incontinenti, hizo que se reuniera la Asamblea del Estado de El Salvador.

5 de mayo
Queda destruida la última facción de los Opotecas. Domínguez fue aprehendido y pasado por las armas en Comayagua, el 14 de septiembre de este mismo año.

6 de mayo
Da inicio a su viaje de regreso hacia la ciudad de Guatemala.

2 de junio
Reasume el mando como Presidente Federal en la ciudad de Guatemala.

27 de junio
Por razones de enfermedad, deposita el mando en el Senador Gregorio Salazar.

24 de julio
Reasume el mando presidencial.

1833, 16 de febrero
Se separa del Ejecutivo para marchar hacia San Salvador con propósito de su pacificación.

8 de marzo
Pronuncia don Gregorio Salazar su mensaje, al abrirse las sesiones del Congreso Federal.

1834, 5 de febrero
Se verifica el traslado de las Supremas Autoridades Federales a Sonsonate, las mismas que en el siguiente mes de junio se establecerán en San Salvador.

1834, 2 de junio
Se convoca a nuevas elecciones para Presidente de la Federación, por muerte del electo, el Lic. José Cecilio del Valle.

17 de junio
Se separa del mando en San Salvador.

21 de junio
El Vicepresidente decreta el traslado de sus Secretarías y Senado a Santa Ana.

16 de septiembre
Concluye su período constitucional como Presidente de la República Federal.

29 de septiembre
El Vicepresidente Federal, don Gregorio Salazar, le confiere el grado de General de División.

18 de diciembre
Llega a Puntarenas en la goleta Teresa. El objeto de su visita a Costa Rica es recibir cierta cantidad de tabacos, comprados por el Gobierno de la Federación por la suma de 34 mil pesos.

23 de diciembre
Llega a la ciudad de Alajuela, lugar de residencia del Jefe de Estado de Costa Rica, don José Rafael Gallegos.

27 de diciembre
Llega a la ciudad de San José, en donde se realizan una serie de actos en su honor.

1835, Enero
Escribe una serie de notas acerca del cobro que realizó en Costa Rica para la Federación.
Hace amistad en Cartago con el militar peruano don Pedro Bermúdez.

Febrero
Envía nota acerca de la entrega de 17,450 libras de tabaco.

2 de febrero
Las Cámaras Legislativas erigen al Departamento de San Salvador como Distrito Federal, rango que conservó hasta el 30 de junio de 1839. Lo había sido de hecho, desde el 29 de mayo de 1834.

7 de febrero
Dispuso, de acuerdo con el Senado, comisionar al ciudadano Juan Mora Fernández y al excelentísimo señor don Pedro Bermúdez, con el objeto de mediar.

4 de junio
Toma posesión del cargo de Presidente de la República Federal de Centroamérica, en segunda oportunidad.

1835, 5 de diciembre
Proclama a los salvadoreños sobre nueva turbación de la paz.

1836
En la paz de Costa Rica, ante la rebelión promovida en ese Estado por el coronel Manuel Quijano, hizo despachar a un oficial del Ejército con la orden de aconsejar a Quijano a deponer las armas. A la vez, envió varias comunicaciones a las autoridades del distrito de Nicoya para que aprehendieran a Quijano.

21 de marzo
Presenta ante el Congreso Federal reunido en San Salvador, su Mensaje como Presidente de la Federación.

26 de mayo
Presenta un Mensaje ante el Congreso de la Federación.
14 de julio
Firma la Ley que reglamenta el comercio del tabaco.

1837
Nombra una comisión formada por los ingenieros Bailey y Bates, para la realización de un estudio completo del Canal por Nicaragua. El estudio acerca de su costo y viabilidad no quedó concluido sino después de la muerte del prócer.

27 de febrero
Firma el decreto de Ley Orgánica de la Hacienda Federal de la República de Centroamérica.

15 de marzo
Mensaje dirigido al Congreso Federal, en oportunidad de la apertura de sus sesiones ordinarias.

15 de junio
Una gruesa división de tropas del Gobierno de Guatemala ataca y dispersa, en las inmediaciones de Mataquescuintla, a los disidentes de Mita. Con este ataque da principio a un largo ciclo de violencia que se prolongará por 18 meses.

1838, 2 de febrero
Se separa de la Presidencia para marchar desde San Salvador a pacificar a Guatemala.

9 de marzo
Con 1,300 salvadoreños, sale de Santa Ana sobre Guatemala.

13 de marzo
Ordena a Carrera que se incorporara a sus tropas en Cuajiniquilapa, pero éste no atendió a lo solicitado.

20 de marzo
Abre su primera campaña contra los pueblos disidentes del distrito de Mita. Comienza atacándolos en el cerro de Mataquescuintla, pero tras tres meses de combates y de todo género de maniobras, se ve forzado a replegarse a la capital de Guatemala, sin haber adelantado nada en la obra de la pacificación.

Esto señala el éxito creciente de la revolución acaudillada por Rafael Carrera.

1838, 14 de abril
Hace su entrada en la ciudad de Guatemala, la que le recibe con manifestaciones de júbilo.

24 de abril
Proclama dirigida a los habitantes del Distrito de Guatemala, llamándolos a la conciliación.

9 de mayo
Proclama a los vencedores en Amatitlán.
12 de mayo
Proclama a los antigüeños.

28 de junio
Proclama a los soldados del Ejército, dada en el Cuartel de Cuajiniquilapa.

Agosto
Tras vencer en los llanos de Jalapa a los ejércitos enemigos, Rafael Carrera amenaza la capital de Guatemala a principios de septiembre.

Septiembre
Con mil salvadoreños y con autorización del Congreso Federal, se propuso pacificar el Estado de Guatemala.

A mediados del mes, deposita el cargo de Presidente Federal en su Vicepresidente Diego Vigil.

1839, 1 de febrero
Termina su período como Presidente de la República Federal de Centroamérica.

"Desde esta fecha debe considerarse disuelto el pacto federal y fenecida la misión legal de los encargados del Poder Ejecutivo de la República". (Marure)

Febrero
A principios de este mes, realiza su regreso a San Salvador.

24 de marzo

El General Carrera hace un pronunciamiento en Mataquescuintla, por el que desconoce todos los actos de la Asamblea que convocara Morazán.

Abril

A principios de este mes, sale de Cojutepeque al frente de una columna. Va al encuentro de los hondureños y nicaragüenses.

5 de abril

En la madrugada de este día, la columna mandada por Morazán ocupa la estancia del Espíritu Santo.

Envía al campo contrario a su edecán José Morales, con el propósito del canje de prisioneros. Este propósito se hizo efectivo.

6 de abril

Batalla del Espíritu Santo, lugar a orillas del río Lempa.

Se dio entre las fuerzas aliadas de Honduras y Nicaragua, a las órdenes del General Francisco Ferrera, y las del Estado de El Salvador bajo su mando.

13 de abril

Carrera ocupa sin resistencia alguna la ciudad de Guatemala e impone como gobernante al Consejero Mariano Rivera Paz.

1839, 17 de abril

El Jefe de Estado de Guatemala declara disuelto el Pacto Federal, por lo que ese Estado asume su soberanía plena.

8 de julio

Se le declara de nuevo electo Jefe del Estado de El Salvador.

11 de julio

Toma posesión de la Jefatura del Estado de El Salvador, cargo en el que permanecerá hasta el 5 de abril de 1840.

30 de julio
Proclama dirigida a los salvadoreños, dada en San Vicente. Alude a los constantes hostigamientos provenientes desde Honduras, y que realiza el Comandante Ferrera.

28 de agosto
El Brigadier Trinidad Cabañas, a la cabeza de tropas federales, penetra hasta Tegucigalpa, y tras varios encuentros armados la ocupa el 6 de septiembre.

15 de septiembre
Sale de San Salvador al frente de 300 hombres con destino a Suchitoto.

16 de septiembre
Sale de San Salvador para llegar al anochecer a San Pedro Perulapán. Allí bate a una fuerza doble de hondureños y nicaragüenses, al mando del General Ferrera, la que se encaminaba a San Salvador con el propósito de destituir al Gobierno Federal que funcionaba allí.

Su mujer e hija son capturadas por el enemigo como rehenes, pero se rescataron ilesas tras la liberación de la ciudad.

1840, 31 de enero
Es batida la división federal, al mando de Cabañas, en la hacienda Potrero, por las fuerzas combinadas de Honduras y Nicaragua, al mando de Manuel Quijano. Esto puso punto final a la aventura de Cabañas en Honduras, y facilitó el regreso de las autoridades a la capital del Estado.

Marzo
Con 900 hombres, emprende desde El Salvador su expedición a Guatemala.

17 de marzo

A las cuatro de la tarde, descendía con sus tropas por la cuesta de Pínula, para situarse en la sabana de "La Culebra", ubicada entre Guadalupe y los "Arcos de la Aurora".

18 de marzo

Se posesiona de la ciudad de Guatemala, luego de derrotar a sus defensores, capitaneados por el Coronel Vicente Cruz. Sin embargo, ante el ataque de Carrera y sus seguidores, Morazán y su tropa fueron perdiendo terreno.

1840, 19 de marzo

En la mañana, a las cuatro, inician los morazanistas su retirada de la ciudad, para llegar a las once de la mañana a Antigua Guatemala, con 1,300 hombres.

Esta derrota tuvo una decisiva influencia, pues marca el fin de la hegemonía de los diez años de Morazán, que le obligará a tomar el camino del exilio.

24 de marzo

Con su diezmada falange, llega hasta Ahuachapán a las cuatro de la tarde.

27 de marzo

Entra con sus tropas derrotadas a la ciudad de San Salvador.

8 de abril

Embarca en el puerto de La Libertad, a bordo de la goleta Izalco.

22 de abril

A bordo de la goleta Izalco, hace su arribo al puerto de Puntarenas, en donde solicita al Gobierno asilo, pero el Jefe de Estado, Lic. Braulio Carrillo, se lo niega.

Mayo

Llega a Chiriquí, para radicar en la ciudad de David.

16 de julio
Da a conocer el "Manifiesto de David", dirigido a los centroamericanos.

Agosto
A finales de este mes, embarca en Chiriquí y toma rumbo al Perú.

4 de octubre
Recibe un comunicado del Gobierno de Nicaragua, en el que le solicita su ayuda, por haber sido ocupado por los ingleses el puerto de San Juan del Norte, y por haberse rebelado los indios mosquitos.

1841, 23 de noviembre
Suscribe en Lima con don Pedro Bermúdez un empréstito por valor de 18,000 pesos, el que le permitirá financiar su regreso a Centroamérica.

Toma en arriendo, en el puerto del Callao, el bergantín Cruzador.

Diciembre
El bergantín Cruzador echa anclas en Tárcoles, al sur de Puntarenas, para recoger agua y afirmar su orientación para continuar la navegación.

1842, Enero
Zarpa del Callao y hace escala en la isla de Puná y en el puerto de Guayaquil.

Febrero
A principios del mes, arriba a Chiriquí, para visitar a su familia residente en David.

1842, 15 de febrero
El Cruzador amaneció anclado en la bahía y frente al puerto de La Unión.

Abril

A principios de este mes, arriba al puerto de Caldera, en Costa Rica, en donde desembarca sin hallar resistencia.

10 de abril

Carrillo le escribe una carta proponiéndole una entrevista. La respuesta se dio, pero hoy no se conoce.

11 de abril

Por virtud del "Pacto del Jocote", obtiene la rendición del Jefe del Estado Carrillo; éste, de inmediato, prepara su salida hacia el exilio.

12 de abril

Asume la Jefatura provisional del Estado de Costa Rica en Heredia, por virtud del Convenio del Jocote.

Entra victorioso en la ciudad de San José.

14 de abril

Nombra Ministro General del Gobierno al Licenciado José Miguel Saravia.

13 de abril

Promulga un decreto de amnistía y de nulidad de las leyes promulgadas por Carrillo.

Decreta el establecimiento de una Junta, para que analice las disposiciones tomadas por Carrillo.

15 de abril

Vicente Villaseñor es nombrado Jefe del Ejército.

19 de abril

Dicta medidas enérgicas encaminadas a moralizar el Ejército.

22 de abril

Decreta el aumento de las fuerzas militares en Costa Rica.

23 de abril

Decreta una serie de medidas que buscan la reorganización del Ejército e incorpora al Estado Mayor del Comando en Jefe a varios individuos.

30 de abril

Dicta severas medidas en contra de los alborotadores.

Abril

A fines de este mes, realiza una visita a la ciudad de Cartago.

3 de mayo

Dispone un aumento por 5,000 pesos en las rentas públicas.

18 de mayo

Deroga la ley que establece como día festivo el 17 de mayo (de 1839), que celebraba Carrillo.

23 de mayo

Se deroga la ley que declara que corresponde a la capital el armamento existente en ella.

29 de mayo

Se produce una conspiración popular en contra de Morazán y su ejército, y se ataca el cuartel de Heredia.

30 de mayo

Decreta el estado de guerra.

Decreta que se tiene como enemigo del Estado a todo aquel que posea un fusil. Se gratificará a los denunciantes y se perdonará a aquellos que se entreguen, entre los que participaron del asalto al cuartel de Heredia.

1842, 11 de junio

Queda en suspenso el estado de guerra.

20 de junio
Se entrevista con el Teniente Guadalupe Lagos, quien denuncia un complot para derrocarle.

23 de junio
Aprueba la nulidad del acuerdo para fusilar a Cecilio Carmona, por haber participado en una acción provocativa en contra del Gobierno.

14 de julio
Decreta que se nombre a un Jefe provisorio para la Asamblea, a un Vicejefe y a un suplente.

15 de julio
La Asamblea lo declara "Libertador de Costa Rica".

20 de julio
La Asamblea de Costa Rica declara que este Estado forma parte integrante de la República Federal.

27 de julio
La Asamblea acuerda una declaración de reconocimiento hacia todos aquellos que participaron en la caída del Jefe Carrillo.

1 de agosto
La Asamblea Constituyente acuerda que la Se... (Texto incompleto, falta especificar a qué se refiere).

8 de agosto
Entra en vigencia el decreto por el que se le declara Libertador de Costa Rica.

12 de agosto
La Constituyente acuerda restablecer las municipalidades en Costa Rica.

27 de agosto

Se declara nula la Ley de Bases y Garantías promulgada por Carrillo.

Se declara que Guanacaste forma parte de Costa Rica.

Se aclara cuáles son las disposiciones tomadas durante el Gobierno de Carrillo que se hallan vigentes.

28 de agosto

Recibe informes acerca del infortunado suceso en que perdió su vida en Guanacaste el General Enrique Rivas, evento ocurrido seis días antes.

1 de septiembre

Se reforma el Código General promulgado por Carrillo.

2 de septiembre

El Gobierno decreta la organización de cuatro batallones de milicias, las que tendrán como sede las ciudades de Cartago, Alajuela, Heredia y San José.

3 de septiembre

Se comisiona al Teniente Coronel Gerardo Barrios para apresar en Heredia a las familias de los soldados fugitivos y confiscar sus bienes.

5 de septiembre

Se decreta la creación del Colegio de San Luis Gonzaga en Cartago.

La Asamblea Constituyente acuerda en esta fecha suspender sus sesiones.

10 de septiembre

Realiza, junto con un séquito de sus oficiales, un recorrido a caballo por las calles de San José.

Una mujer del pueblo le arrojó una piedra en la cara, la que le hirió levemente.

13 de septiembre

Fue sitiado en San José por cinco mil rebeldes, hecho que le obligó a refugiarse con su gente en el Cuartel Principal.

14 de septiembre

En horas tempranas de la mañana, y aprovechándose de un fuerte aguacero, abandona la ciudad de San José, para dirigirse con su gente hacia la ciudad de Cartago.

Arriba a la casa del Comandante de Plaza de Cartago, don Pedro Mayorga, en procura de ayuda, pero éste se esconde.

Morazán es hecho prisionero en Cartago y guarda prisión en la casa de Mayorga.

15 de septiembre

Es visitado en la mañana por el Presbítero Gabriel del Campo, Vicario de Cartago, con quien se confiesa.

Más tarde es conducido hacia San José, a donde entra a la una de la tarde.

Muere fusilado.

# BIBLIOGRAFÍA

ALVARADO, Néstor Enrique
s.f. Morazán: Político y Maestro. Imprenta Bulnes, Honduras. 162 pp.

CEVALLOS, José Antonio
1961-65

DUEÑAS VAN SEVEREN, Ricardo
1961 Biografía del General Francisco Morazán. Departamento Editorial, Ministerio de Educación, San Salvador, El Salvador. 452 pp.

FERNÁNDEZ GUARDIA, Ricardo
1943 Morazán en Costa Rica. Editorial Lehmann, San José, Costa Rica. 190 pp.

GALLARDO, Miguel Ángel
1954

GUIER, Enrique
1963 El General Morazán. Antonio Lehmann, Imprenta y Librería Atenea, S. en C., San José, Costa Rica. 162 pp.

GRIFFITH, William J.
1977

JIMÉNEZ SOLÍS, Jorge
1952 Francisco Morazán; su vida y su obra. Tipografía Nacional de Guatemala. 268 pp.

MARTÍNEZ LÓPEZ, Eduardo
1931 Biografía del General Francisco Morazán. Tipografía Nacional, Tegucigalpa. 2a. edición. 544 pp.

MARURE, Alejandro

1877-78 Bosquejo Histórico de las Revoluciones de Centro América desde 1811 hasta 1834. Tipografía de "El Progreso", Guatemala. 2 tomos. I:192, LII; II:144, LIX.

1938 Observaciones sobre la intervención que ha tenido el ex Presidente de Centro América, General Francisco Morazán, en los Negocios Políticos de Guatemala, durante las convulsiones que ha sufrido este Estado, desde mediados de 1837 a principios de 1839. En: Revista del Departamento de Historia del Ministerio de Instrucción Pública. Año I, N.1 (2a. época). San Salvador, República de El Salvador. Págs. 181-193.

1956 Efemérides. Hechos notables acaecidos en la República de Centroamérica desde el año de 1821 hasta el de 1842. Editorial del Ministerio de Educación Pública. Guatemala. 157 pp.

MEJÍA NIETO, Arturo

1947 Morazán, Presidente de la desaparecida República Centroamericana. Editorial Nova, Buenos Aires. 218 pp.

MONTES, Arturo Humberto

1958 Morazán y la Federación Centroamericana. Editorial B. Costa-Amic, México D.F. 338 pp.

MONTÚFAR, Lorenzo

1877-87 Reseña Histórica de Centro América. 7 volúmenes. Tipografía La Unión, Guatemala.

1982 Francisco Morazán. Editorial Universitaria Centroamericana (EDUCA). Segunda edición. San José, Costa Rica. 198 pp.

MONTÚFAR Y CORONADO, Manuel

1934 Memorias para la Historia de la Revolución en Centro América (Memorias de Jalapa). Tipografía de Sánchez y de Guisse. IV edición. 280 pp.

OFICIAL. COSTA RICA
1861 Colección de Leyes, Decretos y Ordenes. Años de 1841-42. Tomo VII. 2a. edición. Imprenta Nacional, San José, Costa Rica. 420 pp.

OQUELÍ, Ramón
1984 La Fama de un Héroe. Universidad Nacional Autónoma de Honduras. Colección Cuadernos Universitarios. N.36. 25 pp.
Valle: de la Colonia a la República. En: Suplemento Cultural 3, Rosa de los Vientos. Periódico Tiempo, Tegucigalpa, 12 de octubre de 1992, págs. 14-16.

ORTEGA, Miguel R.
1988-91 Morazán, Laurel sin ocaso. Biografía. 2 volúmenes. Ediciones II Centenario, Fundación Morazánica. Impreso en Litográfica Hondupack, Tegucigalpa D.C. I:633; II:650 pp.

REYES, Rafael
1923 Vida de Morazán. Tercera Edición. Imprenta Rafael Reyes, San Salvador, El Salvador. 75 pp.

RIVAS, Pedro
1927 Monografía histórica de la Batalla de La Trinidad. Tipografía Nacional, Tegucigalpa, Honduras. 232 pp.

RODAS M., Joaquín
s.f. Morazánida. Casa Editora Carlos P. Guasnávor, Quezaltenango. 384 pp.

RODRÍGUEZ, Mario
1964 A Palmerstonian Diplomat in Central America. Frederick Chatfield, Esq. The University of Arizona Press, Tucson, Arizona. 387 pp.
1970 Chatfield, Cónsul británico en Centro América. Versión castellana de Raúl Cálix Pavón. Banco Central de Honduras, Tegucigalpa D.C. 530 pp.

ROSA, Ramón
1971 Historia del Benemérito General Don Francisco Morazán, ex-Presidente de la República de Centro América. Instituto Morazánico, Tegucigalpa D.C., Honduras. 195 pp.


VALENZUELA, Gilberto
1961 Bibliografía Guatemalteca. Tomos III y IV. Editorial "José Pineda Ibarra", Guatemala. III:310, IV:208.

VALLE, Rafael Heliodoro
1992 Bibliografía de Morazán. En: Revista de la Universidad. Publicación Científica y Cultural de la Universidad Nacional Autónoma de Honduras. Etapa VII, N. 28 (Julio): 55-60.

VÁZQUEZ, Andrés Clemente
1932 Bosquejo Histórico de la Agregación a México de Chiapas y Soconusco y de las negociaciones sobre Límites entabladas por México con Centro América y Guatemala.
Archivo Histórico Diplomático Mexicano. Num. 36. Publicaciones de la Secretaría de Relaciones Exteriores. 661 pp.

VELA, David
1956-57 Barrundia ante el espejo de su Tiempo. Editorial Universitaria, Guatemala. 2 volúmenes. I:314, II:402.

ZÚÑIGA HUETE, Ángel
1947 Morazán un representativo de la democracia americana. Ediciones Botas-México, México D.F. 438 pp.

# ÍNDICE